Daniel Pick

ROMA OU MORTE

Tradução de
RENATO AGUIAR

Revisão técnica de
MAURÍCIO PARADA

EDITORA RECORD
RIO DE JANEIRO • SÃO PAULO
2009

P66r

CIP-Brasil. Catalogação-na-fonte
Sindicato Nacional dos Editores de Livros, RJ.

Pick, Daniel
  Roma ou morte / Daniel Pick; [tradução Renato Aguiar].
– Rio de Janeiro: Record, 2009.

  Tradução de: Rome or death
  Inclui bibliografia e índice
  ISBN 978-85-01-07702-8

  1. Garibaldi, Giuseppe, 1807-1882. 2. Engenharia fluvial
– Roma (Itália) – História – SéculoXIX. 3. Tibre, Rio (Itália)
– História. 4. Roma (Itália) – Política e governo – 1870-
1945. I. Título.

08-4349

CDD – 945.63
CDU – 94(450)"19"

Título original em inglês:
ROME OR DEATH

Copyright © Daniel Pick, 2005

A Editora Record agradece a Gianni Carta a indicação deste livro para a publicação.

Todos os direitos reservados. Proibida a reprodução, armazenamento ou transmissão de partes deste livro através de quaisquer meios, sem prévia autorização por escrito. Proibida a venda desta edição em Portugal e resto da Europa.

Direitos exclusivos de publicação em língua portuguesa para o Brasil adquiridos pela
EDITORA RECORD LTDA.
Rua Argentina 171 – Rio de Janeiro, RJ – 20921-380 – Tel.: 2585-2000
que se reserva a propriedade literária desta tradução

Impresso no Brasil

ISBN 978-85-01-07702-8

PEDIDOS PELO REEMBOLSO POSTAL
Caixa Postal 23.052
Rio de Janeiro, RJ – 20922-970

EDITORA AFILIADA

Para Isobel

Sumário

Mapas		9
Uma cronologia		13
1	Febre romana	21
2	Construindo o futuro	29
3	Estagnação e salvação	43
4	Enchentes	71
5	Esperanças da Itália	87
6	Vida e época	113
7	Via-crúcis	137
8	Roma desejada	151
9	Uma contradição inconsciente	179
10	Morte	205
Notas		213
Agradecimentos		247
Bibliografia		251
Índice remissivo		267

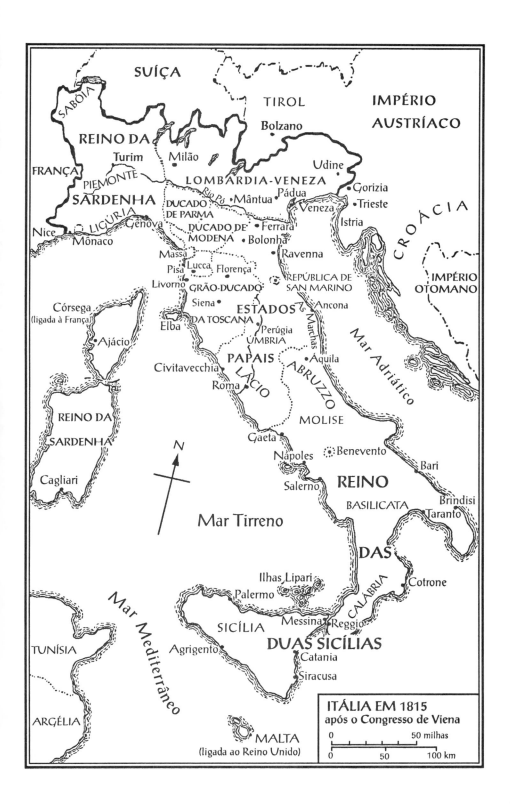

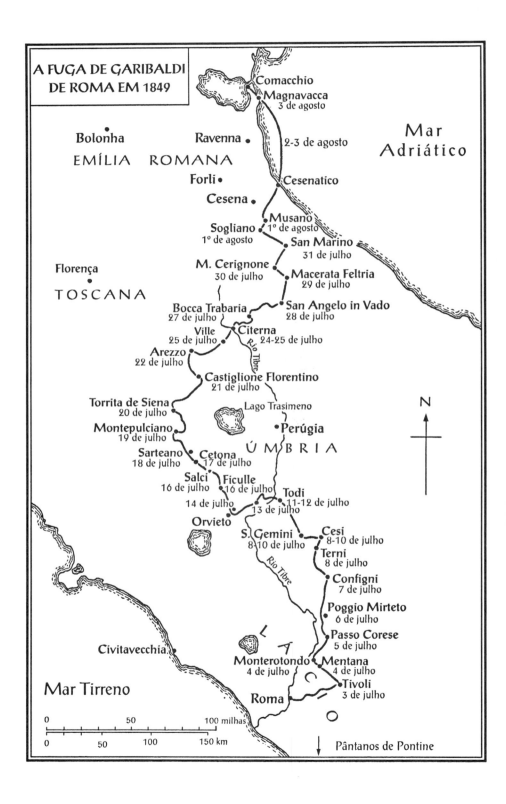

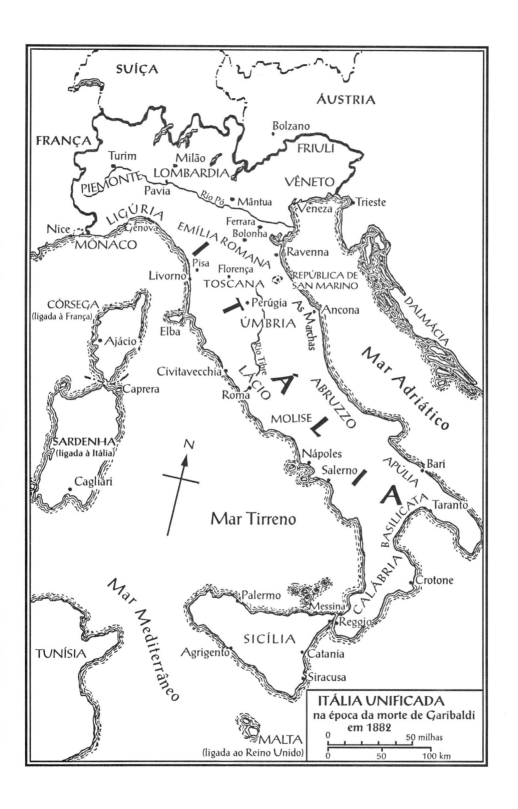

Uma cronologia

1807
Nascimento de Giuseppe Garibaldi na Nice ocupada pelos franceses.

1814
Abdicação de Napoleão. Nice retorna ao Reino do Piemonte-Sardenha.

1824
Garibaldi viaja para Odessa de navio.

1824-33
Trabalha como marinheiro no Mar Mediterrâneo e no Mar Negro.

1825
Navega com seu pai na *Santa Reparata* para Roma.

1833
Viagem a Constantinopla num navio que transportava seguidores de Saint-Simon. No porto de Taganrog, no Mar Negro, Garibaldi toma conhecimento dos ideais do movimento Jovem Itália, de Mazzini.

1834
Participa de uma tentativa de rebelião em Gênova, parte de uma invasão fracassada da Sabóia pelos mazzinistas; foge para a França. É condenado à morte por alta traição.

1835
Viagens para Constantinopla, Odessa e Túnis, e depois para a América do Sul, onde se estabeleceu no Rio de Janeiro.

1836
Trabalha como marinheiro mercante. Como representante exilado da Jovem Europa, a tarefa de Garibaldi era recrutar voluntários para voltar para a Itália e lutar pela unificação da península.

1836
Visando romper com o império brasileiro, rebeldes proclamam uma república na província do Rio Grande do Sul. Esta rebelião, o mais longo conflito brasileiro do século XIX, perdurou até 1845.

1837
Garibaldi luta pela independência da província do Rio Grande do Sul. Impossibilitado de ancorar nos portos brasileiros controlados pelos imperiais, ele chega a Gualeguay, cidade portuária na Argentina, onde o governador local, major Leonardo Millán, o captura e tortura.

1839
Garibaldi conhece Ana Maria de Jesus Ribeiro (Anita), em Laguna.

1840
Nascimento do filho de Anita e Garibaldi, Domenico (conhecido como Menotti), em Mostardas, Rio Grande do Sul.

1841
Morte do pai de Garibaldi, Domenico Antonio. Desiludido com as disputas internas entre seus comandantes brasileiros, ele deixa o Rio Grande do Sul, partindo para Montevidéu com Anita, Menotti e novecentas cabeças de gado. Trabalha como agente marítimo e como professor de matemática e de história.

1842
Garibaldi é nomeado comandante naval da pequena frota uruguaia. Sua tarefa é lutar contra o ex-presidente uruguaio Manuel Oribe, então líder da oposição e aliado do ditador argentino Juan Manuel de Rosas. Em março, casa-se com Anita numa igreja católica em Montevidéu.

1843
Garibaldi torna-se comandante da recém-formada Legião Italiana. Nascimento de Rosa (Rosita), a primeira filha de Garibaldi.

1845

Nascimento da segunda filha, Teresa (Teresita). Rosita morre no final do ano

1846

Garibaldi participa da sua mais importante batalha terrestre em Santo Antonio del Salto. Sua fama se espalha na Europa. Nomeado general pelo governo do Uruguai; assume a defesa de Montevidéu. Eleição do papa Pio IX em 17 de junho.

1847

Juntamente com um companheiro, Garibaldi escreve uma carta oferecendo seus serviços ao papa Pio IX. Ao final do ano, Anita, Menotti, Teresita e Ricciotti (seu segundo filho recém-nascido) partem para Nice.

1848

Insurreição em Milão contra os austríacos. Garibaldi navega para a Itália com sessenta e três legionários (e os restos mortais de sua filha Rosita). Oferece seus serviços ao rei do Piemonte, Carlos Alberto. Comanda uma unidade de voluntários, luta contra os austríacos em Luino e Morazzone; bate em retirada cruzando a fronteira da Suíça. Assassinato do conde Pellegrino Rossi em Roma. Pio IX e seu grupo fogem para Gaeta, no Reino de Nápoles.

1849

Estabelecimento da República Romana. Garibaldi comanda a resistência contra um ataque militar francês no Monte Gianicolo, mas suas forças são subjugadas. Roma se rende e Garibaldi é obrigado a fugir. Ele lidera uns poucos milhares de soldados através da Itália central, evitando o combate contra os exércitos francês e austríaco. Dispersa seus homens em San Marino; perseguido pelos austríacos; Anita morre em 4 de agosto, em Mandriole, perto de Ravenna; Garibaldi consegue escapar.

1849-53

Exílio.

16

1850
Pio IX retorna a Roma. Garibaldi trabalha como fabricante e vendedor de velas em Nova York. Giovanni Battista Cuneo, que havia lutado com Garibaldi na América do Sul e na Itália, publica a sua biografia.

1851-4
Garibaldi viaja extensivamente, visitando o Panamá, o Peru, a Tasmânia e o Extremo Oriente.

1852
Morte da mãe de Garibaldi, Rosa Raimondo. O conde Cavour torna-se primeiro-ministro no Piemonte.

1853
Revolta mazzinista em Milão. Morte de Angelo, o irmão mais velho de Garibaldi, nascido em 1804.

1854
Garibaldi retorna à Itália. Compra uma parte da Ilha de Caprera, ao largo da costa da Sardenha.

1855
Morte de Felice, irmão mais novo de Garibaldi, nascido em 1813.

1856
Visita Cavour em Turim. Tenta sem sucesso obter a soltura de prisioneiros políticos mantidos pelo rei bourbon de Nápoles.

1858
Viaja para Turim para encontrar-se com Cavour. Recebe a oferta de um posto de general-de-brigada no exército piemontês.

1859
Estoura a guerra contra os austríacos; ele comanda os seus *cacciatori delle Alpi* (caçadores dos Alpes) em combate. Domina Varese e Como. O armistício de Villafranca põe termo à disputa. Aquisição da Lombardia pelo Pie-

monte. Garibaldi planeja invadir os Estados Papais dominados por Vítor Emanuel II, governante do Reino do Piemonte-Sardenha. É publicada em Nova York a primeira edição da autobiografia de Garibaldi. Battistina Ravello dá à luz uma filha de Garibaldi, Anna Maria, conhecida como Anita.

1860

Casa-se com Giuseppina Raimondi, de 18 anos de idade, mas a abandona quatro horas após o casamento. Raras aparições no parlamento piemontês para protestar contra a cessão de Nice à França por Cavour e Vítor Emanuel. Anexação oficial de Nice e da Sabóia à França. Sem apoio do governo, Garibaldi e seus mil Camisas Vermelhas navegam de Quarto, na Ligúria, para a Sicília. Em nome de Vítor Emanuel, Garibaldi proclama-se ditador em Marsala. Derrota o exército regular do rei de Nápoles em Calatafimi. Toma Palermo. Vence a Batalha de Milazzo. Cruza o Estreito de Messina e marcha através da Calábria. Entra em Nápoles e proclama-se "Ditador das duas Sicílias". Com 30 mil homens sob seu comando, conquista uma extraordinária vitória militar às margens do Rio Volturno, ao norte de Nápoles. Encontra-se com Vítor Emanuel em Teano; cede os seus poderes ao rei. Vítor Emanuel faz uma entrada triunfal em Nápoles, com Garibaldi sentado ao seu lado na carruagem real. Garibaldi parte para Caprera. O livro *Mémoires de Garibaldi* [Memórias de Garibaldi], de Alexandre Dumas pai, baseado no manuscrito original do general com comentários de George Sand e Victor Hugo, é publicado em Bruxelas.

1861

Proclamação do Reino da Itália; Vítor Emanuel assume o título de Rei da Itália. Morte de Cavour. Abraham Lincoln oferece a Garibaldi um comando nas tropas da União na Guerra Civil dos Estados Unidos. Uma biografia de Garibaldi, *Denkwürdigkeiten* [Memorabilia], de Marie-Espérance von Schwartz, sob o pseudônimo de Elpis Melena, é publicada em Hamburgo. Publicação em Paris de *Les Garibaldiens: Révolution de Sicilie et de Naples* [Os garibaldinos: Revolução da Sicília e de Nápoles], de Alexandre Dumas pai.

1862

Numa tentativa de marchar sobre Roma, Garibaldi é ferido seriamente e preso por tropas italianas em Aspromonte, na Calábria. A sua famosa palavra de ordem na época é "Roma ou morte". Vítor Emanuel lhe concede anistia.

1863
Renuncia ao parlamento.

1864
Visita a Inglaterra e recebe imensa aclamação popular.

1865
A capital italiana muda de Turim para Florença.

1866
A Itália se alia secretamente à Prússia contra a Áustria. Novamente ferido na Batalha de Suello, na região de Trento. Numa segunda guerra de independência, Garibaldi e seus voluntários entram em combate com os austríacos na Batalha de Bezzecca. *"Obbedisco"*: Garibaldi concorda em obedecer após receber um telegrama de Vítor Emanuel II, em que o rei lhe ordena abandonar a sua campanha militar. A Áustria cede Veneza à França, a qual por sua vez a concede à Itália. Morte de Michele, o irmão caçula de Garibaldi, nascido em 1816.

1867
Planos de invadir Roma, mas as forças de Garibaldi são aniquiladas em Mentana, onde ele é preso pelo governo italiano. Libertado em Florença. Retorna a Caprera. Nascimento de Clelia, a primeira filha de Garibaldi com Francesca Armosino.

1869
Nascimento de Rosita, a segunda filha de Garibaldi com Francesca.

1870
Tropas italianas invadem Roma; Roma e Lácio são anexados em plebiscito ao novo Estado italiano. 29 de dezembro: enchente excepcional do Rio Tibre.

1871
Como general do exército francês nos Vosges, luta na Guerra Franco-Prussiana. É eleito deputado em Paris, mas logo renuncia. Instalada uma comissão de inquérito sobre a enchente. Roma torna-se capital da Itália.

1872
Mazzini morre em Pisa. As memórias de Garibaldi são publicadas na Itália.

1873
Nascimento de Manlio, o primeiro filho de Garibaldi, com Francesca.

1874
Projeto de Menotti de restauração da terra em Carano (uma extensão contaminada de cerca de nove hectares posteriormente batizada Carano-Garibaldi), no Agro Romano, resulta na construção de escolas, igrejas e centros básicos de saúde (*stazione sanitarie*).

1875
Garibaldi chega a Roma e anuncia seus planos para a transposição do Rio Tibre. Comparece ao parlamento. Submete suas propostas para proteger Roma contra enchentes. O governo concorda em financiar vários projetos de defesa da cidade contra inundações. A comissão aprova um projeto apresentado pelo engenheiro Canevari; projeto de Garibaldi é rejeitado. São feitas modificações no plano de Canevari. Morte de Anita, filha de Garibaldi com Battistina Ravello.

1876
O governo contrata a primeira rodada das obras no Tibre.

1878
Morte de Vítor Emanuel II e sucessão por Umberto I. Fim da correspondência de Garibaldi sobre o Tibre.

1880
O casamento de vinte anos de Garibaldi com Marchesina Raimondi é anulado pela Corte de Apelação. Ele se casa com sua terceira esposa, Francesca Armosino.

1882
Garibaldi morre em Caprera. Publicação da biografia de Giuseppe Guerzoni, *Garibaldi,* e de *Vita di Giuseppe Garibaldi* [Vida de Giuseppe Garibaldi], de Jessie White Mario.

1889

Publicação de uma nova versão da sua autobiografia em inglês, com um suplemento de Jessie White Mario.

1900

Enchente excepcional do Tibre. As margens, em fase de acabamento, conseguiram conter grande parte da enchente. Nomeação de uma nova comissão de inquérito resulta em obras adicionais e reforço dos paredões às margens e das pontes. Morte de Manlio Garibaldi.

1903

Mortes de Teresita e de Menotti Garibaldi.

1924

Morte de Ricciotti Garibaldi. Adoção do decreto radical de Mussolini sobre "recuperação integral da terra", começo de uma nova campanha para conquistar as áreas pantanosas. Nos Pântanos de Pontine, ao sul de Roma, começam as obras para transformar milhares de hectares em povoados e pequenas fazendas.

1 Febre romana

"Voltemo-nos para a Itália: as partes mais encantadoras dessa encantadora terra são presa de um inimigo invisível, as suas fragrantes brisas são veneno, são morte os orvalhos do seu anoitecer estival. As margens dos seus refrescantes riachos, as suas ricas e floridas campinas, as bordas dos seus lagos espelhados, as luxuriantes planícies da sua agricultura exuberante, os vales onde seus arbustos aromáticos regalam os olhos e perfumam o ar, são estes os lugares de escolha da peste, o trono da Malária."

William North, *Roman Fever* [Febre romana]

Ao aproximar-se o final de janeiro de 1875, o general Giuseppe Garibaldi, herói popular da unificação italiana, deixou Caprera, seu austero retiro ilhéu no Mediterrâneo, numa jornada para Roma. O velho senhor propunha recrutar apoio para a missão cívica que se tornara a sua cruzada pessoal: transpor o curso do rio Tibre, desviando-o da Cidade Eterna. Sua ambição era controlar as enchentes e a febre malárica, drenar pântanos e prover de irrigação as áreas rurais, tornar o rio navegável, criar docas e aterrar os canais que cruzavam a Cidade Eterna, erguendo sobre eles bulevares ao estilo parisiense, construções que ele previa consagrarem-se como uma maravilha do mundo moderno.

A notícia da vinda iminente do General ao continente espalhou-se rapidamente e uma imensa multidão pululante (um "oceano humano", nas palavras de um observador contemporâneo) reuniu-se para vê-lo desembarcar em Civitavecchia.[1] Muitos dos que viram Garibaldi na ocasião ficaram chocados com sua aparência envelhecida — ele estava então com seus 68 anos. Ele não fez segredo da sua intenção de empreender a última grande aventura que, com propriedade, marcaria, tal como ele mesmo declarou esperançosamente aos simpatizantes reunidos, "o ocaso de minha carreira".[2] Dignitários de todos os escalões estavam presentes para saudá-lo, assim como representantes da imprensa italiana e estrangeira. Uma fanfarra foi organizada, cortesia da própria banda da Guarda Nacional.

A viagem começava de forma bastante promissora e fora empreendida à maneira típica de quem tenciona chamar a atenção. O estilo de Garibaldi era, como sempre, espetacularmente reservado — a pujança do seu propósito de ressurreição de Roma contrastava radicalmente com a sua humildade de maneiras e sua vulnerabilidade. O fato de o General rejeitar ostentações, riquezas mundanas e atitudes pomposas sempre esteve entre os seus gestos públicos mais cativantes. Sua saúde decididamente parecia debilitada — acometida pela artrite e o pelo reumatismo — exigindo o apoio do braço do seu filho mais velho, Menotti.[3] Mesmo a aparência crescentemente exausta de Garibaldi à medida que passava o dia angariava a aprovação do público, sugerindo com vivacidade a firmeza de ânimo que era um aspecto tão central da sua reputação. Era consabido que Garibaldi não procurava vangloriar-se como um dos "grandes e bons". O público entusiasmava-se ao notar que ele vestia a sua célebre camisa vermelha e tinha um poncho casualmente jogado sobre os ombros — traje que evocava as suas acidentadas aventuras militares.

Depois de uma refeição leve e algum repouso, Garibaldi andou calmamente, misturando-se com a multidão, como se fosse apenas um passageiro comum que ia tomar o trem para Roma.* Na época, vagões de três classes diferentes estavam à disposição dos usuários de estradas de ferro; o fato de os repórteres dos jornais não expressarem qualquer surpresa quando ele fez a opção mais modes-

---

* Para o papado, a existência daquela estrada de ferro (de qualquer estrada de ferro) fora extremamente contenciosa. O papa Gregório XVI (eleito em 1813) tinha oposto frontalmente a tais invencionices modernas. "Há tempestade no ar", declarou ele ansiosamente em 1846, pouco antes da sua morte, "revoluções estão prestes a eclodir." Proibir estradas de ferro tinha sido parte de uma estratégia mais ampla de manter os descontentes — e suas idéias incendiárias — fora dos Estados Papais. Não seriam as estradas de ferro obras do Diabo? Certamente, *"chemin de fer, chemin d'enfer"* [estrada de ferro, estrada do inferno] eis o famigerado bordão papal. O papa que o sucedeu, Pio IX, se mostraria, em contraste, mais receptivo à introdução de novas tecnologias e da locomoção moderna, sancionando as linhas que oportunamente melhoraram o acesso à Itália central. Pio IX inaugurou esta estrada, entre Roma e Civitavecchia, de modo particularmente extravagante. O seu adornado vagão dourado fora construído em Paris e incluía uma sala de desenho, um camarim e um oratório (De Cesare 1909, pp. 131-2). O contraste com a abordagem garibaldina da viagem não poderia ser maior.

ta dá uma medida da atitude desprendida do General em relação a essas hierarquias sociais e gradações de conforto.[4] Ele era uma celebridade conhecida por evitar a parafernália da pompa e do poder. E a jornada também tinha a sua ressonância simbólica: levava Garibaldi pelo campo romano (a *Campagna Romana*), onde antes ele havia lutado e sofrido em nome da causa nacional italiana, e através do rio Tibre, passando por sobre uma moderna ponte de ferro, em si mesma um sinal da mudança dos tempos. Os horários dos trens dessa linha eram reconhecidamente propensos a atrasos e cancelamentos por causa das enchentes do rio, mas nada deu errado naquele dia.[5]

Quando o trem finalmente fez sua parada na estação ferroviária de Roma, houve muitos aplausos. Ele foi saudado por música e por aclamações de boas-vindas de associações de trabalhadores. Garibaldi trajava então uma capa azul bordada a ouro. Alguns tentaram tocá-lo ou beijá-lo; entre esses admiradores de idade provecta, observou secamente um jornalista italiano, havia um certo número de extasiadas senhoras inglesas. A polícia estava toda a postos, embora o exército tivesse permanecido aquartelado. Nas ruas, a atmosfera era em geral tranqüila, salvo talvez nos círculos governamentais ou no Vaticano. O comentário era de que o papa estava apavorado com a suspeita de que Garibaldi estivesse determinado a fomentar mais anarquia e revolução.[6]

A procissão triunfal deslocou-se lentamente através da massa em júbilo. Garibaldi ordenou que sua carruagem parasse no seu hotel antes do esperado, expressando preocupação com a segurança do público. Ele descansou por alguns momentos, mas logo reapareceu na varanda, para fazer um discurso emocionante para a multidão abaixo. Ele disse aos romanos o quanto estava comovido e orgulhoso de estar entre eles novamente. Às oito horas naquela mesma noite, ele fez uma breve visita à residência de Menotti, perto do Panteão, mas mal houve tempo para algum recolhimento privado. Todos queriam ter acesso a ele, e alguns dos seus simpatizantes chegaram até mesmo a mexer na sua carruagem vazia: ela foi levada para o Gianicolo (o monte que fora o cenário das suas célebres façanhas um quarto de século antes, em nome da República Romana, contra o exército francês invasor) e, em meio a caóticas celebrações, foi acidentalmente destruída ao descer por uma ladeira íngreme.[7]

A notícia de que Garibaldi pretendia comparecer ao parlamento no dia seguinte alvoroçou os interesses; títulos de autorização de entrada tornaram-se objetos de muito valor para os poucos prestigiados mais bem relacionados.[8] O seu poder de atração permanecia considerável: por toda a época da sua residência em Roma, e mesmo no calor opressivo daquele maio excepcionalmente quente, as idas de Garibaldi ao parlamento levavam multidões de simpatizantes a fazerem fila, à espera de admissão.[9] Para aprovação de muitos, ele se dirigiu aos colegas sobre a tarefa ambiental que se apresentava diante deles. Muitas figuras públicas mostraram-se ansiosas por aparecerem como aliados devotos, ou pelo menos como seus admiradores; em poucos dias desde a chegada, ele recebeu mais de trezentos cartões de visita de membros do parlamento das mais diversas tendências políticas.[10] Nesse ínterim, poesias foram escritas para marcar o evento da sua chegada à Cidade Eterna e abençoar o seu projeto para o Tibre.[11]

Apesar do seu precário estado de saúde, Garibaldi iniciou rapidamente uma rodada de encontros. Ele visitou o cenário da sua campanha anterior de 1849, encontrou-se com ex-combatentes, delegações de trabalhadores e numerosos políticos.[12] Mas não quis deixar-se distrair por muito tempo com reminiscências do passado; sua preocupação com as futuras medidas contra enchentes, com a recuperação rural, irrigação e taxas de fluxo permaneceram sempre em primeiro plano em seu espírito. Ele passou muito tempo estudando a exata natureza das obras necessárias que se iriam empreender ao longo do Tibre; reuniu seu gabinete extra-oficial de especialistas e lutou o melhor que pôde para conseguir influenciar membros dos escalões superiores do governo. Ele perseguiu vigorosamente o seu objetivo nos meses subseqüentes, aplicou suas energias contra a ameaça das inundações mortais, das margens decrépitas do rio e da "febre romana", geralmente tida como resultante da exposição aos vapores "miasmáticos" invisíveis que a terra contaminada exalava.

Para poder alcançar a regeneração de Roma e de toda a sua região, o General sabia que tinha de convencer os políticos de que seus planos eram viáveis. Ele pretendia reclamar finalmente o assento parlamentar que por tantos anos estivera à sua disposição. Na época em que essa história começa, Garibaldi era internacionalmente famoso e, pelo menos aos olhos dos liberais, talvez a pessoa viva mais amplamente admirada do mundo. Seria difícil exagerar o grau de excitação pública que sua viagem longamente adiada suscitou. Durante décadas, ele fora um nome familiar, conhecido por milhões na Europa e alhures como uma figura capaz de exercer grande atração sobre as pessoas e como o mais extraordinário soldado de infantaria do país, a própria "personificação da Itália".[13]

Até então, a notícia da chegada de Garibaldi à Cidade Eterna tinha sido o segredo mais mal guardado do ano. Durante meses, ele deixou claro para vários confidentes que, de fato, estava seriamente disposto a fazer a viagem e a usar toda a sua influência para ajudar a libertar Roma dos perigos do Tibre. Ele estava preparado para trabalhar sem descanso nas articulações políticas que, a seu ver, promoveriam a causa do restabelecimento físico da cidade, bem como para advogar em favor dos recursos necessários para dominar as enchentes e as febres, males que se supunham ligados às águas estagnadas. Os reveses logo se sucederiam, mas, no começo, ele parecia inteiramente confiante de que mudanças fundamentais poderiam ser feitas para sanear Roma e restaurar sua glória.

Dizer que o General estava apenas temporariamente preocupado com a questão seria uma grave subestimação. Ele escreveu numerosas cartas discutindo o problema de Roma e do Tibre. Nos meses e anos seguintes, ele continuou estudando as correntes, profundidades e ângulos do rio. Tão logo chegou à cidade, fez discursos, pressionou políticos e até o rei em busca de apoio, fez viagens exploratórias de barco, empenhou-se em estabelecer um fundo público que aceitasse investimentos do grande público (ao modelo do esquema do Canal de Suez) e buscou ativamente orientação de engenheiros e de financistas da Itália e do mundo.

Garibaldi salientou os benefícios que o saneamento do Tibre e a abertura de uma via navegável representariam para as gerações futuras. Mesmo o microclima poderia ser alterado por grandes obras de engenharia e paisagismo. Livre dos perigos das enchentes, da sujeira e da deterioração, prometeu ele, os jovens italianos poderiam ser poupados da malária; a escrófula, a artrite e várias outras doenças do sangue e dos nervos também poderiam ser minoradas. Ele instou cientistas, sanitaristas, arqueólogos e artistas a apoiarem os seus planos. As propostas de engenharia foram apresentadas como uma guerra da Civilização contra a Anarquia. O General descrevia uma via fluvial futura pulsante de vida econômica, em vez de um rio transbordante de refugos sujos, exsudando vapores misteriosos de febre e de morte. Era inflexível quanto ao fato de que as soluções "internas" — isto é, construções nas margens — seriam insuficientes; medidas "externas" eram igualmente vitais, embora a natureza precisa dessas medidas restasse indefinida. O futuro de Roma dependia de uma solução definitiva para a crise das margens cedentes; tudo aquilo tinha de se tornar uma coisa do passado. Os projetos de Garibaldi para a cidade ocuparam seu lugar em meio a uma pletora de outros planos contemporâneos de transformação urbana, de modernização da infra-estrutura e de comemoração pública da unificação nacional.[14] No seu círculo de adeptos, proliferaram os planos de novos canais, eclusas e portos.[15] Seus críticos queixavam-se de que seus projetos conquanto certamente tivessem um grande sentido de visão, exigiriam um imenso investimento e, ainda assim, poderiam não ser exeqüíveis.[16]

O General mostrava-se cada vez mais impaciente à medida que percebia que seus interlocutores se preocupavam em demasia com os detalhes. Ele queria ação imediata, sugerindo, por exemplo, dar prioridade ao plano, criado por alguns dos seus partidários, de escavar um grande canal a leste de Roma. Frustrado pelos lentos progressos das deliberações políticas na cidade durante os anos de 1875 e 1876, ele e seus co-entusiatas propuseram, para acelerar as coisas, que o trabalho fosse empreendido com o apoio de uma centena de máquinas escavadeiras de fabricação inglesa. Houve muita discussão sobre maquinaria, charruas a vapor, locomotivas, pontes novas e outras tecnologias, pois Garibaldi desejava manter as coisas em movimento e conservar a iniciativa política. Uma torrente de visitantes vinha consultá-lo na casa que lhe haviam emprestado em Roma, e que funcionaria como o centro da sua campanha do Tibre.[17] Ele tinha um carisma extraordinário e, contudo, ainda era percebido (talvez especialmente na época, no ocaso das suas faculdades) como agudamente crédulo, às vezes até um pouco simplório. O General, declarou *The Times* alguns anos mais tarde num pungente obituário, fora "capturado por um exército de empreiteiros vorazes e planejadores visionários, e desnorteado por planos e esquemas para cuja simples pesquisa de preparação não havia fundos."[18] Cada vez mais deprimido pela corrosão de Roma, à medida que via as semanas transformarem-se em meses e o projeto seguir sem solução, ele alternou idas e vindas entre o seu "eremitério rochoso" na costa da Sardenha e a refrega política na capital, apenas para encarar mais reveses e desapontamentos.

Garibaldi queria um curso d'água não apenas navegável, mas também limpo,[19] o que era perfeitamente compreensível, pois muitos dos seus contemporâneos condenavam o Tibre como um esgoto fétido e imundo, gerador de incontáveis infecções, um triste destino para um rio que, nos tempos antigos, era reputado pelas suas águas puras, fonte excepcional de peixes frescos. O antigo esplendor do rio, quando as margens eram (supostamente) bem conservadas, era regularmente contrastado com as frágeis estruturas e instalações então existentes.[20]

Que contraste seria mais repulsivo e perigoso frente à beleza límpida da Cidade Eterna banhada à luz serena do que a realidade fétida de águas contaminadas, vazando corrente abaixo, devassando e deteriorando os sistemas subterrâneos, desprendendo gases viciados que emanavam através das camadas permeáveis do solo? Além das enchentes catastróficas na superfície, sabia-se da existência de depósitos estagnados não-identificados, à espreita sob Roma. Comentadores especializados chamaram a atenção para as águas e esgotos ocultos que jaziam sob os edifícios e vias da cidade. Tais perigos não eram considerados menos urgentes por estarem fora da vista.[21] Daquelas profundidades, acreditava-se, miasmas circulavam, supurando através do solo tóxico, incubados na água lamacenta, trazidos pelo ar e causando então as febres que tornavam a vida romana tão precária, como se tudo o que fosse repulsivamente sólido se desmanchasse perniciosamente no ar.[22]

2 Construindo o futuro

"Falou-se em drenar e plantar [a Campanha Romana]; muita discussão fútil para estabelecer se a área fora fértil nos dias dos romanos antigos; e mesmo algumas experiências foram levadas a cabo; ainda assim, porém, Roma permaneceu em meio ao vasto cemitério como uma cidade de outros tempos, para sempre separada do mundo moderno por aquela lande ou pântano onde se acumulara a poeira dos séculos."

Émile Zola, *Rome* [Roma]

A missão de Garibaldi de domar o Tibre foi arrebatada por poderosas correntes de paixão e de mito. Nenhum projeto poderia ser mais "pés no chão" do que a improvável aventura do General na engenharia civil, mas ainda assim uma espécie de "magnificência metafísica" pairava sobre o cenário.[1] O rio transportava uma sobrecarga de significados culturais e históricos, assim como o amado herói que tão dramaticamente desembarcara então na capital. Garibaldi sentia-se atraído pela estatura artística e histórica de Roma, insistindo em que a cidade estava predestinada a desempenhar o papel de capital mundial no futuro;[2] ao mesmo tempo, contudo, ele era também conhecedor da sua decadência urbana, um crítico apaixonado da administração esclerosada e retrógrada, e um diagnosticador ansioso das suas doenças mortais. Ninguém compreendeu melhor do que ele o misterioso mal-estar e o portentoso significado simbólico da Cidade Eterna para o futuro da Itália e da civilização. "Uma hora de nossas vidas em Roma vale um século em qualquer outro lugar", escreveu ele para a esposa quando a República romana desabava à sua volta em 1849.[3]

Depois da primeira e mais dramática etapa da "libertação" nacional em 1860, Garibaldi tinha retornado à sua humilde residência. Gostava de dizer-se um simples agricultor, um *agricultore*. Ao longo dos quinze anos seguintes, ele oscilara entre o engajamento militar ativo e o retiro rural. Parecia afastar-se dos assuntos ordinários de governo. Com efeito, o grande herói marcial não fez segredo da sua aversão à "conversa fiada" dos políticos e ficava contente de manter-se afastado do parlamento — para o qual, contudo, freqüentemente foi eleito — cultivando a sua horta, longe da bulha. O seu lugar na história já estava garantido, a obra da sua vida, aparentemente já realizada. De todo modo, ele era visto por seus pares da direita e da esquerda moderada como radical demais para ocupar cargos de escalão superior nos governos do período pós-unificação.

Não obstante, apesar da sua posição, Garibaldi decidiu deixar a ilha de Caprera, na qual mantinha sua residência, no começo de 1875 para retornar a Roma e militar em favor do seu projeto para o Tibre. Havia algo na tarefa que claramente o cativava, e ele se sentiu pessoalmente responsável pela condução da campanha. Como este ardente interesse da sua idade provecta poderia estar relacionado às suas celebradas aventuras anteriores de comandante militar e ativista revolucionário? Até que ponto as dolorosas perdas que teve de suportar na sua família mais próxima — notadamente as calamidades que se abateram sobre sua esposa Anita e várias de suas filhas — terão sido fatores determinantes na sua obsessão por saúde pública e doenças? Em suma, o que realmente esteve por trás da crença do General de que a transformação moral e física da capital e seu interior proporcionaria um capítulo final adequado à obra de toda a sua vida? Muitos visitantes do século XIX viam Roma peculiarmente vinculada às idéias de morte e de desejo. O que punha tantos comentadores de acordo acerca da morbidez, da atração erótica e do efeito dinâmico de Roma sobre processos mentais inconscientes? E como a narrativa da missão romana final do General estaria relacionada com a história da unificação italiana e suas agitadas conseqüências?

De certo ponto de vista, a explicação não é obscura e envolve a consideração de preocupações contemporâneas muito importantes como saúde pública, melhoramentos agrários e desenvolvimento econômico no novo Estado. Todavia, o esforço de compreender o intenso investimento pessoal de Garibaldi nessas questões conduz-nos forçosamente a enigmas biográficos e segredos psicológicos mais profundos, particularmente atinentes à culpa, ao luto e à necessidade de reparação. Este livro examina a miríade de conexões sociais, culturais e políticas existentes entre saúde, corrupção e a Cidade

Eterna na era vitoriana, e também indaga até que ponto é possível reconstruir, peça a peça, o quebra-cabeça dos motivos que Garibaldi tinha para recuperar Roma. Responder a essas questões implica explorar vários tipos diferentes de indícios — desde as tribulações e traumas narrados nos próprios escritos de Garibaldi até os ideais políticos estabelecidos por Giuseppe Mazzini (1805-72) e outros arquitetos visionários da união nacional; desde as estatísticas de mortalidade em Roma e na Campanha até as fantasias coletivas de nação em que a história do General tomou um lugar de destaque. Garibaldi gozava de imenso carisma e autoridade moral, e tornou-se um crítico acerbo dos novos governos que administraram a Itália após a sua integração política: às vezes parecia mesmo que ele não tinha o "novo regime" em melhor conta do que o "velho". Com certeza, ele estava lidando com as crônicas e agudas dificuldades sociais, econômicas e médicas que infestavam a Itália do século XIX, mas também intentava transformar os significados simbólicos e espirituais de Roma. A enchente do Tibre de 1870 teria decerto uma significação especialmente aguda, mas aquela não foi a única ocasião em que o turbulento rio causou devastação e fez precipitar um alvoroço de julgamentos morais e predições alarmistas, tanto entre padres católicos como entre nacionalistas laicos, sobre o futuro da nova Itália.

Em 1870, quando foi incorporada à recém-criada nação italiana,* Roma definitivamente não era a maior cidade do país. A sua população era superada pelas de Nápoles, Milão, Gênova e Palermo.[4] Em geral, a cidade era vista como um lugar economicamente improdutivo, conservador, voltado para o passado e comodista — um parasita — mas ainda assim era percebida como essencial para o futuro italiano. A sua imensa sombra histórica e o fascínio estético que exercia eram amplamente descritos, assim como o seu valor po-

---

* Quando da unificação nacional, em 1860, a cidade dos papas não fora incluída no Estado italiano, para grande decepção de Garibaldi. "Roma ou morte" tornou-se o seu grito de guerra na década de 1860, quando tentou, em vão e repetidamente, capturar a cidade que considerava a capital natural da Itália e assim completar as ambições do *Risorgimento*. Em 1870, os acontecimentos internacionais conspiraram para a remoção do obstáculo até então insuperável à assimilação de Roma pelo Estado nacional. A Guerra Franco-Prussiana acabou com o regime do imperador Luís Napoleão e, em conseqüência, com a proteção que este dava ao papado. Em 20 de setembro daquele ano, as tropas italianas entraram na Cidade Eterna e uma nova era começou. Afastado dessa conquista final e do centro de poder no novo Estado, Garibaldi logo desviou a sua atenção para um feito técnico potencial capaz de mudar a paisagem física e moral da Itália.

tencial no novo Estado. Reintegrar a posse de Roma e trazê-la de volta à vida tornaram-se refrãos freqüentes do pensamento nacionalista italiano. Foi Garibaldi o soldado que, acima de todos os demais, representou esse ímpeto de tomar posse da Cidade Eterna e transformá-la, uma vez mais, num colosso. Ele falava de Roma como de uma mulher amada, a grande "matrona do mundo", que tinha de ser salva da tirania e da corrupção, e conduzida para retornar à saúde e ao vigor.[5]

Foi uma época de avanços notáveis do Ocidente em ciência e tecnologia. Um período em que opiniões anticlericais e materialistas circularam amplamente nos grupos intelectuais e políticos radicais, inclusive na Itália, mas também um período de sinais extraordinários de renascimento espiritual e de contra-ataque religioso. A história das façanhas militares e políticas de Garibaldi teve o seu papel nas amplas batalhas ideológicas que se travaram sobre religião, ciência e nacionalismo. O General pretendia purificar e controlar o Tibre, mas também inverter a putrefação moral e física que ele e muitos outros associavam à influência da Igreja. Há muito ele buscava romper o domínio católico repressor sobre a vida política na Itália central; contudo, logo se viu no centro de um novo culto que havia adquirido muitos elementos do sistema religioso que ele buscava derrotar.

O projeto romano de Garibaldi traz à luz contradições fascinantes de seu caráter e de sua imagem, a ambigüidade dos seus desejos — conscientes ou não — e da natureza discutível do seu papel simbólico na história italiana e mundial. Ele passou grande parte da vida conspirando e combatendo: durante o seu longo exílio longe da Itália nas décadas de 1830 e 1840, tornara-se um soldado e marinheiro notável — já era um herói popular na América Latina antes do começo da extraordinária saga da unificação italiana. A paixão — e mesmo a obsessão — que revelou na idade provecta evocava a memória das suas campanhas anteriores para capturar e proteger a Cidade Eterna, e os triunfos e tragédias pessoais que daí lhe haviam advindo. Assim, o curioso episódio da luta de Garibaldi com o Tibre trouxe "o herói de dois mundos" de volta ao centro do cenário político: o alardeadíssimo retorno a Roma relembrou aos seus contemporâneos as realizações inimitáveis e o estilo de um homem que se transformara num ícone nacional.

Ao entrar em Roma, o General evocava os sucessos e fracassos mais amplos do *Risorgimento*, o movimento difuso em prol do despertar nacional e pela autodeterminação da Itália e que gradualmente disseminava a sua mensagem otimista através da cultura e do pensamento oitocentistas, chegando ao seu clímax com a conquista da unificação. Através dos seus ruidosos esforços para trazer ciência, tecnologia e disposição empreendedora para a capital, ele chamou a atenção não só para a estagnação econômica, os problemas ambientais e a ausência de atividades empresariais na região submetida às políticas freqüentemente estreitas do Vaticano, mas também para o notável emaranhado de mitos, fantasias e desejos que haviam dado forma à sua própria vida e à história mais ampla do nacionalismo.

Nas batalhas de Garibaldi, os aspectos pessoal e o político estavam inevitavelmente amalgamados. A sua campanha para transformar a atmosfera e as águas de Roma não era exceção. Os detalhes podem ser assinalados na sua correspondência, em relatos contemporâneos, notas de pé de página de biografias e alguns documentos não publicados que se vão deteriorando nos arquivos do Estado italiano.[6] Abrir esses arquivos é como levantar a tampa de um outrora animado feudo familiar. Por trás de desenhos técnicos, velhos recortes de jornal e notas enviadas e recebidas pelo General e seus auxiliares, jazem os traços de sentimentos apaixonados, ambições exaltadas e mágoas intensas. A sua visita a Roma foi registrada não só como o último capítulo triunfante de uma vida repleta de excursões memoráveis, mas também, como haveria de mostrar-se e, como o começo de uma odisséia ainda mais frustrante, que lenta e dolorosamente fez Garibaldi enveredar pelos meandros de um labirinto administrativo.

As reformas que este político relutante supunha necessárias para rejuvenescer Roma não podiam ser executadas com a mesma ousadia e rapidez que vez por outra ele pudera encontrar na guerra. Seus esforços suscitaram uma forte oposição, levando-o a expressar (não pela primeira vez) toda a sua indignação contra os políticos de carreira. Ele levantou acusações de indolência e degeneração contra "Roma", e chamou a atenção para as más condições dos camponeses, que ganhavam a vida com tanta dificuldade na Campanha Romana sem que fosse incomum morrerem prematuramente por causa das terras notoriamente infestadas pela malária. Certamente, nada havia de extravagante ou imaginário no quadro por ele descrito: tanto a pobreza como a doença eram problemas poderosa e inescapavelmente reais.

Garibaldi se apresentava como a quintessência do homem de ação; não obstante, o caso do Tibre o revelou, de maneira não menos intrigante, como um austero moralista: seus feitos práticos, sua reputação brilhante e suas opiniões hostis estavam inextricavelmente entrelaçados. O estilo insistentemente modesto, as propostas radicais e os discursos demolidores do General eram tão-somente repreensões constrangedoras endereçadas aos homens que estavam no poder. Quando se encontrava em ambientes suntuosos, ele se mostrava distante, desinteressado, como se quisesse deixar claro que toda pompa era, de qualquer modo, coisa de pequena importância para ele, como um santo para quem as armadilhas deste mundo fossem em última análise insignificantes. Durante as suas grandes campanhas militares, ele havia pernoitado com a mesma compostura em palácios, cabanas e ao ar livre. Um admirador inglês observou como ele sempre havia vivido em espaços restritos e austeros, mesmo na sua residência palaciana quando fora governante de Nápoles, em 1860.[7] Contudo, ele era um asceta charmosamente inconsistente, com seus pontos fracos e tocantes predileções pelas coisas boas da vida e pela ostentação: assim, ocasionalmente, ele envergaria uma pomposa capa bordada ou insistiria para que lhe servissem um excelente café na véspera de um combate.[8]

Ao longo de grande parte da vida adulta de Garibaldi, admiradores e críticos políticos, companheiros, jornalistas e artistas haviam acompanhado e celebrado o seu trabalho. Havia, inevitavelmente, um elemento consciente de espetáculo — jogar para o público — em muitas das suas ações. Às vezes, é difícil desenredar os traços espontâneos das condutas calculadas no comportamento do General, ou separar a substância do estilo. Com efeito, o estilo *tinha* importância substancial. Sem dúvida, Garibaldi e os outros atores principais da luta pela unificação italiana tinham consciência de que estavam desempenhando os papéis que lhes haviam sido designados no *teatro* da política. Não menos que o papa, Garibaldi e o assim chamado "profeta" da causa nacionalista italiana, Mazzini, tinham de vestir seus trajes e fazer a sua parte. Na guerra e na paz, o *Risorgimento* não seria nada se não fosse uma guerra de imagens. Os relatos e histórias escritos a respeito eram inevitavelmente tendenciosos. À medida que se desdobravam os acontecimentos principais da luta nacional na península itálica, as façanhas, a conduta e a retórica dos protagonistas eram incorporadas ao folclore político. Mesmo as maneiras e os trajes dos líderes eram poderosamente emblemáticos: em contraste com os esplendores ostensivos do papado,* por exemplo, quem poderia esquecer a aparência de Mazzini, em sua lúgubre roupa preta, ou a de Garibaldi, com seu poncho, conduzindo os Camisas Vermelhas em nome de uma Itália diferente, mais austera e honesta?

Sem dúvida, quando Garibaldi encarou as multidões apaixonadas em Civitavecchia e Roma em 1875, a expressão pública duradoura de amor por sua pessoa e de admiração coletiva por suas atividades passadas moldaram a sua percepção de si mesmo como o homem do destino. A fronteira entre biografia e autobiografia há muito se diluíra, graças em parte à contribuição de vários participantes-observadores fascinados, incluindo o escritor francês Alexandre Dumas, que ajudaram Garibaldi a narrar e romantizar as grandes aventuras da sua vida. À medida que crescia a reputação histórica e a significância política do General, aumentava também o peso de cada palavra e ação suas. "Ser Garibaldi" deve ter-se tornado uma tarefa crescentemente onerosa, embora ele continuasse a desempenhá-la com notável desembaraço. Seria difícil exagerar o seu carisma. Era de conhecimento geral que mulheres de todas as extrações enamoravam-se dele, às vezes com veemência bastante para causar constrangimento ao imperturbável paladino. E também não eram poucos os homens que ficavam inebriados. Vez por outra, dizia-se, Garibaldi tinha de proteger seus cabelos das tesouras dos caçadores de suvenir. Alguns faziam todo o caminho até a remota casa do General, na esperança de ganhar uma mecha de cabelos ou uma camisa velha. Se era objeto de culto, ele era também instrumento involuntário de um ativo comércio;

---

* Em seu romance anticlerical dos anos 1890, *Rome* [Roma], o escritor francês Émile Zola capturou memoravelmente, quiçá tendenciosamente, a extravagância do cerimonial e do vestuário da Igreja. Na passagem em questão, um visitante presencia uma procissão esplendorosamente insincera dos homens santos de Roma como se estivesse vendo "o esplêndido esqueleto de um colosso de onde a vida se esvaía". "[A]s procissões e *cortèges* [ostentavam] todo o luxo da Igreja entre cenários e equipamentos operísticos. E ele tentou evocar a imagem da magnificência passada — a basílica transbordante de uma multidão idólatra e a passagem do *cortège* sobre-humano enquanto todas as cabeças se abaixavam; a cruz e a espada abrindo a marcha, os cardeais avançando dois a dois, como divindades gêmeas... e finalmente, com a pompa de um Júpiter, o papa, carregado sobre uma plataforma drapeada em veludo vermelho, sentado numa cadeira de braço de veludo vermelho e ouro, vestido em veludo branco, a veste sacerdotal auricolor, a estola auricolor e a mitra auricolor." (Zola, 1896, p. 168-9).

até mesmo o seu uniforme foi finalmente vendido a uma senhora inglesa por um dos seus empregados, para quem antes tinha sido dado como presente.[9] Assim, a importância histórica de Garibaldi não reside apenas em realizações materiais, mas na esfera simbólica que o envolve. Cada um dos seus gestos e pronunciamentos era repleto de significados culturais e políticos. Como encarnação viva da desconfiança do cidadão comum frente à corrupção do governo, da aversão por conciliações fáceis e da impaciência diante de convenções paralisantes, podia-se contar com ele para criar, por sua simples presença em Roma, uma atmosfera inflamável. Para alguns contemporâneos, o General personificava a energia, o dinamismo e a coragem então requeridos pela nação; para outros, seus projetos de orçamento indefinido, sua retórica visionária, seu estilo de vida não-convencional e sua abordagem abrupta e marcial da vida eram sintomas — e não soluções — das próprias e consideráveis dificuldades da Itália. Garibaldi esperava superar as obras da engenharia antiga, nada menos que todas as extraordinárias realizações de drenagem, sistema de esgoto e canalização de águas empreendidas pelos próprios romanos. Com certeza, argumentava ele, com a ciência moderna e com vontade política suficiente, o desafio de criar uma nova e vibrante Roma, uma capital adequada à Itália moderna, podia ser vencido.[10]

No período de vida de Garibaldi, a intervenção da engenharia civil de fato estava transformando dramaticamente a paisagem, a velocidade das comunicações e as facilidades de comércio em muitas partes do mundo. No final do século XIX, novos canais, estradas de ferro e rodovias integravam-se em redes cada vez mais abrangentes nas economias mais avançadas, como a Grã-Bretanha, a Alemanha e os Estados Unidos. Tais desenvolvimentos eram amplamente celebrados como a culminação de vários séculos de inovação tecnológica e de ambições empresariais acumuladas. Ao propor domesticar os elementos, regenerar a cidade e facilitar o movimento livre de bens e de capital por grandes extensões até então inacessíveis do território rural, Garibaldi pretendia ajudar a Itália a "alcançar" em rápida evolução os seus vizinhos e rivais.

Novas formas de construir estradas resistentes de drenagem rápida, já introduzidas na França do século XVIII, foram rapidamente reproduzidas em outras partes do continente, pressagiando os avanços técnicos posteriores, surgidos no século XIX, igualmente por iniciativa de engenheiros britânicos como J. L. McAdam e Thomas Telford, que estabeleceram novos padrões para o projeto de construções de estradas e de canais. Na década de 1850, foi erguida em Paris a primeira casa de concreto reforçado, material que logo seria empregado em outros projetos de infra-estrutura mais complexa. A Ponte Suspensa de Clifton (1830-63) construída por Isambard Kingdom Brunel consagrava-se como um sinal dos tempos, a exemplo do seu grande navio a vapor, inaugurado em 1858, o *Great Eastern*. Originalmente chamado *Leviathan*, a embarcação ostentava o primeiro casco duplo de ferro, e desempenhou um papel crucial na realização de uma outra façanha: a primeira instalação bem-sucedida de um cabo transatlântico. Mais perto de casa para Garibaldi, anunciou-se em Roma, em 1875, a instalação de um cabo telegráfico no fundo do mar entre a Sardenha e o continente.

Vastas áreas de rocha sólida foram, então, dia a dia removidas com explosões a pólvora e, cada vez mais, a dinamite, um novo explosivo patenteado em 1867 pelo físico sueco Alfred Nobel. Os empreiteiros pioneiros que haviam aberto caminho através do Monte Cenis na década de 1860 inauguraram vários projetos espetaculares de construção de túneis alpinos. Foi também um período em que velhas propostas (datadas pelo menos da época de Napoleão) de realizar escavações sob o Canal foram ressuscitadas e revisadas: planos para a construção de uma ferrovia subterrânea entre a França e a Inglaterra foram propostos por uma companhia, formada justamente para esta finalidade nos anos 1880 — fonte de uma literatura muito ansiosa e entusiasmada.[11]

Em matéria de fornecimento de água e de serviço de esgoto, a engenharia civil alcançara avanços extraordinários. Essa era testemunhou uma drástica transformação no estado e na aparência do Tâmisa, com a criação de novas margens, que ocultavam uma ampla rede leste-oeste de dutos de esgoto, capaz de lidar eficazmente com milhões de litros de despejo. Origem do famigerado "Grande Fedor" de 1858, o rio tornou-se um estímulo para projetos extensivos de obras públicas que faziam escoar corrente abaixo grande parte do esgoto da cidade para um desvio longe de Londres, despejado depois à distância mar adentro. O engenheiro chefe, Joseph Bazalgette, orquestrou dezenas de empreiteiros e grandes contingentes de operários que escavaram milhões de metros cúbicos de terra e deitaram milhões de tijolos ao longo de mais de 130 quilômetros de novos esgotos. As obras chegaram a um custo superior a 4 milhões de libras esterlinas. Inaugurada em 1864, a obra em toda a sua extensão tornou-se aparente seis anos mais tarde, quando a seção final das novas margens foi aberta. Os londrinos receberam um sistema com tecnologia de ponta, estendendo-se ao longo da margem setentrional do Tâmisa desde Blackfriars até Westminster.[12] Resta incerto até que ponto Garibaldi estava informado disso, mas ele não era estranho à capital inglesa. Ele teve chances, sem dúvida, de tomar conhecimento do problema de Londres em suas visitas ocasionais nas décadas de 1850 e 1860, e de tomar conhecimento em primeira mão das soluções propostas.

Barragens de grande porte, dutos de longa distância e bombeamento estavam transformando as condições da terra e da vida no Velho e no Novo Mundo. Nos Estados Unidos, o Canal Erie, com 585 quilômetros de extensão e 82 eclusas, de Albany, às margens do Hudson, até Buffalo, às margens do lago Erie, representou um importante exemplo inicial da escala assustadora da engenharia civil então em desenvolvimento. Construído pelo estado de Nova York entre 1817 e 1825, o canal aumentou formidavelmente as facilidades de comércio para e a partir das pradarias do Meio-Oeste. Enquanto apenas 160 quilômetros de canais haviam sido escavados em 1800, no final do século os Estados Unidos possuíam mais de 6 mil e quinhentos quilômetros de vias aquáticas artificiais abertas à navegação de barcaças. Lagos e rios estavam sendo domesticados, ligados entre si e explorados segundo os objetivos de projetos cada vez mais ambiciosos. Na década de 1880, por exemplo, planejou-se um canal que ligaria a parte sul do rio Chicago ao rio Des Plaines em Lockport, Illinois. Isto implicaria inverter o fluxo do rio a partir do lago Michigan com o intuito de erradicar a poluição do lago causada pelos despejos de esgoto da cidade. A construção do canal envolveria a maior operação de remoção de terras jamais empreendida nos Estados Unidos.

Na Grécia, um canal profundo para navios de grande calado foi aberto no istmo de Corinto, conectando os mares Egeu e Jônico. Construído entre 1881 e 1893, o canal era delimitado por paredões de rocha quase verticais que alcançavam mais de 80 metros acima do nível da água na sua seção intermediária. No final do século XIX, enormes sistemas de drenagem foram planejados e construídos nos Países Baixos.[13] Nessa época, todos os rios mais importantes da Europa já haviam sido em parte reformados pela intervenção humana; não mais ramificados, extensivos e difusos, eles seguiam cada vez mais cursos precisos e definidos.* No mais das vezes, essas obras de "canalização" consistiam, pelo menos em certa medida, na criação de margens e paredões. Transposição das águas e transformação da paisagem andaram juntos em muitas partes do continente.[14]

A Itália nasceu na segunda metade do século XIX, mas, aos olhos do General Garibaldi e de muitos outros comentadores, esse feito logo apresentou sinais de decadência. A nova nação baldou as aspirações de sonho que a precederam, dando lugar, poucos anos depois da sua criação, a uma "política de nostalgia". Garibaldi de modo algum estava só em sua lamentação das deficiências coletivas, passadas e presentes. Com efeito, ele veio a exprimir, e mesmo a personificar, uma atitude muito mais ampla de insatisfação intelectual e política. O Estado era visto como inadequado aos seus anseios particulares, às visões do *Risorgimento* e, depois, à ideologia nacionalista estridente de redenção que agourentamente floresceu na cultura e na política do *fin-de-siècle*. Como pesarosamente se recordou o General, "foi com uma Itália muito diferente que eu passei minha vida sonhando"; "não com esta 'Itália humilhada', governada pelos piores elementos da nação."[15] A sua paixão pela Cidade Eterna e a sua preocupação profunda com a regeneração física e espiritual da nação podem estar estreitamente vinculadas às ansiedades e desejos mais amplos da sua época; mas não podem ser satisfatoriamente explicadas nesses termos sociais e históricos mais abrangentes.

O caráter de Garibaldi era cheio de poderosas e desconcertantes contradições. Ele era o defensor dos livres, inimigo da escravidão, partidário do sufrágio universal. Ele fora o comandante que havia fuzilado sem hesitação subordinados amotinados, mas que tinha escrúpulos de matar padres, apesar de declarar que os desprezava acima de todos os demais; ou pelo menos a maioria deles (alguns padres sem dúvida o haviam ajudado no passado, ou

---

* Em *O manifesto comunista*, de 1848, Marx e Engels prestaram tributo a uma burguesia cujos empreendedores, cientistas e industriais tinham mostrado uma capacidade tão notável de submeter as forças da natureza aos desígnios humanos. "[M]aquinaria, aplicação da química à indústria e à agricultura, navegação a vapor, ferrovias, telégrafos elétricos, desmatamento de continentes inteiros para fins de cultivo, *canalização de rios*, populações inteiras brotando da terra como por encanto — que século anterior teve sequer um pressentimento de que tais forças produtivas estivessem adormecidas no seio do trabalho social? (Marx e Engels 2002, p. 25; itálicos meus.)

mesmo tinham unido forças com ele). Conforme observaram seus biógrafos, Garibaldi tinha reputação de ser brando e tolerante, mas também de ser rigoroso e inflexível. Ele podia expressar grande afeição e austeridade para com certos membros da sua própria família e, mais ainda, para com subalternos recalcitrantes, aos quais governava como um comandante de exército. Era profundamente afeiçoado aos animais, ainda que mostrasse uma viril indiferença ao abatê-los. Ele presidiu o primeiro congresso pacifista internacional, mas concordava com a máxima de que "a guerra é a verdadeira vida do homem". Quando criança, suas ligações sentimentais eram notáveis (numa ocasião, por exemplo, ele ficou inconsolável com o destino de um gafanhoto moribundo); como adulto, conta-se que fora capaz de mandar fuzilar um homem sem tirar o charuto da boca. Na sua juventude, ele demonstrou como matar uma tartaruga com as suas próprias mãos, embora não tivesse suportado comer o cordeiro que havia criado.[16] Ele se tornou um soldado robusto e um nacionalista intransigente, mas instava os governos europeus a trabalharem em prol da formação de um Estado único na Europa, na crença de que, com essa união, as despesas com Exército e Marinha poderiam ser grandemente reduzidas, liberando imensas somas para lidar com os problemas decorrentes da pobreza, com o progresso industrial, com os projetos de construção de estradas, pontes, de escavações de canais e assim por diante.[17]

Figura secular num sentido, Garibaldi também era, para muitas pessoas, semelhante a um mártir religioso. Alguns retratistas e ensaístas associaram-no explicitamente a Cristo. Quando um livro de "catecismos" garibaldinos foi publicado em Nápoles em 1865, o texto vinha em forma de perguntas e respostas curtas para os jovens, constituindo o que católicos escrupulosos poderiam considerar mera imitação grotesca da religião.[18] Disposto a fazer concessões quando ninguém as esperava, às vezes orgulhoso do seu pragmatismo, ele também apoiou aventuras questionáveis como certos planos de expansão nacional para o nordeste. Acima de tudo, era conhecido como um gênio militar temperado pelas batalhas, cujas espantosas vitórias desempenharam um papel central na luta pela unificação da Itália. Durante as suas muitas marchas através do país, notadamente na Campanha Romana, ele se familiarizou bastante com a dura sorte — o suor e as lágrimas, os sonhos e as febres — do campesinato. A simpatia de Garibaldi pelos pobres, a sua presunção natural de autoridade e suas aventuras temerárias foram celebradas em toda a parte numa florescente literatura voltada tanto para crianças como para adultos, os "italianos" que despontavam na nação recém-criada. Detalhes da sua vida doméstica, pouco convencional, com filhos fora do casamento, amantes e pedidos de divórcio, eram um embaraço, mas acabavam geralmente perdoados como exemplos do comportamento idiossincrático de um homem que, apesar de tudo, era moralmente inatacável, uma figura que havia escrito, "maior que a vida", o seu próprio roteiro.

3 Estagnação e salvação

"O que a espada fulgurante foi para o primeiro Paraíso, assim foi a malária para esses suaves jardins e bosques. Nós podemos passear por eles à tarde, é verdade, mas deles não podemos fazer lar e realidade, e neles adormecer é morte. Eles não passam de ilusão, portanto, como a miragem de águas luzentes e folhagens umbrosas num deserto."

Nathaniel Hawthorne, The Marble Faun [O fauno de mármore].

Correspondendo aos limites territoriais da Comuna de Roma na Idade Média, a Campanha Romana é uma área de cerca de dois mil quilômetros quadrados, atravessada pelos rios Tibre e Aniene, como por um sem-número de cursos d'água menores.[1] Também conhecida como o *Agro Romano*, a planície da Campanha se estende ao longo das costas do Lácio, sendo limitada ao sul pelo Monte Albano e o Golfo de Terracina, ao norte pelos montes Tolfa e Sabatinos e a leste pelos Montes Sabinos, parte da cadeia dos Apeninos.*

A malária afligiu a região ao longo de toda a sua história registrada, ainda que sua virulência não tenha sido constante.[2] No final do primeiro milênio, o enigma da febre dentro e em torno de Roma continuava a ser fonte de muita perplexidade e ansiedade. Como disse São Pedro Damião, bispo de Ostia, numa carta ao papa Nicolau II em meados do século XI, "Roma, de-

---

* Em *The Marble Faun*, Hawthorne descreveu memoravelmente esses cumes delimitantes, "que luzem à distância para nossas imaginações, mas mal parecem reais aos nossos olhos físicos, pois, tendo sido tão sonhados, ganharam matizes aéreos que pertencem apenas aos sonhos. São, contudo, a sólida estrutura de montanhas que encerra Roma, e a sua vasta Campanha circundante; em nada uma terra de sonhos, mas a mais larga página da história, tão repletamente povoada de eventos memoráveis que um oblitera o outro; como se o Tempo tivesse deixado e tornado a deixar marcas em seus próprios registros até que eles se tornassem ilegíveis."

voradora de homens, subjuga a cabeça erguida dos homens; Roma, fecunda em febres, é muito rica na colheita de mortes. As febres romanas são fiéis a uma lei constante. Uma vez que tenham atacado uma pessoa, raramente a deixam enquanto ela estiver viva".[3]

Alguns consideravam que a febre fosse uma espécie de punição: Petrarca, o poeta medieval, pensava que ela pudesse ser causada pela ausência do papa de Roma. As doenças maláricas espreitavam à margem — às vezes no centro — da vida italiana, e sua imagem freqüentou constantemente a literatura. A febre quartã (uma das formas que a malária pode assumir) é descrita, por exemplo, em *A divina comédia*.[4] Essas referências em Dante, ou neste particular em Shakespeare, que fez vários comentários de passagem sobre o clima mórbido de Roma, foram assiduamente mencionadas por alguns especialistas em malária do século XX, interessados, como observação paralela, em documentar a história folclórica e literária do seu tema.[5]

Um compêndio das observações culturais sobre a curiosa insalubridade de Roma e o sinistro torpor das suas cercanias tenderia a ser necessariamente prolixo. Uns poucos exemplos poderão servir para caracterizar a cena. Montaigne, em 1581: "Os acessos a Roma, quase em todo lugar, têm, na sua maioria, uma aparência inculta."[6] O visitante francês achava estranho que uma área tão próxima da grande cidade pudesse parecer improdutiva e ser tão esparsamente povoada. No século XVIII, ao ponderar o declínio e queda de Roma, Gibbon não negligenciou descrever os sinais da desolação ambiental: "Porém, grande parte da Campanha Romana está reduzida a um deserto lúgubre e inóspito; as enormes propriedades dos príncipes e do clero são cultivadas pelas mãos preguiçosas de vassalos indigentes e desesperançados; e as escassas colheitas são retidas ou exportadas em benefício de um monopólio."[7] O próprio perigo e desolação tornavam-se, a olhos românticos, extremamente atraentes. Byron falou do "velho Tibre" correndo através do "deserto de mármore", e de Roma como a "cidade das almas", "mãe dos impérios mortos".[8] No título de um soneto que escreveu na década de 1830, o poeta romano Giuseppe Gioacchino Belli definiu a ameaça física e o vazio da Campanha como "O deserto".

Embora grande parte da Campanha evocasse tristeza e mesmo medo, algumas áreas eram exaltadas por sua beleza e serenidade excepcionais. Frascati, fora de Roma, era conhecida por suas correntes puras, por suas amendoeiras frondosas, céus claros, cores vibrantes. Uns poucos locais, como Tivoli, com a sua extraordinária Villa d'Este, seus jardins e fontes paisagísticos, eram celebrados em toda parte por seu charme e elegância. Todavia, em geral, a região era vista, compreensivelmente, como um pesadelo pestilencial.

Na época de Garibaldi, a Campanha Romana conservava algumas associações românticas residuais, mas isto também passou a ser visto como símbolo de uma crise mais ampla diante da Itália moderna, uma crise que abrangia questões como imigração, pobreza, doença, subinvestimento agrário e carência de educação. A região servia cada vez com mais freqüência como área de teste das últimas pesquisas científicas e médicas sobre a malária; várias campanhas de informação e projetos médicos foram realizados para ajudar a proteger o campesinato da devastação da doença. Em parte alguma, história, ciência e mito eram mais confusamente indistintos do que neste notável canto do mundo — uma área cuja escassez populacional e o subdesenvolvimento eram inversamente proporcionais à riqueza de significados e associações. Por meio das palavras e das imagens, via-se a terra como se fosse assombrada por fantasmas de um mundo remoto, residindo nisto parte do seu fascínio. Havia ruínas em número suficiente para trazer os espectros da Roma antiga de volta à vida vigorosamente. Contudo, exaltado ou temido pelos estetas, o território experimentava um dramático declínio econômico e agrário.

Pode-se recolher uma apreciação da ansiedade científica e do desalento político associados ao estado da própria Cidade Eterna no relato do psicólogo e historiador francês Hippolyte Taine, que a visitou em 1864. Tendo estudado os problemas cívicos de Roma, ele concluiu que as ruas sujas e dominadas pela doença eram surpreendentemente perigosas; nada menos que uma abominação.[9] Taine nos dá um contraponto para todos esses famosos tributos *"grand tour"* de Roma como capital da arte, coração da cristandade, centro do mundo antigo ou mesmo parque erótico encantador para italofílicos. A sua descrição da cidade é permeada de imagens de travessas imundas, casebres, corredores lodosos e odores nauseabundos. No interior desse labirinto infernal, ele descreve uma tropa impressionante de vagabundos sem propósito e multidões de crianças que levavam uma "vida de cão", aliviando-se nas ruas. Para Taine, poucos lugares mais desolados podiam ser imaginados nesta terra: ele achou Roma sombria e sem vida, um gigantesco cemitério. Com seu ar, suas águas e solos viciados, e acima de tudo com a sua má administração, Roma representava então tudo o que havia de mais hostil à Idade

Moderna, à boa saúde, ao vigor e à iniciativa econômica, e a uma cultura progressista, aberta à indagação racional.

Havia ali pouco sinal de qualquer dimensão lúdica ou voluptuosa da imagem de Roma ou da Campanha; tampouco de grandes fruições do pitoresco ou do sublime. Taine pôde apreciar e admirar partes do que viu, mas também as pintou em tom de desalento, como se não fosse deixar-se seduzir pelas tentações e mistérios da região. As glórias clássicas não foram capazes de dissimular o horror contemporâneo. A sua versão era muito diferente da que ofereciam artistas anteriores como Poussin ou Claude, ou mesmo pintores mais recentes ainda atraídos principalmente pelas belezas e encantos de Roma e da Campanha.[10] A impressão dominante de Taine era a de um lugar ofensivo e sinistro, uma espécie de "paisagem de morte", embora consentisse ainda alguns enclaves ocasionalmente agradáveis. Ele duvidava de que existisse uma vontade ou meios capazes de redimir Roma e torná-la, ou à sua região, um lugar adequado e salubre para o desenvolvimento. A ênfase estava na intransigência, na decadência e no fracasso. Ao longo das suas deambulações, Taine ficou horrorizado com o estado do rio, que descreveu como amarelado e doente. Ele comparou o Tibre a uma serpente fantasmagórica a contorcer-se num deserto de corrupção.* As margens eram infestadas de insetos e animais daninhos, a sua alvenaria toda arrebentada, enquan-

---

* Perto do final do século XIX, o grande escritor naturalista Émile Zola pormenorizou as descrições anteriores de Taine, transformando o pútrido Tibre num símbolo da estagnação crônica da cidade e das dificuldades fatais do novo Estado. O seu testemunho ficcional, *Rome* [Roma], descrevia as águas sinistras e tristes do outrora glorioso Tibre, que agora fluía com uma "senilidade extenuada", trazendo "nada exceto morte" (Zola, 1896, p. 451). Durante uma visita a Roma, fazendo uma pesquisa de fundo para o seu livro, Zola aprendeu que sanear e recuperar o campo e tornar o Tibre navegável, como havia sido nos tempos antigos, custaria fortunas colossais e envolveria obras públicas vastíssimas. Na opinião dele, as parcas perspectivas de levar tais projetos adiante atestavam a incapacidade da nação como um todo. Zola sugeriu que podia ser impossível efetuar ali transformações reais (anotação em diário, 8 de novembro de 1894, em Zola, 1958, p. 186). A romantização do passado distorcia as necessidades do presente. Nas palavras de Orlando, um bem-intencionado veterano "garibaldino", personagem do livro de Zola, Roma "era uma cidade puramente decorativa com solo esgotado, ela restara apartada da vida moderna, era insalubre, não oferecia qualquer possibilidade de comércio ou indústria, era invencivelmente presa da morte, situada como era no meio do deserto estéril da Campanha." (Zola, 1896, p. 551)

to imóveis antigos em equilíbrio precário virtualmente tocavam na água, em meio a refugos inomináveis.[11]

Os comentadores excediam uns aos outros em seu espanto diante da aura de devastação e quando exploravam as suas próprias reações emocionais diante das fortes cenas de declínio natural e histórico.[12] A malária despertava uma apreensão considerável, mesmo um terror, como o fizera em eras passadas. Os ataques periódicos da inflamada doença haviam sido outrora associados aos poderes de uma deusa ou ao hálito de um dragão. Arqueólogos modernos, usando técnicas científicas de investigação, descobriram sepulturas onde corpos de crianças mortas pela malária eram mantidos com pesos, ali colocados com o fim de evitar que os demônios da febre escapassem e afetassem os saudáveis.[13]

O folclore e a religião forneciam numerosas explicações, medidas profiláticas e consolações, e continuavam a dominar a compreensão popular da doença ao longo de todo o século XIX. Para muitos, a febre era apenas um fato inevitável e cruel da vida. O romancista Giovanni Verga, devoto engajado da descrição naturalista, fez, em sua história *Malaria*, um quadro memorável da batalha dos camponeses sicilianos para permanecerem saudáveis. Publicada pela primeira vez em 1881, a obra narrava a triste experiência de incontáveis gerações, dispersas em ambientes assolados pela febre.[14]

As expressões "febre romana" e "malária" eram freqüentemente equivalentes para a panóplia de especialistas que especulava sobre as causas das altas taxas de mortalidade que atormentavam a cidade e suas cercanias.[15] Muitos supostos especialistas ponderaram sobre a melhor maneira de impedir os surtos debilitantes que arruinavam as vítimas a intervalos regulares. A malária tinha duas variedades distintas: terçã e quartã. Um indispensável guia de viagem do final do século XIX, de Baedeker, fornecia rígidos conselhos de saúde sobre como evitar friagens e insolações, febres e outras indisposições que ocorriam localmente. O visitante era orientado a não andar em carruagens abertas após o anoitecer, por medo da malária (para não falar dos assaltantes em lugares afastados).*

---

* Ao abrir caminho através da vegetação rasteira e de pântanos, nos anos das campanhas italianas, Garibaldi e seus homens não tiveram tempo para tais sutilezas. Eles podem ter sido fortes, mas muitos deles inevitavelmente também contraíram a febre. Cada vez mais medidas de orientação e socorro foram postas à disposição nas últimas três décadas do

As rotas das visitas de turismo tinham de ser cuidadosamente planejadas a fim de minimizar os riscos para a saúde, que ameaçavam em várias partes do país. Muitos viajantes seguiam à risca as orientações de Augustus Hare, cujo clássico do final do século XIX, *Walks in Rome* [Passeios em Roma], chegou à sua vigésima edição em 1913. Hare advertia ser um erro pensar que Roma possuía um clima ameno: se é verdade que podia ser encantador, o clima também podia ser surpreendentemente severo e carregava muitos perigos para os desavisados. "Transições violentas" do calor dos raios do sol para sombras frescas e vice-versa podiam mostrar-se fatais para os não-iniciados, prevenia ele. Áreas insalubres deviam ser evitadas, particularmente ao anoitecer. Demorar-se em horas erradas do dia, em épocas erradas do ano, perto de certas localidades, como as escavações romanas, era "extraordinariamente imprudente". A "insidiosa febre intermitente" estava sempre alerta, à espera da sua próxima presa infeliz. Ele listava tantos lugares perigosos de que o turista devia esquivar-se entre julho e novembro que o leitor muito bem podia concluir que o melhor seria evitar completamente a cidade e suas cercanias naqueles meses.[16]

Os turistas incautos corriam riscos, mas eram os camponeses da terra que sofriam o tormento crônico, e que morriam em grande número. Embora a ameaça da malária definitivamente não fosse restrita aos pobres, havia muitas razões pelas quais os camponeses sofriam mais. Um certo tipo de

---

século, pelo menos para as classes abastadas. Baedeker sugeria horários e rotas prudentes em terreno rural, assim como recomendações sobre roupas, sombrinhas e óculos de proteção (os melhores eram os de lentes de vidro cinza) que podiam servir como equipamentos apropriados. Em Roma, véus azuis eram tidos como acessórios úteis para senhoras. O meticuloso guia também detalhava as recomendações acerca dos lugares onde se poderia obter uma ampla lista de medicamentos antes da partida de Londres. Para problemas de estômago e outras indisposições menores, o melhor era procurar um médico local e confiar nos experimentados e testados remédios locais (Baedeker, 1909, p. xxix, e *passim*). A água potável romana era declarada aceitável, ainda que fortemente calcária e, por causa disso, imprópria para o consumo dos pacientes de gota ou constipação (Baedeker, 1886, p. xxvi). O problema da malária, contudo, era uma questão mais séria, e para evitá-la era necessário muito cuidado. O guia fornecia tanto quanto possível algumas orientações geográficas e notas de conhecimento do clima. Eram informados os nomes e endereços de médicos e farmacêuticos ingleses, ou pelo menos de fluentes em inglês em Roma. Aos afligidos pela febre recomendava-se especialmente procurar um eminente médico, o Dr. Nardini, disponível para receber novos clientes diariamente, entre três e quatro horas da tarde, em seu consultório particular na Piazza Venezia (Baedeker, 1869, p. 88).

mosquito transmite a malária para as populações humanas, e os camponeses eram amiúde totalmente incapazes de evitar as picadas. Mosquiteiros não eram de modo algum acessórios universalmente disponíveis, e era prática comum na região do Lácio as famílias dormirem nos campos para guardar suas colheitas contra os ladrões.[17] A subnutrição e as condições estafantes de vida apressavam a morte; os bem-alimentados, que gozavam de uma confortável fortuna, tinham, é claro, mais possibilidades de sobreviver. Muitas incertezas ainda cercam a história da virulência da malária através dos tempos, mas há alguns indícios de que a modernização dos transportes no século XIX tornou a doença ainda mais aguda em certas partes da Itália rural. Observou-se, por exemplo, que a incidência de febres às vezes aumentava ao longo do trajeto das estradas de ferro. Escavações podiam criar novos depósitos de águas estagnadas; a derrubada da vegetação também podia interferir nos padrões de drenagem e alterar os lençóis de água, afetando por sua vez o *habitat* dos insetos.[18] Alguns projetos de construção reduziram a disponibilidade de águas de superfície, outros a aumentaram. De todo modo, o que está bastante claro é que no final do século XIX, quando Garibaldi voltou a sua atenção para as más condições da região, a maioria da população do Lácio ainda sofria de malária. Sessenta e seis por cento da população eram afetados pela doença, segundo uma estimativa de 1886.[19]

Nem todo o território dos antigos Estados Papais estava na mesma situação calamitosa que a Campanha — havia áreas do Marche e da Úmbria que produziam boas colheitas de milho, frutas e videiras, mas mesmo lá muitas terras eram pobres e improdutivas. Na área em torno de Roma, criavam-se uns poucos búfalos, cavalos, ovelhas e cabras; havia uma horticultura de pequena escala para mercado perto da cidade e alguma produção de grãos, embora não fosse uma tarefa fácil atrair mão-de-obra para a colheita, mesmo considerando o desesperador desemprego que afligia tantas regiões do país. Amplamente demarcada em zonas de posse cujo domínio legal era reconhecido a proprietários ausentes (um problema comum em grande parte da Itália rural, especialmente no sul), a Campanha caía numa situação cada vez mais grave ao longo dos séculos XVIII e XIX. Mas, quaisquer que tenham sido as variações nas condições agrícolas na região como um todo, são muito poucos os indícios de efeito dos planos de desenvolvimento rural ou dos fortes investimentos que eram aparentes na Lombardia ou na Toscana durante a segunda

50

metade do século XIX.[20] Depois da unificação, implementar-se-iam novos planos para estimular o cultivo, e chegou-se mesmo a formar uma comissão, responsável aliás por um relatório de 1872 que atribuiu ao absenteísmo dos proprietários de terra grande parte dos problemas sociais e econômicos da região. Garibaldi advogava uma nova justiça, redistributiva, e também centrava a sua atenção no abandono material da própria terra. Em maio e junho de 1875, ele apresentou ao parlamento os detalhes das suas propostas de recuperação da terra, enfatizando, como vimos, a transposição do rio, a melhoria do solo, a reforma agrária e as obras de drenagem.[21]

Dada a sua localização, próxima do centro do extraordinário antigo império, a Campanha jamais foi percebida como um lugar rural insignificante e atrasado; permaneceu famosa (ou infame) por muitas razões. Era um espaço arruinado que toda a gente atravessava a caminho da Cidade Eterna, sítio de inúmeros esplendores clássicos e cristãos; para muitos, era lá que estava o destino mais cobiçado do *grand tour*. Com o estabelecimento de Roma como capital do Estado italiano, muitos milhares de recém-criados "italianos" viajaram para a cidade pela primeira vez, para tomar seus lugares nos intumescentes ministérios do governo, na florescente indústria de serviços e no *boom* da construção civil. Eles juntavam-se às hordas crescentes de peregrinos e de excursionistas em férias. Viajando freneticamente pelas grandes estradas romanas da Campanha, os visitantes olhavam para fora e vislumbravam um mundo de decadência e abandono. Palavras como "maligno", "fétido", "infestados de insetos" e "hostil" eram freqüente e espontaneamente evocadas nos Pântanos de Pontine (uma vasta extensão de terra entre Roma e Terracina, ao sul) e na Campanha Romana.[*]

---

[*] Uma medida da miséria da população da Campanha Romana, que ganhava a vida com dificuldade à sombra remota da outrora grande cidade, pode ser vislumbrada no relato de uma viajante e romancista, Charlotte Eaton, em *Rome in the Nineteenth Century* [Roma no século XIX], publicado em 1820. Eaton encontra-se com os habitantes febris e alquebrados que subsistem em Ostia, o antigo porto de Roma. Olhando à volta, identifica umas poucas habitações patéticas, mas nenhuma horta ou quaisquer amenidades modernas; ela anda em meio a entulhos, encontrando finalmente uma mulher sombria, esquelética, a quem pergunta: "Onde estão todos da cidade?" "Mortos!", foi a resposta pesarosa. Restava um punhado de trabalhadores homens e mulheres, dois padres e alguns condenados ("cujas vidas considera-se conveniente abreviar fazendo-os viver ali"). É uma experiência estranha, observa a autora visitante, aproximar-se de Roma a partir de um local tão desolado: "é melancólico para a razão e a humanidade olhar a imensa

51

Trechos campestres próximos da cidade, que, no século XVII, eram repletos de videiras, árvores frutíferas e hortaliças, foram abandonados à deterioração nos dois séculos seguintes. Muitos comentadores chegaram à conclusão de que a Campanha Romana, antes abençoada como terra fértil, fora então amaldiçoada e projetava sua mortalha espectral sobre Roma, a Itália e mesmo a própria civilização ocidental. Na verdade, alguns desses comentários propiciavam uma visão edulcorada do passado; pois, mesmo no mundo antigo, a região do Lácio era estreitamente associada a problemas de enchentes e de febres. Com efeito, muitos dos líderes romanos buscaram melhorar o arriscado estado da terra: Júlio César planejou drenar os Pântanos de Pontine, mas o plano não foi muito longe;[22] o imperador Nero cogitou abrir um canal desde o delta do Tibre até o Lago Averno, ligando todos os lagos costeiros da região do Lácio, mas seu projeto também deu em nada.[23]

Em algumas áreas da Itália central rural, os viajantes encontravam condições extremamente áridas (freqüentemente referidas como desertos); em outras, charcos repulsivos. Raramente havia água disponível em quantidade suficiente, e cultivar em algumas partes da Campanha Romana era como se arriscar em uma espécie de roleta russa. Nos anos 1860, uma série de medidas foram

---

extensão de terra fértil na vizinhança imediata de uma das maiores cidades do mundo, pestilenta de doenças e morte, e saber que, como um túmulo devorador, ela engolfa anualmente todos os seres humanos que arduamente trabalham na sua superfície." (Eaton, 1852. vol. 2, p. 386, e vol. 1, p. 63) Compare-se este relato com a descrição a seguir de um inglês em visita a Ostia meio século mais tarde: "A melancolia assenta taciturna na solidão, com miasma e malária ao seu lado, alimentados pelo fogo devorador da febre lenta e o tremor dos acessos de calafrio." (Davies, 1873, p. 19)

Os Pântanos de Pontine tornaram-se virtualmente sinônimos dos horrores do calor, da febre e da morte. A miscelânea de pântano, terrenos abertos devassados e floresta densa era às vezes fantasmagórica à visão, como o viajante Tito Berti deixou claro ao arriscar-se numa jornada até lá no verão de 1884. Ele relembra como "a floresta Pontine dá medo e horror. Antes mesmo de entrar, ela cobre o seu pescoço, pois enxames de grandes insetos sugadores de sangue estão à sua espera no grande calor do verão, entre as sombras das folhas, como animais pensando intencionalmente em suas presas." Ele prossegue adiante, falando de uma zona sinistra e nauseante em que milhares de insetos esvoaçavam constantemente de um lado para outro, e milhares de plantas pantanosas cresciam abundantemente, no calor mormacento. Outros destacaram a beleza da terra (um mar de flores nos meses de maio e junho) e chamaram a atenção para a letalidade jacente sob as aparências da superfície. Hans Christian Andersen viajou pelos Pântanos em 1846 e descreveu muita beleza e exuberância. O que o impressionou foi a disparidade entre a paisagem fértil e esteticamente atraente e o estado desesperador dos camponeses que ali residiam — pálidos e doentes, com a pele amarelada (Sallares, 2002, pp. 169, 170, 176).

testadas para melhorar as condições agrícolas da região, mas os relatórios de fracasso continuaram a ser mais comuns do que os de sucesso.[24] Contava-se, por exemplo, a história de um grupo de monges trapistas franceses que haviam começado a recuperar o solo numa herdade na Campanha, em 1868, oferecida a eles pelo papa Pio IX. Do grupo de doze pioneiros, dez caíram doentes, dos quais quatro morreram. Seis voltaram para a França. Destemida, a mesma comunidade fundou uma associação agrícola e ganhou a herdade inteira a título permanente em 1873. Eis uma descrição do seu destino: "Em oito anos, morreram a cada ano de vinte a vinte e dois monges em média. Trinta e cinco tiveram de sair de Roma por causa da febre."[25] Para ajudar os trapistas enfraquecidos, 162 condenados lhes foram enviados como trabalhadores, "mas também eles morreram em grande número, e o projeto finalmente foi abandonado."[26]

Depois do confisco pelo governo de grandes propriedades da Igreja nos anos 1870, alguns camponeses de outras partes da Itália foram induzidos, mediante somas em dinheiro ou outros expedientes, a trabalhar em terras recém-adquiridas por fazendeiros, especuladores e empresários na Campanha. Apesar da promessa de suprimento de quinino,[*] boas moradias, água

---

[*] Roma tinha sido um dos primeiros lugares da Europa a receber a misteriosa casca peruana, batizada de chinchona. Contendo quinino, o prodigioso produto fora trazido de volta a Europa, segundo a lenda, depois que a condessa de Chinchón, esposa do vice-rei do Peru, fora curada da febre graças às suas notáveis propriedades. As primeiras amostras da casca chegaram aos Estados Papais na década de 1630, tendo passado pela Espanha. Experiências foram realizadas no Hospital do Santo Espírito, em Roma. Os jesuítas destacaram-se ao anunciar em outras partes do mundo as virtudes da casca. Em 1649, Pietro Puccerini, farmacêutico do Colégio Romano, dirigido por jesuítas, formulara instruções de uso que se tornaram amplamente influentes. A casca ficou famosa depois que padecentes das classes altas, inclusive o cardeal Chigi, em Roma, foram tratados com ela. Somente no começo do século XX, contudo, seu uso tornou-se uma medida profilática amplamente empregada, cuja distribuição foi orquestrada pelo Estado. Em 1901, o fornecimento de quinino tornou-se monopólio de Estado na Itália. Subseqüentemente, o governo trabalhou para facilitar o acesso à droga. Leis aprovadas em 1902 e 1904 dispunham sobre a sua distribuição pública. Tratava-se da culminação de anos de pesquisas, tanto científicas quanto relativas às reformas sociais necessárias para combater a malária, um processo de investigação que foi enormemente estimulado pela unificação. Não obstante, a presença do quinino na Itália central pode ter tido algum impacto limitado, já durante o século XVIII, na contenção da devastação da malária na Campanha Romana. O malariologista Angelo Celli afirmou que a região "foi salva, por este remédio maravilhoso, de uma deterioração inevitável e completa. Se [o quinino] não tivesse sido introduzido no momento mesmo da eclosão das terríveis epidemias de malária, as cercanias de Roma teriam sem dúvida sido transformadas num deserto pior do que aquele

potável e outras coisas do gênero, as condições que encontraram ao chegar continuavam a ser devastadoramente perigosas, como deixou claro um amedrontado observador, um certo Dr. Giusti, em seu sombrio relato: "Os inspetores já não sabem mais o que fazer, pois as pessoas, que já não se agüentam mais sobre as próprias pernas, não podem mais fazer nenhum trabalho. Todos os dias uma carreta leva os pacientes da febre para os hospitais romanos, todos os dias muitos pacientes morrem da febre perniciosa — é uma verdadeira hecatombe."[27]

De janeiro a junho, a cada ano, o Dr. Battista Grassi, eminente malariologista e professor de anatomia comparada da Universidade de Roma, lamentava-se: o campo acenava como "a terra prometida" só para em seguida recair no seu estado calamitoso, dominado pela febre.[28] Diante da rainha da Itália, em 1900, ele fez um apelo em nome de um "novo *Risorgimento*", voltado para essa "outra Itália", onde reinava a malária. Somente com a vitória sobre a febre, aquela terra condenada poderia tornar-se verdadeiramente parte de uma nação moderna viável.[29] Na Campanha e em muitas partes em toda a Itália, a pobreza e a indigência levaram os camponeses a deixar a terra em bandos, rumando para as cidades e não raro para fora da Europa definitivamente — caso pudessem arcar com a viagem —, em busca de circunstâncias mais favoráveis. Mais de 370 mil pessoas emigraram da Itália entre 1872 e 1881, e mais de dois milhões partiram entre 1882 e 1901.[30]

Sem maiores rigores, Garibaldi contentava-se em aludir à noção de "miasma" para designar a malária, e chamou consideravelmente a atenção para o modo como as águas nas partes mais baixas de Roma, muito poluídas por matérias orgânicas, criavam uma sórdida condição. Os grandes esgotos de Roma tinham sido deixados ao mais completo abandono, piorando a crise da poluição e dos "maus ares". A terra fétida, acreditava ele, desprendia gases que contribuíam para a disseminação da malária e de muitas outras formas de doença. Como podia o governo não fazer nada, perguntava ele, enquanto os cidadãos eram obrigados a inalar essa dúbia fermentação?* Na

---

que conhecemos na África Central." (Celli, 1933, p. 158; cf. Celli-Fraentzel, 1931, p. 2; Celli-Fraentzel, 1934, p. 385; Rocco, 2003)

* Sem dúvida, a honra nacional também entrava no cálculo. Era uma época em que os viajantes do norte vangloriavam-se freqüentemente da sua higiene superior. Poucos

opinião de Garibaldi, a explicação de todo o fracasso administrativo ou político residia numa corrupção histórica mais profunda e mais arraigada. Garibaldi sugeria freqüentemente que o vigor italiano havia sido minado por séculos de opressão, inércia e venalidade. Num dos seus romances há muito esquecidos, *Cantoni il voluntario* [Cantoni, o voluntário], publicado em 1870, o General apresenta por exemplo um capítulo chamado "Psicologia italiana" em que diferencia as forças saudáveis e doentias que se haviam espalhado sobre a terra. Toda região tinha seus degenerados morais — ele falava de "fracassados", "incapacitados" e "deformados" — e, em primeiro, lugar entre o setor parasitário e inútil da sociedade, estava a legião de padres hipócritas.[31] Corrupção moral e doença física, dir-se-ia, infiltravam-se juntas através daquela terra insalubre. Um espírito de decadência, argumentava-se, conduzira ao abandono progressivo da agricultura, da indústria e da bravura militar, ou vice-versa.[32]

As teorias miasmáticas podem ser encontradas desde a época clássica em diante, estabelecidas mais celebremente, na Grécia antiga, por Hipócrates. Em *Águas, ares e lugares*, Hipócrates ponderou os aflitos de uma gama de fatores ambientais (como vento, solo, águas, temperatura) na saúde humana. As suas idéias ainda tinham muita influência durante o Renascimento e chegaram a ser exploradas no trabalho de médicos notáveis, como Girolamo Fracastoro, autor de uma importante obra sobre doenças contagiosas publicada em 1546. Os homens da medicina do século XVII continuaram a desenvolver idéias sobre vapores letais, contribuindo para alargar a constelação das crenças relativas aos efeitos perniciosos das áreas pantanosas. Acreditava-se que os vapores nocivos emanavam de esgotos abertos, adros, matadouros, açougues, túmulos, e outras inumeráveis espécies de fossas que acumulassem deterioração.[33]

Argumentava-se cada vez mais que terras perigosas podiam ser saneadas por governantes esclarecidos, em vez de simplesmente abandonadas. Durante os séculos XVII e XVIII, uma variedade de projetos de engenharia medicinal foi experimentada na Europa. Em todos convergiam precauções sa-

---

anos depois, o *Handbook for Travellers* [Guia para viajantes], de Baedeker, fez menção dessa condescendência: "A idéia popular de higiene na Itália está atrasada no tempo, a sujeira sendo talvez neutralizada, na opinião dos nativos, pelo brilho do seu clima." (Baedeker, 1886, p. xxi)

nitárias e importantes iniciativas de paisagismo. Tanto o campo como a cidade podiam ser melhorados pela medicina.

Na Inglaterra, dizia-se às vezes que os rios "vomitavam maus ares". Idéias acerca das doenças e dos efeitos das emanações liberadas pelas águas paradas foram exploradas por comentadores célebres do século XVII, entre eles o grande médico Thomas Sydenham e o filósofo naturalista altamente influente Robert Boyle. Na Itália, Bernardino Ramazzini, professor de Medicina na Universidade de Módena entre 1682 e 1700, observou que a epidemia da malária na região em que ele trabalhava estava associada a enchentes, águas estagnadas, "partículas ácidas" no ar e ventos dominantes do norte.[34] O anatomista e clínico romano Giovanni Maria Lancisi, que produziu um tratado intitulado "Os eflúvios nocivos dos pântanos" em 1717, acreditava que os brejos causavam a malária de dois modos: transmitiam substâncias patogênicas para as pessoas, na forma de fluidos, e produziam emanações que infectavam a atmosfera. Lancisi especulou sobre o papel dos mosquitos, mas a idéia foi amplamente negligenciada em prol das teorias miasmáticas em que ele próprio e outros médicos acreditavam.[35]

A defesa de sistema de drenagens, de ventilação ou de programa de limpeza das ruas não era algo sem precedentes,[36] mas argumentos econômicos e sanitários poderosos em favor da importância política de intervenções ambientais em larga escala convergiriam cada vez mais. Havia uma crença crescente de que era possível alterar dramaticamente a face da terra, e assim alterar fundamentalmente a relação entre populações humanas e doenças. No século XVIII, não era raro que novas iniciativas de higiene e recuperação de terras causassem reduções reais nas taxas de doenças, alterando as condições que permitiam o florescimento dos agentes de uma enfermidade particular, mesmo que a teoria em que tal ação se baseara tivesse desde então sido refutada. Afugentar moscas domésticas podia realmente reduzir as probabilidades de se contrair febre tifóide e disenteria, por exemplo, mesmo que ninguém soubesse precisamente por quê.[37]

Garibaldi, como muitos dos seus contemporâneos vitorianos, estava convencido de que os miasmas provocavam a febre. O nome "malária" (mau ar) indicava esta hipótese amplamente compartilhada acerca das causas de surgimentos dos sintomas da febre.[38] Conforme observou um especialista num estudo sobre vapores obscuros em 1870, "todos concordam que os aumentos periódicos da febre são principalmente causados pelo miasma."[39] Este comentador dos padrões da doença na Itália tinha investigado particularmente os efeitos fatais do miasma sobre as populações de cidades e municípios, de Milão a Brindisi. A afirmação de que houvesse concordância universal era contudo ligeiramente exagerada, pois havia muito a teoria miasmática vinha tendo de competir com outras teses, como as que relacionavam as causas da doença à existência de misteriosas criaturas minúsculas, os *animaletti*, que penetravam no sangue humano e deflagravam sua devastação.[40]

As idéias científicas sobre infecções e doenças contagiosas passavam por uma transição dramática na segunda metade do século XIX; os especialistas debatiam vigorosamente, à luz das suas próprias teorias, as medidas "higiênicas" apropriadas que deveriam ser adotadas para proteger as pessoas contra ares perigosos ou água envenenada. A "revolução microbiana" associada ao trabalho de químicos notáveis e cientistas como Louis Pasteur (1822-1895) e Robert Koch (1843-1910) viria transformar as políticas de saúde pública em muitos aspectos. Os fundamentos da ciência que passou a ser conhecida como bacteriologia foram estabelecidos entre 1870 e 1885, embora não possamos ter certeza sobre o quanto Garibaldi sabia a respeito dessas hipóteses científicas e desses detalhes empíricos tão impressionantes. *"Pasteuriser"*, isto é, pasteurizar, entrou no vocabulário francês em 1872 (e seria anotado em inglês por volta de 1881), para descrever um sistema de destruição de germes (esterilização) desenvolvido segundo o método de Pasteur. Uma tradução italiana do termo entrou em uso em poucos anos. Um marco divisor de águas aconteceu na França em 1885, com a introdução de novos procedimentos administrativos para a análise bacteriológica da água, embora mesmo nessa época as teorias miasmáticas mais antigas continuassem a pairar, fornecendo ainda uma imagem geral ricamente sugestiva de impurezas recônditas e de perigos em suspensão no ar.[41]

No estudo da malária, as teorias miasmáticas da transmissão da doença continuaram a circular amplamente pelo menos até os avanços realizados pelo médico e patologista francês Charles-Louis-Alphonse Laveran (1845-1922). Autópsias de vítimas na Argélia permitiram a Laveran identificar os parasitas específicos que causaram malária.* Ele anunciou as suas importan-

---

* Laveran recebeu o Prêmio Nobel em 1907.

tes descobertas em 1880, viajando do seu laboratório na Argélia para Roma pouco depois, para trazer a boa-nova, participar e contribuir para o trabalho do impressionante grupo de malariologistas da Itália. Este *esprit de corps*, contudo, acabaria cedendo a algumas divergências, rivalidades e dissidências entre os cientistas e pesquisadores da vanguarda da Europa: o nacionalismo estreito superaria amiúde os protestos públicos de que uma ciência aplicada tão crucial não podia deixar-se restringir por questões de vaidade pessoal ou de chauvinismo político.

Mesmo depois das descobertas de Laveran e de outros malariologistas pioneiros dos anos 1880 e 1890, alguns pronunciamentos públicos acerca da malária continuavam a aludir ao problema dos miasmas.[42] Por muitos séculos, as cidades e o campo do Lácio foram mapeados segundo o seu potencial de emissão de vapores venenosos. Espalhados em vários pontos do Lácio, havia brejos famosos que continuavam a ser temidos como "reservatórios de miasma."[43]

Qualquer que fosse a explicação precisa da malária, da cólera, da febre tifóide e de outras doenças, não é de surpreender que Garibaldi estivesse convencido de que os cursos d'água de Roma constituíssem o risco mais sério. Canalizações velhas caindo aos pedaços vomitavam despejos, um desrespeito arrogante contra a saúde pública. O rio havia-se transformado em nada mais que um esgoto nojento. Essas denúncias críticas não vinham somente de Garibaldi, mas também de outras figuras eminentes, como Angelo Vescovali, um engenheiro que ocupava um posto de primeiro escalão na municipalidade romana e cujo o nome era difícil de ignorar-se.[44] A preocupação, contudo, não era apenas médica e higiênica: a expressão "corrupção fétida" fazia referência às qualidades físicas *e* morais da cidade. Garibaldi e muitos dos seus contemporâneos chamaram repetidas vezes a atenção para essa conjuntura desalentadora. Em todos os níveis, Roma parecia estar doente.

Em muitas culturas, terras alagadiças simbolizaram desesperança e desalento. Os brejos, essas "águas negras" lodosas, foram repetidas vezes repudiados como mais ou menos sinônimos de um lugar de decomposição, sem esperança, prenhe de morte e de podridão moral. Nos séculos XVIII e XIX, a palavra "estagnação" (do latim *stagnun*, que quer dizer "reservatório") podia ser usada para significar ausência malsã de atividade econômica ou falta de energia de uma determinada população, e não apenas caracterizar um palude natural. Como vimos, as imagens dos pântanos e as descrições dos miasmas eram elementos característicos dos relatos de viagem sobre a Itália, e constaram igualmente em comentários sociais e políticos na Inglaterra vitoriana, freqüentemente acompanhados com uma reflexão constrangida sobre a expressão "lamaçal de desesperança", explorada pela literatura religiosa numa época anterior. A imagem dos pântanos sugeriu pecado, desesperança e letargia ao longo de muitos períodos históricos, mas também foi cada vez mais associada, sobretudo no século XIX, à idéia de que serviam como antro de famílias degeneradas.

Os brejos podiam ser usados como metáfora dos perigos da natureza ou da civilização, da recalcitrância do passado ou da patologia do futuro. Os pântanos eram às vezes classificados em formas benignas e malignas, segundo sua salinidade;[45] em outras ocasiões, fazia-se remissão à imagem de um brejo indiferenciado, mais uma sugestiva figura de linguagem do que um local geográfico real. Eles aparecem abundantemente, por exemplo, na obra do influente crítico social vitoriano Thomas Carlyle. Nela, a natureza "bruta" ebuliente nas terras bárbaras e as cidades poluídas da Inglaterra moderna são indistintamente retratadas como brejos perniciosos. Tomemos o célebre "Occasional Discourse on the Nigger Question" [Discurso Ocasional sobre a Questão dos Negros], de Carlyle, publicado em 1849; nesta obra, o leitor conhece o Caribe como um prístino mundo perturbador, repleto de charcos, doenças e atraso moral. Aparentemente, ali *só* havia febre e brejo antes de o homem branco superior trazer a sua "civilização".

> "Durante eras incontáveis, desde que pela primeira vez, no dorso de terremotos, elas se elevaram enlodadas de seu escuro leito nas profundezas do oceano e, emanando vapores, saudaram o sol tropical, e sempre desde então, até o primeiro homem branco europeu as ver, cerca de três séculos atrás, essas ilhas produziram apenas mato, selvageria, répteis peçonhentos e malária dos pântanos... Brejos, selvas infectas, caraíbas canibais, cascavéis, desertos fétidos e putrefação."[46]

Os *Latter-Day Panphlets* [Panfletos dos nossos dias] (1850) de Carlyle descreviam em termos não muito menos sombrios os homens que migravam para a capital inglesa. Dizia que tais pessoas escorriam por sobre Londres, vindas do charqueiro estígio da vida industrial britânica. Carlyle retratou a metrópole como um reservatório que jamais poderia ser limpo, e as hordas afluentes como correntes de refugos de ruína humana.[47]

Não demorou muito para que imagens e argumentos sobre a associação entre estes "atoleiros" do atraso moral e desordem política fossem desenvolvidos por comentadores médicos, evolucionistas e degeneracionistas, que reputavam certas terras como criadouros de idiotia ou, pior, como geradoras de toda uma espiral de patologias ao longo das gerações. Na França, o médico e psiquiatra B. A. Morel, autor de um influente tratado sobre degeneração publicado em 1857, estudou a alarmante relação existente entre patologias humanas e ambientes perniciosos como o das áreas pantanosas. Na Inglaterra, o Dr. Thomas Southwood Smith, um proeminente militante da saúde pública e de medidas de saneamento, definiu o risco das emanações miasmáticas da seguinte maneira: "A natureza, com seu sol escaldante, o vento morto e confinado, o pântano estagnado e pululante, fabrica pestilências em terrível e copiosa escala."[48] Outro influente médico e administrador público, William Farr, desenvolveu a teoria de que costas pantanosas e planícies aluviais produziam povos que viviam sordidamente, sem liberdade, poesia, virtude ou ciência. Viver nessas terras era degenerar.[49] Os paludes na Ânglia Oriental (outrora sítio de febre malárica, ainda que de forma menos virulenta da que se via em Roma) suscitariam substanciais preocupações biomédicas desse quilate.

Também na Itália as terras infestadas pela malária seriam relacionadas aos temores de degeneração moral e biológica. Constituições contaminadas e imoralidade, pensava-se, levavam inelutavelmente uma à outra. Num levantamento feito nos anos 1920, centrado no impacto crônico da malária sobre a população da península, um médico estabelecido em Glasgow, William K. Anderson, considerou que os nativos do sul da Itália eram naturalmente mais predispostos a libertinagem, embriaguez, carência de religião, superstições grosseiras e crimes de assassinato (amiúde por envenenamento). A malária desempenhava o seu papel ao produzir "um povo deformado, degenerado e idiotizado."[50] Anderson citava a Itália contemporânea como um exemplo do alto preço pago pela civilização por sua exposição histórica a essa doença. Procedendo do geral para o particular, ele sugeriu enfaticamente que a febre malárica entre os calabreses pobres era a causa da paralisia das estradas de ferro italianas, sendo os empregados tão indignos de confiança, além de tudo.[51] Muitos malariologistas italianos, no final do século XIX e no começo do XX, assumiam posições semelhantes sobre a incapacidade moral congênita das famílias expostas à febre. Diante desse pano de fundo, é fácil ver como a campanha científica para derrotar a malária na Itália acabou por ser empreendida não só em nome dos próprios pacientes, mas da nação como um todo: a existência de cidadãos acometidos pela febre era incompatível com a idéia de uma "raça" vigorosa.

Ocasionalmente, artistas e ambientalistas buscaram embelezar os brejos ou ver os lodaçais como terras ricas e fecundas em vez de mortais.[52] Mas o vocabulário que cerca as descrições das terras pantanosas salienta caracteristicamente as noções de "trabalho improdutivo", "cenários lúgubres", "monotonia", "decadência extrema e estéril", "solidão", "tristeza", "melancolia" e mesmo de "nada". Comentadores recentes da história cultural das terras alagadiças observaram particularmente a associação freqüente de brejos a imagens de doença e feminilidade depravada. O conceito de "pântano" ligou-se à noção de um ermo feminilizado e ameaçador, quiçá um viscoso obscurantismo prístino, ao passo que a tecnologia moderna (todas aquelas dragas, bombas e represas) tendeu a ligar-se à noção de triunfos masculinos "civilizados".[53] O contraste entre água corrente "boa" e charcos estagnados "maus" não é apenas uma presunção do senso comum presente em todos os movimentos em prol da higiene e que se encontra expressa em muitos quadrantes ao longo de toda a história da medicina: ela é também um princípio organizador fundamental que preside às nossas concepções de natureza e de sociedade. O vínculo entre estagnação ambiental, corrupção moral e petrificação política foi respaldado por teorias médicas e científicas novas importantes ao longo do século XIX — em muitos relatos sequer carecia explicar que fluxos desobstruídos (de sangue, água, ar, bens ou idéias) eram benignos e saudáveis, ao passo que obstruções e impedimentos de fluxos eram repreensíveis e insalubres.[54]

A missão de Garibaldi de salvação de Roma iniciada em 1875, teve lugar antes de uma decisiva série de descobertas nos estudos sobre malária, feitas por Laveran na Argélia, Battista Grassi na Itália e Ronald Ross na Índia. Como vimos, os teóricos da doença não tiveram vergonha de especular antes do moderno amadurecimento das pesquisas sistemáticas da malária, consolidadas por volta de 1880. O que tornava o campo tão confuso não era a falta de explicações, mas a superabundância delas. Houve, durante séculos, uma desconcertante proliferação de hipóteses semiplausíveis. Não chega a surpreender, portanto, que as idéias de Garibaldi sobre as causas e efeitos da malária não fossem propriamente muito claras: amontoaram-se dúzias de explicações para exame público nos séculos XVIII e XIX.*

Alguns temiam que as águas invernais restassem perniciosamente presas no solo. Com o tempo mais quente, ocorreria uma fermentação, trazendo terríveis resultados. Acreditava-se que um pequeno volume de chuvas de verão logo produziria mais emanações miasmáticas. Na cidade, imaginava-se que o problema fosse menos severo do que no campo, porque as emanações da terra eram retidas pelo ambiente construído. Mesmo a cidade, porém, era bastante perigosa, pois somente algumas ruas, praças e casas ficavam completamente isoladas do solo por superfícies sólidas construídas pelos homens. Mesmo que a higiene total fosse impossível, a limpeza regular das ruas era vista como uma precaução sensível, capaz de reduzir o alcance da poluição. Alguns especialistas aconselhavam os habitantes a consertar os pisos do porão das casas para abafar os gases subterrâneos prejudiciais.

Apesar das opiniões em contrário, Roma e suas cercanias não eram de fato mais perigosas do que muitas outras partes do país. Com efeito, compilados todos os registros, tornou-se claro que as taxas de mortalidade por causa da febre no Lácio não eram tão graves como as que se verificavam em grande parte do sul e nas ilhas. Escrevendo em 1910, o médico, cientista e reformista social Angelo Celli fez um levantamento retrospectivo dos números da mortalidade ligada à malária nas várias regiões da Itália. Em 1887, por exemplo, houve 883 mortes no Lácio; 526 no Piemonte; 504 no Vêneto; 440 na Lombardia; 303 na Emília; 270 na Toscana; 68 na Úmbria; 55 no Marche e 37 na Ligúria. Por outro lado, houve 1.345 mortes na Basilicata; 1.883 na Campânia; 1.912 em Abruzzo e Molise; 2.234 na Sardenha; 2.448 na Calábria; 2.721 na Puglia e 5.404 na Sicília. As taxas de admissão por malária e outras febres sérias nos hospitais gerais de Roma foram reduzidas de 390 em 1877 para 34 em 1908, decréscimo este devido em parte, sem dúvida, às vá-

---

* Na extensa discussão sobre a malária romana nos anos 1790, um folhetista meditou sobre fatores como vento, chuva poluída, algas marinhas, desmatamento, geologia, répteis, maus ares, subpopulação, agricultura (ou ausência de), água estagnada e insetos. Como Lancisi antes dele, este autor chegou especulativamente perto das causas reais, ao imaginar como podiam ser relevantes os vermes e mosquitos que se reproduziam prolificamente ao longo das margens do Tibre. Mas de uma coisa ele tinha certeza: as vaporações fétidas vindas do solo eram ruins para a saúde humana (Anônimo, 1793, pp. 59, 61).

rias medidas de segurança introduzidas para reduzir o contato entre populações humanas e mosquitos, mas também e acima de tudo à distribuição mais ampla de quinino. Ao longo deste mesmo período, as taxas de mortalidade caíram de 77 para 17.[55]

Consideráveis incertezas cercam a precisão dessas estimativas e deve-se ter em mente que estatísticas de mortalidade sistematicamente registradas só surgiram na década de 1880. Segundo os cálculos de então, a malária matou 21.033 pessoas na Itália em 1887; 15.987 em 1888 e 16.194 em 1889. Entre 1890 e 1898, as mortes variaram entre 10 mil e 20 mil por ano. Outra medição interessante foi a incidência de malária no exército. Entre 1847 e 1899, relatou-se que mais de 300 mil soldados foram acometidos pela doença.[56] No começo do século XX, as taxas de mortalidade por malária foram dramaticamente reduzidas; em 1909, elas tinham caído em mais de três quartos em comparação com as de vinte anos antes.[57] O que conferiu à febre romana a sua urgência especial, a sua atmosfera única de crise, deve-se mais à cultura, à política e à história do que à pura virulência da doença ou à freqüência das mortes.

Embora as taxas de mortalidade na capital e suas cercanias não fossem tão excepcionais, a discussão do problema malárico foi ali mais ardorosa do que em qualquer outro lugar da Itália. Alguns ligavam os males de Roma a vícios herdados do passado antigo. Outros especulavam sobre o fracasso da Itália em produzir, à moda da Europa setentrional, uma verdadeira Reforma religiosa. Proliferavam identificações de patologia moral, debilidade racial, incapacidade econômica, empobrecimento espiritual e maldição geográfica. Juntamente com diagnósticos sociais, econômicos e políticos, as estranhas emanações do solo, dos ventos e da atmosfera eram discutidas com paixão no contexto das estratégias formuladas para melhorar a sorte da capital e sua região. Isto acabou por fazer com que os debates sobre saúde e doença físicas e as discussões em torno do bem-estar cultural e da corrupção moral se enredassem num confuso conflito de argumentos.

Na Itália do final do século XIX, a norma para a malária era de cerca de 15 mil mortes por ano. Isto numa população total, segundo o censo nacional de 1871, de cerca de 27 milhões de habitantes. É verdade que as taxas da cólera, da tuberculose e da febre tifóide eram às vezes superiores às da malária,* mas, se esta última matava 15 mil pessoas, os seus efeitos debilitantes eram sentidos por um número muito superior, talvez até 2 milhões de pessoas por ano.[58] Não é de admirar, portanto, que a malária avultasse tão nitidamente como prioridade política e científica na Itália pós-unificação, nem que a Campanha Romana fosse tão discutida e que o debate sobre causas e efeitos às vezes parecesse adquirir por si mesmo um tom febril e desesperado. O terreno foi mapeado e explorado; remédios foram ritualmente anunciados e denunciados; e saber-se-ia, no começo do século XX, que alguns intrépidos pesquisadores experimentavam métodos e soluções de tratamento em seus próprios corpos, estabelecendo residência temporária na Campanha para ver o que lhes sucederia ao testarem o último invento para proteger a pele contra o mosquito.

Revelou-se que a variedade de malária comum em Roma e na Campanha era a *falciparum*, a forma mais letal para humanos.** No final do século XIX, os cientistas realizaram uma série de avanços críticos na compreensão da doença e da sua transmissão, identificando o mosquito, as quatro variedades principais de plasmodia que nos afligem, e muitas outras coisas. Trabalhos importantes foram empreendidos na Itália. Em 1898, por exemplo, três pesquisadores italianos, Battista Grassi, Amico Bignami e Giuseppe Bastianelli, conseguiram provar que o parasita malárico era transmitido por mosquitos aos seres humanos. Nós sabemos que a malária resulta do *Plasmodium*, um organismo parasita unicelular, e que ele pode ser carregado e transmitido a humanos por uma subvariedade particular de mosquito, conhecida como do tipo anofelino. Parasitas unicelulares invadem a corrente

---

* As taxas da cólera, por exemplo, variaram consideravelmente neste período, mas 50 mil mortes ou mais não foram ignoradas, como as ocorridas por exemplo entre 1884 e 1886; a febre tifóide matou 27 mil pessoas somente em 1887, e diz-se que a tuberculose teria matado 63 mil pessoas entre 1887 e 1889 (Clark, 1996, p. 20).

** Embora cerca de duzentas espécies de malária tenham agora sido identificadas, somente quatro espécies afetam os seres humanos, "as pertencentes ao gênero *Plasmodium*: *P. falciparum* (terçã maligna), *P. vivax* (terçã benigna), *P. malariae* (quartã) e *P. ovale*, um tipo brando de malária [que] não era endêmico nos países mediterrâneos" (Sallares, 2002, p. 9). O último surto importante de malária na Inglaterra ocorreu entre 1857 e 1859, durante dois verões extremamente quentes, ainda que se registrassem alguns surtos menores posteriores, por exemplo em algumas partes de Kent durante o século XX. A Inglaterra foi afligida mais freqüentemente pela forma mais branda da doença, a *vivax*, em vez da variedade *falciparum*, que era o flagelo da Itália (Sallares, 2002, p. 153).

sangüínea e se reproduzem por divisão assexuada até fazerem romper a célula hospedeira em que penetraram. Então eles retornam à corrente sangüínea, infiltrando-se em novas células até que finalmente isto desencadeie uma resposta imunológica no corpo e o surgimento, no paciente, de sintomas fortes como febres sudorais, calafrios e dores de cabeça.[59]

Na esteira dessa revolução das concepções acerca da doença, a malária seria, afinal, decisivamente controlada na Itália, através do uso de DDT contra mosquitos. Algum impacto fora obtido com o inseticida "Paris Green" contra larvas do mosquito, mas foi sobretudo o DDT que, após a Segunda Guerra Mundial, consumou a realização definitiva.[60] Isto não quer dizer que no século XX a ciência da malariologia tenha sido sempre bem-sucedida ou que a malária tivesse sido eliminada em todo o mundo — longe disso. Entretanto, no caso da Itália pelo menos, o sucesso material das operações é bastante claro: o último caso registrado no país ocorreu em 1962, mas na maior parte do seu território a malária fora erradicada por volta de 1950, apesar de alguns terríveis reveses, entre os quais o causado pelo empenho do exército nazista em retirada de sabotar os esforços de drenagem nos Pântanos de Pontine já nos últimos estágios da Segunda Guerra Mundial.[61]

A malária continua a ser um sério problema de saúde em muitas partes do mundo hoje, e talvez, com a resistência crescente da doença às drogas modernas, até mesmo um problema cuja gravidade se acirra; não obstante, hoje sabe-se muita coisa que nos dias de Garibaldi se conhecia apenas por meio das mais vagas especulações. Em 1875, a febre romana era sem dúvida um mistério e a discussão pública da doença vinculava a linguagem da medicina a questões como moralidade privada, corrupção histórica e deterioração racial. Em épocas anteriores, teólogos rivais tinham debatido furiosamente o caminho para a perdição e a salvação. Controvérsias sobre o melhor caminho para regenerar a Igreja e os fiéis dividiram os guelfos e os gibelinos, os jesuítas e os jansenistas. No final do século XIX, os médicos debateram, não menos ardorosamente, a melhor maneira de purificar a terra e sanear as condições de vida da população. Disputas sobre quem havia compreendido e explicado primeiro a verdadeira relação existente entre a malária e o mosquito alvoroçavam-se com o envolvimento de emoções pessoais. Uma rixa notória radicalizou-se em hostilidade vitalícia entre dois ilustres pesquisadores da Itália e da Inglaterra.* A idéia de que algo específico à localidade de Roma produzisse uma cultura profundamente doentia e depravada nada tinha de novo, mas os termos de referência estavam gradualmente se deslocando de uma perspectiva abertamente religiosa para uma concepção científica e materialista; evidentemente, quaisquer que fossem suas pretensões de neutralidade e objetividade, a linguagem da medicina, da ciência e da antropologia (materialistas ou não) do final do século XIX não era absolutamente livre de juízos de valor.

Garibaldi insistia na estatura histórica do seu projeto. Ele chamou a atenção para outras iniciativas contemporâneas como a abertura do Canal de Suez e acenou para os triunfos italianos passados. Soluções para as enchentes do Tibre vinham sendo discutidas desde os tempos antigos. Embora historicamente propensa a inundações, Roma também era célebre, afinal, por seus sistemas de manejo e controle de águas. A ambição de alterar o curso do Tibre converteu Garibaldi em herdeiro de Júlio César, declarou o *Times* favora-

---

* A discussão sobre credenciais e prioridades científicas levou a uma desavença espetacular entre dois dos gigantes da malariologia, Ronald Ross e Battista Grassi — contenda que durou um quarto de século. O inglês repudiou asperamente as afirmações do italiano, acusando-o de plágio, na verdade de "pirataria romana". Ambos fizeram numerosos protestos públicos de inocência, e queixaram-se da má-fé do outro. À diferença dos pesquisadores pioneiros, Laveran, Koch e o próprio Ross, Grassi não tinha ganhado o Prêmio Nobel, ao qual muitos achavam que ele tinha direito. Ross não se deteve diante de nenhum obstáculo para garantir que Grassi não recebesse as mais altas honrarias. Numa nota particularmente acerba, Ross comparou os abusos intelectuais que ele próprio sofrera nas mãos de Grassi com a perseguição e a malignidade que outrora fora dirigida contra Copérnico, Bruno e Galileu. Ross também ligou o seu destino ao de Edward Jenner, que descobriu como evitar a varíola por meio de vacinação, logo após o que "várias pessoas inventivas descobriram que o tinham descoberto antes." E isto não foi tudo: as dores de Ross foram comparadas àquelas de Prometeu, que deu o fogo aos homens e foi punido por toda a eternidade, sendo acorrentado a um penhasco congelado onde um abutre se alimentava de seu fígado. Sócrates também veio à mente: o filósofo foi envenenado, por instigação dos seus inimigos, por expressar sua opinião em vários assuntos filosóficos. "E depois há o caso sublime de Cristo, que nos deu a mais alta de todas as filosofias e foi crucificado por isto." Ross resumiu com amargura as suas queixas com estas palavras: "Após anos de trabalho eu consegui descobrir os parasitas da malária em mosquitos; mas imediatamente após os meus resultados serem publicados, um cavalheiro italiano teve êxito em descobrir a mesma coisa '*independentemente*'" (Ross, 1924, pp. 1-2) Outro golpe característico foi publicado um ano mais tarde: "A dialética [de Grassi] é exatamente a mesma que a dos 'acusadores' da antiga Roma descritos por Tácito; toda sentença contém verdade e falsidade tão cerradamente entrelaçadas que a vítima tem de despender páginas e mais páginas para desenredá-las e desmascará-las." (Ross, 1925, p. 319)

velmente, ao investigar a genealogia da sua nobre idéia.[62] Ainda que o Tibre nunca tivesse sido dominado, consta todavia nos aquedutos, casas de banho e fontes da antiga Roma o registro construído de tantos triunfos estéticos e práticos sobre a anarquia dos elementos. Já no século II antes de Cristo uma ponte arqueada de 24 metros atravessou o Tibre.[63] No século IV depois de Cristo, havia mais de 1.350 fontes públicas na Cidade Eterna.[64] Na mesma medida que o poder de Roma ia se aproximando do seu apogeu, a sua capacidade de transportar grandes volumes de água sobre a terra ia se tornando cada vez mais surpreendente. Garibaldi não estava sozinho ao perguntar-se, indignado, como Roma — entre todos os lugares — pôde deixar-se escravizar por águas hostis em plena era moderna.

As ruínas dos aquedutos antigos permaneceram como um poderoso incentivo para os engenheiros modernos. A realização era imensa e assim também o sentido de orgulho por ela engendrado. Plínio o Velho, que viveu no primeiro século d.C., considerava que a construção dos esgotos de Roma figurava entre as suas maiores realizações, e os aquedutos como uma das maravilhas do mundo.[65] Ele admirava-se com um sistema que fazia passar o fluxo de água por residências urbanas, edifícios públicos, vilas e hortas no campo, cujo percurso exigira proezas como abrir túneis, fazer pontes e terraplenagens.[66] A Roma antiga evidentemente edificara um surpreendente sistema de controle das águas, e a eficiência dos seus esgotos e canais era um símbolo das suas mais amplas realizações cívicas. Por outro lado, os críticos da corrupção e da dissipação de Roma faziam freqüentemente analogias com a deficiência dos esgotos e mesmo com intestinos desarranjados.* Em 1425, novas informações sobre o sistema romano tornaram-se disponíveis com a descoberta, no Monastério de Monte Cassino, de *De aquis urbis Romae* [Das águas da cidade de Roma] (*c.* 97 d.C.), de Sexto Júlio Frontino.[67] A Igreja buscou apresentar-se como a herdeira adequada, produzindo por sua vez um excesso de idéias e iniciativas, sobretudo durante o Renascimento, em favor da recuperação de edifícios antigos e de impressionantes projetos de novas fontes, dutos e canais.[68]

---

* Como um historiador observou recentemente: "Em crise, a cidade de Roma de Cícero é como um intestino constipado cheio de corpos de cidadãos, os quais, tão logo morrem, já são excessivos restos num intestino que sangra pelas saídas, o Fórum e o Tibre." (Gowers, 1995, p. 28)

Muitos planos cívicos relativos a possíveis obras em Roma durante o Renascimento visavam retificar as velhas estruturas — tratar dos defeitos, por exemplo, do sistema de esgoto da cidade e dragar e limpar o Tibre.[69] A restauração do fluxo de águas limpas era tanto uma tarefa prática como um ideal espiritual; essas obras de renovação e melhoramento eram crescentemente vistas como um sinal do poder e da capacidade de realização dos reformadores papais.[70] Durante o reinado de Leão X (1513-21), projetos de recuperação ambiciosos mas não realizados foram esboçados por Bramante; algumas outras propostas de recuperação agrária e repovoamento dos Pântanos de Pontine foram implementadas posteriormente naquele mesmo século.[71] Um plano submetido a Paulo IV (1555-59) em 1560 visava a criação de um reservatório artificial de água que impediria as enchentes do Tibre de afetar Roma, ao mesmo tempo que irrigaria a Campanha.[72] Gregório XIII (1572-85) deu continuidade ao debate sobre programas de recuperação; vários projetos de engenharia foram aprovados, e alguns foram até implantados, mas somente para serem destruídos pelas enchentes de 1598. Paulo V (1605-21) empenhou-se em melhorar a navegabilidade do Tibre, empreendendo obras ao longo das margens e na costa, mas a redinamização do tráfego no rio teve vida curta.[73] Em outras palavras, nem sempre os governantes ignoraram as dificuldades de navegação, enchentes, febre e irrigação que tão cruelmente afligiram o povo da região. Na melhor hipótese, contudo, os êxitos foram parciais; na pior, quiméricos.

A decadência mostrar-se-ia de, muitas maneiras, irreversível. A desintegração gradual do antigo sistema de aquedutos, esgotos e fontes simbolizava o declínio de toda uma civilização, e não faltaram especulações sobre a relação existente entre essas estruturas caindo aos pedaços e a história da doença humana. Por longo tempo os comentadores especularam sobre a conexão entre as enchentes de Tibre e o aumento das taxas de mortalidade devidas às febres locais.[74]

Garibaldi não apresentou nenhum exame preciso dos ilustres planos pretéritos elaborados para os grandes rios da Itália. Não está claro se ele sabia, por exemplo, dos planos de Leonardo da Vinci e Maquiavel, desenvolvidos em 1503, de transpor o Arno e torná-lo navegável.[75] Uma inspiração mais imediata, sem dúvida, seria encontrada no próprio século XIX, com o canal e outros projetos de transposição associados particularmente às idéias

68

sociais radicais e à filosofia política de um notável aristocrata francês, Henri de Saint-Simon, que morreu em 1825. Garibaldi, que conheceu o trabalho de devotos seguidores de Saint-Simon nos anos 1830, ficou impressionado pela crença do grupo de que a ciência, a engenharia e o capital pudessem ser empregados no interesse do progresso e das luzes, e especificamente dos pobres e necessitados. A defesa feita pelo General da construção de um canal romano era de várias maneiras um reflexo da insistência de Saint-Simon na importância econômica, política e social de promover novos meios de comércio e de comunicação.* Garibaldi foi adamantino em sua afirmação de que se buracos profundos podiam ser abertos através de montanhas, imensas trincheiras escavadas de mar a mar — como em Suez, onde, para admi-

---

* Esta influência estendeu-se, muito notavelmente, à construção de canais em Suez e, posteriormente, no Panamá. Ambos os projetos são consideravelmente devidos ao entusiasmo e à imaginação de Claude-Henry de Rouvroy, conde de Saint-Simon (Saint-Simon, 1975, pp. 15-16). Ele havia visitado o México na década de 1780 e presenteado o vice-rei com a planta de um canal através do istmo do Panamá, ligando os oceanos Pacífico e Atlântico. Embora o projeto tenha sido rejeitado, isto não acabou com o profundo interesse de Saint-Simon por transportes e comunicações. Em 1787, ele ofereceu seus serviços ao governo espanhol em seu empenho para criar um canal ligando a cidade de Madri ao Oceano Atlântico. Trabalhando com o arquiteto que dirigia o projeto, Francisco de Cabarrús, diretor do Banco de San Carlos e conselheiro financeiro chefe do rei Carlos III, ele esboçou novos planos. Saint-Simon propôs assumir a responsabilidade de reunir uma força de trabalho de seis mil homens. A eclosão da Revolução Francesa fez naufragar esses projetos, e Saint-Simon retornou para a França ao final de 1789. Seguiram-se outras iniciativas, nas quais Saint-Simon e seus discípulos fizeram avançar a defesa de novos sistemas de comunicação como meio de promover a indústria e o comércio. Planos ambiciosos para o progresso industrial, inclusive uma rede abrangente de estradas de ferro, rios e canais, foram apresentados por Michel Chevalier no jornal parisiense *Le Globe*, que seguia uma agenda saint-simoniana: seu subtítulo era "Jornal da religião saint-simoniana". Chevalier, que se tornaria professor de economia política no Collège de France, influenciou vários banqueiros, financistas e empresários industriais europeus, particularmente os entusiastas das ferrovias. Suez também ostentava as marcas do saint-simonismo. Com efeito, a aventura fora ardorosamente defendida por Chevalier em 1832, como suporte essencial de um novo *système de la Méditerranée* [sistema do Mar Mediterrâneo]. Este projeto decolou quando outro dos discípulos de Saint-Simon, Barthélemy-Prosper Enfantin, fundou a *Sociéte d'Études pour le canal de Suez* [Sociedade de Estudos para o Canal de Suez], cujo trabalho preparatório pavimentou o caminho para o começo da construção do canal em 1854. Em 1879, Ferdinand de Lesseps (um diplomata francês, seguidor conhecido das idéias saint-simonianas e participante ativo no plano anterior do Canal de Suez) formou uma empresa e construiu um canal no Panamá. O projeto passou por muitas vicissitudes e custou muitas vidas antes do curso d'água ser finalmente aberto ao tráfego em agosto de 1914.

ração pública, um canal fora aberto em 1869 — seria uma vergonha extrema se o governo italiano deixasse de implementar seu plano de salvação de Roma. Assim, o seu projeto para o rio foi concebido como uma prestação de contas decisiva para a nova Itália, e apresentado como um round de luta em prol da reforma esclarecida contra a reação cega, em favor da ciência contra a superstição, da vida contra a morte.[76] E para que ninguém pensasse que essa retórica era exagerada ou que a aspiração era tola, tudo que ele tinha a fazer era mencionar o desastre ambiental trazido pelas águas que flagelaram a cidade quatro anos antes, poucos meses depois de Roma ter sido tomada tão controvertidamente ao domínio do papa.

4 Enchentes

"Que se desfaça Roma no Tibre e desabe o grande arco
Do vasto império! Aqui é meu lugar.
Reinos são de barro; nossa terra estercorosa, igualmente,
nutre a fera como o homem."
William Shakespeare, *Antony and Cleopatra* [Antônio e Cleópatra]

E m seu *Diary of an Ennuyée* [Diário de uma entediada], publicado em
1826, uma escritora visitante, Anna Jameson, registrou a experiência
da chegada em Roma, sob as nuvens sinistras impenetráveis que cobriam toda a Campanha. Subitamente, as nuvens rebentaram, e Roma sofreu um dilúvio: "Tivemos dois dias de clima verdadeiramente inglês; frio, úmido e melancólico, com tempestades de vento e chuva." A autora acrescentou: "Não sei por que, mas há algo de particularmente deformador e discordante no tempo ruim por aqui; e estamos todos completamente estúpidos e deprimidos." Em contraste, o calor, quando vinha, era considerado celestial.[1] Mas o clima de Roma não era apenas um tema de conversação: inverno e verão podiam trazer perigos muito reais para toda a população. As estações inconstantes de Roma, em particular a ameaça de suas enchentes e febres, eram, como vimos, saturadas de significados culturais e políticos complexos, e também causavam um impacto material profundo na cidade e na sua população. Para uma visão dessas conseqüências práticas e medos metafísicos em sua forma acabada, voltemo-nos para 1870, o *annus mirabilis* (ou, de um outro ponto de vista, *horribilis*). No outono, Roma fora unificada à Itália, mas o acontecimento que afetou mais imediatamente a vida dos habitantes da cidade no encerramento daquele ano foi a enchente.

O Tibre faz uma jornada de cerca de 370 quilômetros de sua nascente nos Apeninos até o mar. "Borbulhante, ele corre pela Campanha como um caldeirão em ebulição", observou um visitante inglês em 1873. Nas suas águas turbulentas, observou ele, correm mil memórias do passado, e o próprio murmúrio da história é "escrito nas suas ondulações turvas conforme elas correm para o mar."[2] O trecho mais célebre do rio as carrega sinuosamente através do centro de Roma, por onde ele periodicamente tem transbordado, às vezes ocasionando desastres. No inverno, o nível da água do Tibre tinha de ser observado cuidadosamente pelos habitantes prudentes que viviam perto das margens; boletins eram às vezes fornecidos pela imprensa com a mesma vigilância ansiosa que haveria de caracterizar um médico monitorando as mudanças de ânimo de um paciente potencialmente violento. No começo de 1870, tendo caminhado ao longo do Tibre, o correspondente do *The Times* observou a perigosa velocidade da corrente e o grande volume de águas encrespadas, mas nesse caso não ocorreram efeitos desastrosos.[3] Houve muitas ocasiões, entretanto, em que as águas transbordaram de fato, inundando as ruas e edifícios de Roma. A demanda por ações de controle do rio tem uma longa história, mas o sentido de desamparo da cidade perante Deus, ou os deuses, também.[4] As enchentes romanas no inverno exacerbavam o risco de malária no verão seguinte, pois as águas residuais deixadas para trás propiciaram novos criatórios para os mosquitos.

Houvera muita incerteza e especulação sobre as causas das freqüentes inundações do Tibre que acometeram a Roma antiga. Nos primeiros períodos da cristandade, seus seguidores foram amiúde responsabilizados pelas enchentes, assim como por muitas outras catástrofes naturais.[5] Em diferentes momentos, através dos séculos, tanto cristãos como não-cristãos se veriam responsabilizados por tais "punições". Catástrofes naturais eram às vezes atribuídas à insensatez e aos lapsos morais dos seres humanos, ou antes à contrariedade da divindade em face de tais transgressões. Assim, freqüentemente na história de Roma, acontecimentos políticos e sociais dramáticos foram misteriosamente vinculados às águas tormentosas do Tibre: desde a morte violenta de César até a eleição do inesperadamente liberal Pio IX, em 1846.[6] Porém, por mais que as explicações dos aumentos do seu nível fossem fantásticas, não havia dúvidas sobre os danos que o Tibre podia causar à cidade.

Em certo sentido, portanto, nada havia de surpreendente no advento de mais uma enchente no final de 1870.[7] Não obstante, para muitas pessoas a ocasião específica foi rudemente chocante: o fato de que Roma tivesse de inundar-se, no final do ano que havia selado a unificação à Itália com um triunfo político definitivo contra o papado, foi altamente perturbador. A eclosão da enchente logo depois do Natal só acrescentou razão ao argumento de que não se tratava de um mero acidente. O ano testemunhara a culminação de um processo militar e político que esmagara a autoridade do Vaticano.[8] Que sinal mais infausto do que este indício da ira do Tibre podia ser imaginado para a nação ainda implume? Ao final do século XIX, observou-se com bastante freqüência que os anos seguintes à unificação foram um período triste e lamentável para a Itália, não só por causa da situação de crise financeira, da fome e da pobreza, do banditismo, da corrupção e da emigração, mas também devido às enchentes do rio, aos furacões, terremotos e erupções vulcânicas do Vesúvio.[9] A Itália vacilou sob o peso dos acontecimentos naturais e políticos daquele ano. Surtos de cólera (como em Nápoles em 1884), reveses militares (como os sofridos pelo exército italiano em Adwa, Etiópia, em 1896) ou terremotos (como os sofridos pela Sicília e pela Calábria em 1908) evocariam angustiados chamados ao "exame de consciência" nacional. Alguns viam fraquezas ou defeitos por trás de cada desastre. Seriam esses acontecimentos, na verdade, advertências agourentas repletas de significados e prevenções mais profundos? A cólera seria reputada por algumas influentes autoridades católicas como um castigo divino.[10] Enchentes e febres epidêmicas provocavam a mesma indagação e às vezes a mesma conclusão. Não é de admirar que o incontido Tibre, que nessas circunstâncias inundou a cidade em dezembro de 1870, passasse à agenda política. Este último infortúnio incitou a criação, em 1871, de uma comissão governamental de alto nível para investigar o estado do rio e dos esgotos. Isto pavimentou o caminho para a realização de obras públicas essenciais nas últimas duas décadas do século XIX, uma resposta prática e necessária para as inconveniências da "natureza".

A invasão de Roma e a integração da cidade ao novo Estado em 1870 tinham ocorrido a despeito, e não em função, dos desejos do papa. Assim, a enchente seria um indício de vingança, insistiram alguns jornais católicos na seqüência imediata dos fatos.[11] Afinal, a própria Bíblia estava abarrotada de exemplos de punições causadas pelos elementos e infligidas por um Deus desapontado, e a enchente de 1870 foi compreendida exatamente nesses termos. Essas afirmações religiosas faziam os jornais simpáticos à causa nacional sentirem-se imensamente ultrajados: os editores repreenderam severamente os prelados que estavam usando o acontecimento para explorar a consciência culpada dos cidadãos romanos que haviam dado boa acolhida à chegada das tropas italianas.[12] A imprensa católica, por sua vez, repudiou a acusação de estar fomentando o ódio.[13] A mensagem de que a enchente seria uma retaliação pela derrubada secular de direitos da Igreja, instigada inicialmente pelos três arquitetos da unidade, Mazzini, Cavour e Garibaldi, e culminando com a invasão de Roma em 20 de setembro de 1870, foi para muitos, na época, convincente e provocante.[14] Ela também uniu os espíritos dos que eram a favor do controle secular, impelindo-os a prosseguir com a busca de uma solução definitiva para o problema do Tibre, e assim impedir que a cidade continuasse tão suscetível a superstições. De qualquer modo, os esteios simbólicos da calamidade "natural" estavam claros.

Roma não era a única cidade, tampouco 1870 foi o único ano, em que enchentes sérias tinham causado fraturas sociais e debates teológicos na Itália do século XIX. Há outros exemplos comparáveis: o Pó e o Arno rompiam as suas margens com bastante freqüência. Florença fora afetada por uma enchente séria em 1869. Pisa sofreu novamente em 1872, quando o Arno mais uma vez deixou de conter o seu volume de água. No mesmo ano, o Pó transbordou dramaticamente, afetando muitas dezenas de milhares de pessoas. Tais ocorrências constituíam perigos, se não rotineiros, pelo menos periódicos. Os rios eram potenciais homicidas em massa — afogando os que eram infelizes o bastante para estarem nas suas vizinhanças ou infectando-os com doenças transmitidas pela água — e destruidores de residências, rebanhos de gado e colheitas.[15]

O que marcou particularmente os problemas italianos com enchentes no começo da década de 1870 foi a conjuminância de acontecimentos políticos e naturais, e as ondas de choque culturais e sociais que emanaram da crise da Igreja e do Estado em Roma. Segundo um relato histórico recente das enchentes no norte da Itália em 1872, "a sede de milagres" recebeu, por assim dizer, reabastecimento líquido em todos os relatos de calamidade. As águas indômitas serviram como uma cruel advertência dos perigos da impiedade, e sua imagem amedrontadora logo fora apropriada pelos sermões e outras contra-ofensivas religiosas frente ao Estado arrogante. Não é de surpreender o fato de imagens da Virgem Maria terem sido às pressas colocadas às margens desses rios turbulentos por um campesinato desesperado — não é de surpreender no sentido de que as obstinadas crenças católicas da população da Itália rural foram amiúde observadas, já tendo deixado muitos sobrecenhos franzidos de preocupação em muitas ocasiões anteriores.[16] O grande escritor francês Stendhal, autor de *Promenades en Rome* [Passeios em Roma] (1829), havia observado que o povo da Campanha Romana era tão imbuído de uma forma primitiva de catolicismo que, aos seus olhos, nenhum acontecimento natural ocorria sem um milagre.[17] Ou pensemos nesta outra descrição da vida do povo rural, oferecida por um historiador italiano no começo do século XX: "Os mais laboriosos, mais infelizes, mais resignados e os menos exigentes dessa população eram os trabalhadores da Campanha e os cultivadores de vinhas. Eles visitavam Roma aos domingos, vestidos em suas roupas primitivas, seus rostos mostrando traços de malária; eles se reuniam nas *piazzas* para comprar provisões, para fazer redigir a sua correspondência por escreventes de cartas para o público analfabeto, ou para barbearem-se, sentados sob um guarda-sol."[18] Mesmo depois da Primeira Guerra Mundial, especialistas médicos lamentavam que a ignorância e as falsas crenças camponesas obstassem os esforços educacionais na assim chamada "guerra contra a malária". O folclore e uma "indústria de curas miraculosas" continuavam a ser usados como profilaxia, "apesar de serem completamente inúteis", queixava-se um experimentado militante dessas campanhas, Guido Cremonese, em 1924.[19]

Nos anos 1870, a narrativa de todas essas enchentes italianas e do seu significado potencialmente divino tinha viajado para além das áreas imediatamente afetadas. As notícias corriam mais rapidamente no novo Estado; não só pelo boca-a-boca ou pelos sermões, mas também através de uma florescente imprensa urbana e regional. O debate sobre a exploração ideológica e espiritual das enchentes tornara-se extremamente injurioso. E assim viu-se o Tibre capturado na retórica do sofrimento católico e da rebeldia secular.

O papa Pio IX tornou bastante evidente a sua extrema censura à tomada de Roma. Desde a crise anterior de 1848-9 (sobre a qual voltaremos a falar), ele vinha fazendo advertências contra a secularização e a impiedade. Foi uma época em que muitas idéias novas em frontal desacordo com as explicações religiosas tradicionais do mundo natural estavam ganhando terreno na Itália, bem como em outras partes da Europa. Idéias sobre autoridade social e moral inspiradas no positivismo, no materialismo e na teoria evolucionista, circulavam pelo menos entre as classes médias especializadas e educadas, que constituíam uma base social cada vez mais importante. Comentadores italianos e estrangeiros que levantavam argumentos ardorosos sobre ciência e política, contra os ensinamentos da Igreja, pontuavam as conversações intelectuais do novo Estado. Em Roma, a opinião ficou acerbamente dividida sobre uma proposta, acalentada primeiro entre os estudantes em 1876, de erigir uma estátua ao herege Giordano Bruno, que havia sido queimado na fogueira em 1600. Seguiram-se muitas controvérsias e manobras políticas antes de o monumento ser finalmente erguido, no *Campo dei Fiori*, trinta anos depois.

Muitos nacionalistas viam como inspiração os "homens de consciência" célebres das gerações anteriores, e também os usaram como arma para golpear a Igreja. Garibaldi deixou claro de que lado da cerca estava ao declarar a sua admiração por Copérnico, Galileu e Kepler (que desafiaram todos, notavelmente, o pensamento religioso ortodoxo do seu tempo). Novos relatos das bases materialistas da vida estavam surgindo, e davam pouco ou nenhum quartel à versão bíblica do desenvolvimento humano. As idéias de Jacob Moleschott são um exemplo relevante. Médico e cientista holandês, ele foi nomeado para uma cadeira de fisiologia em Turim em 1861, defendendo um tipo de materialismo militante muito admirado em certos meios científicos italianos. Entre outros, ele influenciou o fundador da antropologia criminal italiana, Cesare Lombroso, que começou a publicar seus estudos sobre "o homem criminoso" nos anos 1870, para grande repreensão da Igreja. As obras *Origem das espécies*, de Darwin, e *O lugar do homem na natureza*, de Thomas Huxley, foram ambas traduzidas para o italiano na década de 1860. Mas tratava-se também de um período de renovação católica significativa e de crítica à ciência em toda a Europa: o papa demarcara claramente a sua oposição intransigente a tais tendências, sobretudo numa contra-ofensiva vigorosa intitulada *Syllabus dos erros* (1864).[*] A Igreja, como ele

---

[*] O *Syllabus dos erros* atacava muitos aspectos do liberalismo e do pensamento progressista. As liberdades de consciência e de imprensa foram questionadas, ao passo que o socialismo e o racionalismo foram acerbamente criticados como males modernos. O papa informou que absolutamente não se sentia obrigado a fazer as pazes com tais movimentos e crenças. A ciência devia ser posta sob a égide da religião e não o inverso (Mack Smith, 1959, pp. 90-1).

deixou claro, não se intimidaria diante do liberalismo (ou de algo pior); ao contrário, estava em marcha contra as correntes em expansão do materialismo, do evolucionismo e da incerteza moral.[20] Cultos revigorados, ligados à Virgem Maria, a santos, a novos locais de peregrinação, e a afirmação amplamente apoiada da ocorrência de milagres em lugares como Marpingen e Lourdes desmentiam a alegação de que a ciência materialista estaria conquistando a tudo e a todos.[21]

Neste período, poucas metáforas para a instabilidade social e o mau agouro político eram mais poderosas do que a imagem de ares insalubres, águas salobras, nuvens negras e grandes tempestades. Na Inglaterra, Dickens fez da névoa ubíqua uma metáfora de abertura irresistível para Londres em *Bleak House* [Casa desolada] (1852-3). Em 1885, Richard Jefferies escreveu um conto aterrador, em que a capital desaparecia para sempre sob uma enchente. Seu título agourento era *After London* [Após Londres]. O leitor era chamado a imaginar um vasto pântano estagnado em que nenhum homem ousaria penetrar, pois a morte seria seu destino inevitável.[22] Um ano antes, *Storm Cloud of the Nineteenth Century* [Nuvem de tempestade do século XIX], de John Ruskin, tinha reunido imagens de devastação industrial, poluição moral e negligência do dever político numa representação maciçamente carregada dos céus negros ameaçadores da Inglaterra. Em vários escritos, Ruskin tinha falado de "miasmas" induzidos pela corrupção humana, pela industrialização e pela ganância, como ao contemplar horrorizado, por exemplo, o desenrolar da Guerra Franco-Prussiana.[23]

A meteorologia e as teorias miasmáticas das doenças ofereciam um rico vocabulário para os profetas e críticos do liberalismo e do utilitarismo. Na Itália, elas também seriam empregadas na polêmica contra as mistificações vãs e a influência perniciosa da Igreja. As referências de Ruskin a miasmas nos alertam para as hipóteses médicas específicas e difusas que vinham sendo influentes desde tempos antigos. Teorias baseadas na noção de miasma ainda dominavam a compreensão da malária no século XIX; comentadores davam ênfase à mistura fatal de gases e os viam como produtos de um ambiente pernicioso. Como disse um grande historiador da civilização do Renascimento, Jacob Burckhardt, em 1860, "o horizonte de Roma estava inteiramente repleto de vapores, como o véu plúmbeo que o Siroco sopra sobre a Campanha, que torna os últimos meses do verão tão mortais."[24] Como foi dito anteriormente, as causas e as conseqüências dos miasmas dividiam os autores, mas poucos duvidavam da existência de uma emanação potencialmente fatal.

Burckhardt descrevera as duvidosas alegrias do verão, mas agora, dez anos depois, e no solstício de inverno, nuvens negras pesadas se aproximavam trazendo vingança. O tempo na Itália central não fora de modo algum clemente na época do Natal. Na manhã do dia 26, a chuva, acompanhada de trovões e raios violentos, caiu em torrentes, especialmente nos Apeninos. Gradual mas irrefreavelmente, as águas do Tibre vazaram sobre Roma, transbordando as margens que haviam sido abandonadas, deixadas em péssimas condições por administrações anteriores. O estrondo dos trovões era tão forte que a casas sacudiam como num terremoto. Os raios atingiram o Vaticano, atravessando o telhado da capela do papa e destruindo uma pintura no altar.[25] Apesar de tudo, e das observações meteorológicas feitas no centro de instrução jesuíta, o Collegio Romano, e no Capitol, pouca coisa foi feita e não foi dado nenhum alarme geral.[26]

Com ventos fortes, a neve derretida descendo das montanhas e as nuvens negras, uns poucos observadores astutos podem ter adivinhado que estava na hora de proteger-se, mas a maioria dos habitantes foi pega completamente desprevenida pela escala da enchente que ocorreu, especialmente porque grande parte do dano foi produzido no meio da noite. Em 26 e 27 de dezembro, a situação era perigosa e os níveis do rio continuavam a subir. Nesses dias, as águas subiram devagar e finalmente transbordaram sobre o gueto judeu, Trastevere, o Pantheon e outras áreas baixas. Na manhã do dia 28, em algumas partes da cidade, as águas tinham alagado os andares inferiores dos *palazzi*. As elegantes Via del Corso, Via dei Condotti e Via Giulia pareciam canais, e comentou-se que a cidade parecia mais Veneza do que Roma.[27] Tanto a Piazza Navona como a Piazza del Popolo ficaram debaixo d'água, e se pareciam mais com lagos do que com praças.[28] Muitos acordaram depois das festas para descobrir as suas casas infiltradas, a água entrando por debaixo das portas.

Não foram muitas as mortes que resultaram diretamente dessa inundação: muitas menos, na verdade, do que em ocasiões anteriores ao longo da transbordante história de infortúnios do próprio Tibre. Na época, contudo, a enchente foi vista como um desastre maior.[29] As estimativas de mortalidade variaram de três a dezessete, e alguns jornais tiveram de retificar relatos anteriores sobre mortes em maior número, que depois mostraram-se infundados.[30] Tampouco o deslocamento social direto fora tão grave como em algumas das enchentes anteriormente mencionadas do Pó e do Arno. A enchente do Pó em 1872, por exemplo, causou uma perturbação muito maior: segundo uma estimativa, 20 mil famílias tiveram suas casas destruídas.[31] E certamente nenhum leitor italiano ou estrangeiro da imprensa teria imaginado que o que acontecera com a cidade em 1870 seria historicamente inédito em Roma ou qualquer outra parte. Não eram infreqüentes as notícias sobre rios indômitos invadindo terras na Itália e no estrangeiro, em toda a Europa e, às vezes, em lugares ainda mais distantes.

Não obstante, a consternação em Roma no começo de 1871 não era função simplesmente dos danos ou das taxas de mortalidade causados pela água, reais ou imaginários; ela refletia, antes, um constrangimento profundo, mesmo uma prostração, diante do fato de que um momento reservado para ter sido de triunfo nacional tivesse sido tragado pelo Tibre. O rio tinha vindo "como um ladrão no meio da noite", queixou-se um cronista da enchente.[32] Outro deplorou o aumento do número de roubos e pilhagens depois que as águas recuaram.[33] Quando um jornal mencionava as perdas que a cidade inteira sofria e descrevia um povo enlutado, não estava longe de falar a verdade. O desastre foi compreendido como uma crise ao mesmo tempo psicológica e ambiental. Uma certa onda de fúria logo tornou-se aparente. Não era um caso de negligência criminosa, um desrespeito injustificado pela estrutura urbana que manchava o bom nome de Roma? A idéia da responsabilidade direta da Igreja por esses problemas, ou mesmo a suspeita de que tivesse uma estratégia maligna secreta para produzir enchentes e febres, ainda era corrente naqueles anos, e mesmo em períodos bem adiantados no século XX. A imagem de um vasto e secreto centro de corrupção moral e física, emanando do papado, restava influente no pensamento anticlerical, marcando um importante contraponto para a própria linguagem da Igreja de julgamento e denúncia moral.

O médico e malariologista Angelo Celli percebeu que tinha de opor-se a este tipo de clamor anticlerical contra a má-fé da Igreja. Certamente, o Vaticano tinha coisas a que responder, mas Celli desmascarou o mito mais extra-

80

vagante, fomentado abertamente por alguns polemistas anticlericais, de que o papado teria causado propositalmente a catástrofe da terra, a negligência com o rio e a miséria do povo. Será, como pensavam alguns comentadores antipapais cheios de suspeita, que os pântanos da Campanha, as enchentes de Roma e as condições patológicas de toda a região refletiam mesmo uma intenção malévola? Manifestamente, ainda havia críticos da Igreja que não se queixavam apenas da sua complacência ou "indiferença", mas sim de seus cálculos precisos e de destruição; era portanto necessário para Celli, que escreveu no período entre guerras, repudiar a idéia de que papas tivessem *desejado* transformar áreas inteiras dos Estados Papais em desertos ou pântanos para aumentar a glória da Igreja em Roma. Os rumores sobre os propósitos do Vaticano, escreveu ele, eram ridículos e inteiramente infundados.[34]

Em alguns relatos, a Igreja não aparecia apenas como negligente em relação à Campanha Romana; dizia-se, antes, que ela havia contribuído e estimulado a sua corrupção física com os mais perversos fins "espirituais" e "estéticos". Garibaldi apreciava certamente essas conversas sobre a malignidade clerical, acusando ele próprio o papa e seus subordinados de tramarem para produzir a incúria ambiental e social.[35] Ele falou acerbamente contra a indiferença cruel mostrada para com as desditosas condições de vida do povo rural. Os padres, queixou-se ele, olhavam tolamente para o passado ou para a vida futura, desviando a atenção das tarefas práticas do presente e bloqueando, assim, obstinadamente, o desenvolvimento. Para Garibaldi, a Campanha Romana era um doloroso monumento ao declínio histórico e ao sofrimento do povo. Em seu romance *Clelia*, ele deu expressão característica ao seu desalento perante as infelizes mudanças efetuadas naquele ambiente.

> "A região tão povoada e fértil é agora toda infecunda e deserta, seria difícil, certamente, encontrar outro lugar na terra que oferecesse tantos objetos de grandeza passada e miséria presente como a Campanha Romana. As ruínas, espalhadas por toda parte, dão prazer ao antiquário e o convencem da prosperidade e grandeza dos seus antigos habitantes, enquanto o esportista encontra animais em número suficiente para satisfazê-lo, mas o amante da humanidade pranteia a região como um cemitério de glórias passadas, os padres fazendo as vezes de sacristãos."[36]

O romance, publicado em edições inglesa e italiana em 1879, continha referências dispersas à Campanha Romana como uma terra de morte e desolação, estufa malárica onde velhos pomares e vilas haviam ruído para serem substituídos por pântanos pestilenciais e doenças. O Tibre e a terra eram apresentados como vítimas de uma monstruosa negligência, arruinados pelo papado, que não passava de um câncer no corpo político italiano. No mesmo espírito, jornais simpatizantes do Estado nacional descreviam duramente a maneira como os padres, diante da enchente de dezembro de 1870, se tinham limitado a pensar apenas nas suas igrejas danificadas, sem jamais se concentrarem na infra-estrutura mais ampla da cidade. Assim, a enchente não só foi considerada um desastre, mas foi também notadamente vinculada aos debates sobre o egoísmo e a malícia da Igreja, a falta de determinação e a *humilhação* da Itália.

Vários esforços haviam sido feitos por administrações anteriores para lidar com a ameaça do Tibre. Em 1805, Napoleão (então governante de Roma) havia retomado brevemente a questão e delegou a responsabilidade pelas enchentes a um subordinado de confiança.[37] Por volta de 1850, o papa Pio IX incumbiu um engenheiro de avaliar as necessidades correntes e empreender mais uma série de obras. Mas, com o passar da década de 1860, ficou claro que todos os esforços então imaginados haviam falhado, e que era necessário muito mais do que o que havia sido realizado em qualquer projeto de obras urbanas anterior, se desejava de fato que Roma se tornasse segura. Novas medidas para lidar com o problema do Tibre foram insistentemente recomendadas ao papa antes de a cidade lhe ser tomada em 1870. Um observador francês, Hippolyte Dieu, que havia servido como diplomata em Roma, insistia na necessidade de obras práticas, mas também se queixava de que todos os seus esforços para explicar o perigo à Igreja fossem desviados e perdidos, misteriosamente desaparecidos sob as "arrogantes tesouras" do censor do Vaticano.[38] Como todos haviam visto naquele fatídico dezembro, conselhos e recomendações em tom alarmante foram mais abundantes do que medidas ou ações práticas.

O Tibre, entusiasmava-se o *Monsieur* Dieu em seu folheto de 1870, precisava ser restaurado em sua glória anterior. Se o Canal de Suez, com quase duzentos quilômetros de extensão, pudera afinal ser construído, era certamente possível empreender obras de abertura de novos canais e operações de dragagem de rios a fim de diminuir o risco de inundações e incrementar o comércio nos mais ou menos trinta quilômetros que separavam Roma do mar. As obras de renovação do Tibre foram orçadas no patamar relativamente modesto de 57 milhões de liras.[39] *Monsieur* Dieu concluía que a domesticação do comportamento anárquico do rio revitalizaria a cidade e as áreas rurais. Com toda certeza, o Vaticano devia levar adiante o empreendimento, argumentou ele, sugerindo à opinião que o papado era cientificamente atrasado. Ele rematou a sua justificativa com a descrição de uma Roma futura repleta, dotada de um vasto porto, um canal navegável e pântanos recuperados. Abençoada por essas vantagens, dizia, a cidade conquistaria maior apoio e admiração internacionais, e conseqüentemente os Estados Papais estariam armados com uma proteção mais eficiente contra a voracidade da nova Itália.[40] No outono de 1870, porém, o papa era um poder declinante: já não era mais a autoridade relevante a quem era devido apelar por ações sobre o Tibre.

O desastre aconteceu antes do que esse singular peticionário poderia ter esperado. No final de 1870, Roma era mais uma vez uma confusão encharcada. Em alguns lugares, a água chegou a subir alguns metros, e, quando começou a baixar, deixou para trás um brejo fétido de lama e lodo. Era como se o rio de Roma houvesse defecado sobre a nova Itália. A enchente gerou um sentido de injúria, de anticlímax e mau agouro, de dano infligido ao próprio espírito da nova política. Não é de admirar, portanto, que no começo dos anos 1870 Garibaldi se preocupasse com o estado de Roma, e se interessasse pelo rio que tanto havia desmoralizado a sua população.

Essas circunstâncias sociais e culturais são, é claro, relevantes para explicar o programa de renovação urbana de Garibaldi. Ele era sensível à difícil situação do povo e opunha-se apaixonadamente à apatia e ao fatalismo que se haviam abatido sobre a cidade. Em face de uma calamidade tão imediata, os habitantes de Roma não estavam propriamente no espírito de endossar entusiasticamente o progresso moderno, pois permaneciam presos em suas casas ou ocupados consertando suas propriedades enlameadas. O momento de integração nacional fora imaginado de maneira totalmente diferente pelos visionários e planejadores do novo Estado. Enquanto isso, a crise continuava: coletas para os pobres e necessitados foram organizadas em vários pontos da cidade e em todo o país.[41] Um sem-número de artigos da imprensa relatava com indignação a atitude desdenhosa da Igreja, acusando os padres de não terem contribuído com sua força de trabalho num momento em que os cidadãos necessitavam de que todas as pessoas capazes cumprissem o seu dever. O rei e o papa fizeram doação de fundos para o esforço de assistência, embora se pudesse observar que em algumas áreas o Vaticano distribuía o dinheiro de modo a privar os habitantes do gueto judeu de qualquer ajuda. Alguns criticavam a maneira como a Igreja administrava a sua ajuda em segredo e separadamente, para evitar misturar doações religiosas com contribuições oriundas de pessoas que tivessem sido excomungadas.[42] Certos jornalistas comentaram corrosivamente como os apologistas do Vaticano estavam tentando edulcorar os débeis esforços do próprio papa para socorrer os necessitados.[43] Em contraste, as tropas foram amplamente elogiadas por seu empenho patriótico em trazer conforto às muitas vítimas da enchente. A responsabilidade pelas obras de emergência foi posta nas mãos de um comandante militar. Muitos cavalos e carruagens de propriedade particular foram requisitados, embora indivíduos com um senso de patriotismo cedessem às vezes esses recursos voluntariamente, mesmo sem serem solicitados.

Uns poucos marinheiros intrépidos conseguiram trazer seus barcos desde a costa até Roma. Viajar pela cidade era difícil, e as comunicações mais amplas com outras partes do Lácio e além estavam interrompidas. Em certo momento, a célebre rua de Roma, a Via del Corso, só podia ser atravessada por botes, jangadas ou pontes flutuantes. A agência central de correio ficou fechada por sessenta horas e a cidade ficou às escuras nos dias 28 e 29 de dezembro, por causa da inundação das tubulações de gás.[44] Velas foram colocadas nas janelas para ajudar a iluminar as ruas interrompidas. Incapaz de manter a publicação durante os dias do desastre, um jornal foi forçado a republicar notícias de uma edição anterior ao retomar suas atividades, pedindo a tolerância patriótica dos leitores naquela hora de emergência pública.

Com as ruas inundadas, Roma também estava se preparando para receber, pela primeira vez, o seu nervoso novo monarca. A visita já havia causado muita confusão — repetidas vezes, ao longo do outono anterior, havia sido publicamente anunciada e logo imediatamente cancelada. Com a hesitação de Vítor Emanuel II, os políticos cada vez mais impacientes rogaram ao monarca do norte que fizesse enfim a visita e ajudasse a levantar o moral dos súditos agora que aquele golpe sinistro se tinha abatido sobre a cidade. O rei vacilava, pois incitaria as censuras católicas se entrasse na cidade e o desdém nacionalista se dela ficasse longe. Ele não estava nada ansioso para fazer a viagem, e menos ainda por ficar em Roma naquele momento duplamente inauspicioso — acossada pela amargura da Igreja e, agora, ao que parecia, pela amargura dos céus.[45] Alguns observadores leais instaram-no a ser ousado e referir-se à sua presença como à de um anjo consolador.[46] Partidários ardorosos do Vaticano, contudo, não fizeram segredo do fato de que consideravam a sua visita uma grave afronta: a possibilidade de o rei ousar pôr os pés em Roma antes de ser fechado com o papa algum acordo sobre o futuro da cidade os insultava.

Relatos públicos, indicando que uma carta conciliatória do rei para o papa fora bruscamente guardada sem resposta nos arquivos do Vaticano, em nada contribuíram para melhorar a atmosfera exaltada e áspera. Testemunhos anedóticos nos jornais também sugeriram que, quando Vítor Emanuel chegara afinal, simpatizantes jubilosos tentaram entrar na igreja de Santa Maria Maggiore, mas descobriram que as portas haviam sido barradas pelos clérigos, certamente receosos de que uma multidão talvez mal-intencionada quisesse promover um quebra-quebra no local.

Qualquer eventual atmosfera de celebração era silenciada: o tenso impasse político e o desastre natural eram duplamente constrangedores. Sensível aos infortúnios físicos imediatos que tinham acometido tantos dos seus novos súditos, Vítor Emanuel instou as autoridades a redirecionar o dinheiro que havia sido reservado para a celebração da sua visita, empregando-o na assistência de emergência. Relatos contemporâneos descreveram a praça diante do Quirinal abarrotada de veículos da nobreza romana e mencionaram as filas de admiradores espalhados ao longo do caminho da procissão enquanto passavam as três carruagens do rei, escoltadas por seus soldados a cavalo.

Desde o começo, a simpatia do monarca pela cidade definitivamente não foi das mais fortes. E o estado do rio e das ruas pouco fez para acalmar as ansiedades, não só sobre o futuro de Roma, mas também sobre o preço pessoal que o rei poderia ter de pagar pela posse forçada da cidade. Ele chegou às três horas da manhã, madrugada de 30 de dezembro, passou o dia em visitas ao centro, expressando solidariedade e distribuindo donativos, mas insistindo em que estaria a caminho do norte às cinco da tarde. Alguns dos seus resmungaram a sua insatisfação diante dessa pressa um tanto imprópria de partir — a visita durou apenas umas poucas horas, reclamou um folheto amuado. Como disse, seca mas indiscutivelmente, um diplomata francês contemporâneo que observara o monarca de perto, Vítor Emanuel tinha conseguido entrar em Roma, mas não cogitara dormir na cidade.[47]

O ânimo cívico permaneceu sombrio enquanto os veículos reais passavam pelo Coliseu e pelo Fórum Romano. Rumores sobre corpos intumescidos flutuando corrente abaixo podem não ter contribuído muito para mitigar a atmosfera ou tranqüilizar a comitiva de Vítor Emanuel.[48] Além disso, houve muitos indícios estranhos que podem ter sido compreendidos como sinais milagrosos. Que detalhes das muitas indignidades sofridas pelos habitantes de Roma terão chegado ao mimado rei ou ao distante Garibaldi (nessa época lutando pela república francesa contra o invasor prussiano), é difícil saber, mas não seria surpreendente se os relatos jornalísticos desses horrores urbanos lhes tivessem escapado completamente.[49] Circularam histórias de lama, sujeira e desgraça geral; observadores relataram terem visto artigos de luxo, tapetes, sedas, veludos e outros tecidos caros boiando sobre as águas ou rotos nalgum canto imundo. Muitas lojas fechadas para os feriados tinham sido atingidas inesperadamente pela enchente. Muita mercadoria foi arruinada. Comerciantes sagazes logo viram aí uma oportunidade para comprar esses produtos a preços baixos ou mesmo para simplesmente roubá-los. Formou-se prontamente um vivo comércio de mercadorias sujas de segunda mão, sem mencionar a onda de pequenos crimes que se iniciou quando invasores começaram a arrombar propriedades abandonadas.

Casualmente, o rei havia sido convidado a celebrar o ano-novo em Florença, e assim pediu suas desculpas e partiu. Naquela altura, de todo modo, o pior da enchente já havia passado. Ela já havia começado a ceder em 29 de dezembro e, ao final do ano, as águas mais uma vez já estavam correndo em seu leito ordinário. No começo de janeiro de 1871, uma legião de engenheiros e administradores do Estado deu início a reuniões, tentando decidir o que fazer. Apesar das declarações sobre a urgência da tarefa, as engrenagens do poder giravam lentamente; alguns anos se passariam antes de alguma ação mais substantiva ser empreendida, ainda que, em comparação com outros projetos públicos infindavelmente adiados em Roma naqueles anos, como o planejamento a todo custo procrastinado da construção do Monumento Vittoriano, o que talvez tenha sido notável é que a obra com efeito tenha sido concluída antes de o século acabar.[50] Vários projetos foram examinados.[51] As opiniões robustas e pragmáticas de Vescovali, engenheiro-chefe do gabinete técnico da administração romana, sobre a necessidade de construir paredões nas margens deveriam ocupar o centro do debate. Ele comparava a condição do Tibre à de rios em Viena e em Paris, Lyon e Bordeaux, propondo finalmente, entre outras coisas, a construção de margens de pedra muito altas.[52] As propostas e resultados do comitê — que os visitantes de Roma finalmente conheceriam ao passear ao longo do rio — pouco tinham a ver com o esquema para o Tibre que Garibaldi trouxera para a capital no começo de 1875. O General deixou claro que a enchente de 1870 jamais deveria repetir-se; o Tibre não poderia mais "invadir" a casa das pessoas.[53]

Garibaldi, porém, não estava interessado apenas em barreiras contra enchentes, canais artificiais e níveis de profundidade do rio, mas na purificação moral e espiritual de Roma e da Itália. Seus sentimentos sobre a estagnação e a salvação da cidade e do Estado eram extremamente complicados, e, para compreender as razões disso, é necessário refletir sobre a sua história pessoal e as suas idéias, e também sobre a complexa posição que Roma e a Igreja ocupavam no pensamento do *Risorgimento*.

5 *Esperanças da Itália*

"Em Roma devemos proclamar o Reino da Itália. Somente lá poderemos santificar o pacto familial entre os filhos livres e escravizados deste mesmo solo. Enquanto houver na Itália correntes a serem rompidas, eu seguirei meu caminho ou o semearei com meus ossos. Jamais embainharei minha espada até Roma ser proclamada capital da Itália Unida. Roma ou morte."

General Garibaldi, *Autobiografia* (discurso de 1862)

Biógrafos admiradores e animadores entusiastas de multidões não tiveram nenhuma dificuldade para transformar a vida de Garibaldi num drama épico moderno. Quem pode negar que ela tenha tomado um curso surpreendente e heróico? Seu caminho sempre esteve semeado de obstáculos, e a saga dos seus triunfos militares adiados e de suas derrotas políticas persistiu por muitos anos. Era fácil apresentar as aventuras e realizações de Garibaldi em histórias, pinturas e suvenires comemorativos nacionais, mas a natureza do seu caráter era menos aparente de imediato e prestava-se, de muitas maneiras, a representações contraditórias. Alguns louvavam a falta de malícia de Garibaldi face às adversidades. Outros observavam que havia certas negligências e desapontamentos que ele jamais conseguiria esquecer ou perdoar. Ele nutria um sentido abrasador de indignação, ainda que, ao mesmo tempo, cultivasse um estilo em que tanto podia manter-se intimidadoramente frio como assustadoramente afável para com seus antagonistas. Visto de certo ângulo, ele parecia fascinantemente profundo; de outro, notável e amavelmente simples. O jornal *The Times* assim o descreveu:

"Garibaldi tinha nele a natureza ideal do leão, toda dignidade e naturalidade, a centelha repentina da fúria, o perdão, a ausência de todo rancor, malícia ou impiedade. Mesmo o cruel Leonardo Millán, que o golpeara, torturara e prendera sem razão... sofreu mesmo por estar ileso diante da única vingança que Garibaldi lhe pôde infligir ou se limitar a fixar o olhar em seu rosto e fazê-lo entender que estava sendo reconhecido, mas cabalmente desprezado abaixo do rancor de um homem."[1]

Nas guinadas e reviravoltas da sua vida, alguns reconheceram nele um mestre da improvisação, ao passo que outros viram-no como um peão. Olhando para trás, o próprio Garibaldi sempre buscaria encontrar continuidades, como se os episódios fragmentados da sua existência devessem ser vistos como capítulos interligados na história central da libertação nacional em andamento. Ele sempre diligenciou ser fiel aos mortos, prestando homenagem tanto aos combatentes voluntários que haviam caído em nome "da causa" como àqueles que haviam morrido prematuramente em seus leitos, tristemente privados do seu tempo. Os nomes de família eram freqüentemente atos explícitos de recordação. Os nomes dos seus filhos celebravam a memória daqueles que tiveram a sua vida interrompida por causas naturais ou pela opressão política. Domenico, o filho de Garibaldi, tinha o mesmo nome que seu avô; e o nome pelo qual ele seria reconhecido — Menotti — evocava o de um herói nacionalista anterior, que havia sacrificado a própria vida pela causa. O nome do seu irmão — Ricciotti — era uma homenagem a um outro "mártir" político. A filha de Garibaldi, Teresita, foi batizada em memória à irmã de Garibaldi, que havia morrido aos 2 anos de idade. O próprio *nome de guerra* de Garibaldi, Borel, foi inspirado num francês que havia perdido sua vida numa missão revolucionária fracassada, organizada por Mazzini na década de 1830.[2]

Para Garibaldi, era questão de honra que os mortos permanecessem vivos no espírito das pessoas. Ele expressou bastante amiúde o seu doloroso sentimento de perda, mesmo o seu desejo melancólico de sacrificar a sua própria vida e assim reunir-se aos que já haviam pagado o preço mais alto. Noutras ocasiões, ele parecia concentrado em exonerar-se completamente de acusações imaginárias de que teria traído os mortos em proveito de sua própria sobrevivência. A complexidade da sua atitude em relação aos seus próprios sucessos e fracassos, e particularmente ao fato de sua própria permanência em vida em meio a tantas mortes, é muito bem captada numa parte da sua *Autobiografia* escrita em Tânger em 1859. Nela Garibaldi discute a morte de dois queridos companheiros num terrível naufrágio bem próximo da costa da América do Sul, em 1839. Durante uma apavorante tempestade, Garibaldi era responsável por um navio sobrecarregado. Dezesseis homens morreram, inclusive Luigi Carniglia e Edoardo Mutru, descritos por ele, ambos, como amigos muito próximos. Garibaldi sobreviveu enquanto outros afogaram-se. Apesar de todo o seu esforço para resgatar seus companheiros marinheiros, o mar os engoliu. Ele oferece uma lista dos que morreram no desastre, mas mostra-se muito preocupado com um nome que estava faltando — o de um homem cuja identidade ele não conseguia recordar. O lapso de lembrança evidentemente o perturba e leva a uma comoção de auto-acusações e explicações:

"Peço perdão ao meu país por tê-lo esquecido [o nome do homem morto]... Eu sei que naquela época muitos acontecimentos de outro modo mais terríveis que os que acabo de narrar ocorreram na minha vida; eu sei que vi uma nação cair, e que em vão empenhei-me em defender uma cidade [Roma]; eu sei que, fustigado, exilado, perseguido como um animal, eu depositei no túmulo a esposa que se tornara o coração do meu coração; eu sei que mal fechara-se a sepultura, fui obrigado a fugir como os condenados de Dante, que andam para frente mas cuja cabeça torcida olha para trás; eu sei que já não tenho mais asilo; que, do ponto extremo da África, olho para a Europa que me expulsa como a um bandido, eu, que tive sempre um só pensamento, um amor, um desespero — meu país! —, eu sei perfeitamente bem tudo isto, mas não é menos verdade que devia lembrar-me daquele nome. *Helás!* Não o recordo!"[3]

Depois das suas muitas fugas e batalhas na América do Sul, ele retornou à Itália em 1848, decidido a contribuir para as insurreições armadas cujos objetivos de libertação política e unificação nacional estivessem novamente em perspectiva na Itália. Ele enviou Anita e os filhos na frente, para Nice, seguindo-os logo depois. Parecia ser o começo de uma nova era dentro e fora da península. A criação de uma Itália única — fosse por federação ou pela centralização dos seus vários Estados — tornava-se cada vez mais um importante assunto na Europa. Embora Garibaldi não se preocupasse excessivamente com precisões e nuanças doutrinais, é importante observar o quanto o contexto político e ideológico dos seus planos era complexo.

A "Itália" não era apenas um construto oitocentista inventado; ela teve um significado geográfico e político nos tempos antigos e no Renascimento. Dante e Maquiavel, por exemplo, tinham pensado nela como uma entidade muito antes de os visionários políticos tentarem avivar suas perspectivas nos anos 1830 e 1840. Os defensores da autodeterminação nacional e da regeneração moral não só identificavam nas obras de alguns grandes artistas e escritores do passado uma vaga e embrionária noção de Itália, mas também sugeriam que nelas jazia o vislumbre da ideologia do próprio nacionalismo.[4] Alguns quiseram apresentar Dante como o verdadeiro ancestral do *Risorgimento*; mais plausivelmente, outros precursores foram identificados no século XVIII, como, por exemplo, o notável historiador e teórico napolitano Giambattista Vico.[5] Embora essas genealogias do nacionalismo e do patriotismo fossem freqüentemente extravagantes, o século XVIII, com efeito, tinha produzido indagações racionais e sentimentais sobre a natureza da sujeição e da divisão política, bem antes de a impassível conquista da Itália por Napoleão mostrar, como um raio, as reais possibilidades da integração sob um soberano forte.

O ano de 1815 trouxera a derrota final de Napoleão. A Itália já não podia mais ser restituída à sua posição precisa de antes da Revolução Francesa, mas o mapa político do país fora rompido e reconstituído mais uma vez, de uma maneira que se adequava aos interesses das potências européias vitoriosas, sobretudo os Habsburgo. As esperanças de um avanço significativo da idéia nacionalista de um Estado autodeterminado e unido foram dura e reiteradamente golpeadas nos anos 1820 e 1830, mas, na década de 1840, os seus seguidores sentiram que realmente tinham algo para ser otimistas: a perspectiva de uma mudança de maré na sorte da causa.

No período entre a derrota final de Napoleão e 1848, o "ano das revoluções", surgiram várias organizações clandestinas, que buscavam negociar, tramar ou abrir com violência seu caminho rumo à liberdade e à unidade nacional. Algumas seguiam uma linha de ação militante, secreta e violenta ao confrontar os poderes dominantes tradicionais, e certamente o papado, cuja administração política reacionária representava, na carne dos seguidores das idéias do iluminismo e da Revolução Francesa, um espinho particularmente irritante. Na verdade, Roma parecia relativamente impenetrável à insurreição local, sofrendo muito menos rupturas políticas do que outras áreas no mesmo período. Ainda que o desejo de revolucionar Roma fosse entusiasticamente experimentado por muitos intelectuais, o nacionalismo não era uma causa das massas: era apenas a eterna paixão de uma minoria, constituída em sua maior parte de estudantes, administradores, médicos, juristas, jornalistas e professores. Ocasionalmente, o clero descontente, aristocratas saudosos e artesãos politicamente inspirados aderiram às várias insurreições que estavam na ordem do dia.

Definitivamente, os camponeses nem sempre eram solidários aos velhos regimes, mas lá onde iniciaram rebeliões, por exemplo na Sicília em 1860, não era por algo tão remoto e abstrato quanto "a Itália" que eles estavam lutando. Na época da unificação, a grande maioria não praticava o "italiano" (supõe-se geralmente que apenas dois por cento da população falasse a língua nacional); muito poucos pensavam em si mesmos em termos tão amplos quanto uma região, e menos ainda uma nação. Não obstante, essa minoria de sonhadores e revolucionários nacionalistas italianos pôde inspirar-se, é claro, em toda uma tradição européia de pensamento e de prática. Alguns trouxeram da França a lição de que o banho de sangue seria sempre indispensável para a derrubada de governos tirânicos. O jacobinismo francês deveria encontrar expressão na Itália nas idéias e nas ações de um descendente de Michelangelo, Filippo Buonarotti (nascido em Pisa em 1761), que estivera ativamente envolvido em conspirações e rebeliões em Paris nos anos 1790, tendo sido, aliás, encarcerado por isso. Posteriormente, ele fundou uma seita secreta na Itália setentrional, uma organização revolucionária pitorescamente chamada de "Mestres Perfeitos e Sublimes". A sua intrincada e compartimentada organização interna servia para ocultar sua meta — o comunismo — sob cerrados mantos. Tratava-se quase de uma organização secreta dentro de uma organização secreta, uma das várias entidades deste tipo a ganhar força e reunir recrutas entusiastas nas primeiras décadas do século XIX.

Embora existissem conspiradores radicais do tipo de Buonarotti, a maior parte dos visionários do novo Estado adotava uma abordagem mais moderada dos regimes que governaram a Itália pós-napoleônica. Alguns desses luminares atribuíam sobretudo ao papado a missão de conduzir uma nova cruzada moral. Um dos resultados foi a politização direta, ou pelos menos a "nacionalização", do difícil esforço, já empreendido por vários teólogos, de reformar as próprias instituições dos Estados Papais e buscar uma perspectiva social e politicamente mais esclarecida da parte do papa. Porém, os clérigos de primeiro escalão que tentaram reformar a cultura e a política do Vaticano no século XIX experimentariam uma intensa frustração, ou algo pior, como aconteceu notoriamente com Hugúes Félicité Robert de Lamennais, ilustre presença liberalizante no catolicismo francês, quando buscou promover mudanças junto ao papa através do diálogo.

Lamennais tinha tentado assimilar o espírito da Revolução Francesa, ao mesmo tempo que conclamava a renovação católica em toda a Europa, mas enfrentou obstáculos cada vez mais desencorajadores para os seus planos no Vaticano. Durante os anos 1820 e 1830, o seu desânimo com a postura reacionária obstinada e a corrupção mundana do papado só fez crescer. Foi difícil para Lamennais e seus seguidores não concluírem que o papa era, afinal, um "velho covarde e tolo" e que a corte papal era "a mais horrorosa cloaca... cuja imundície sequer o grande esgoto de Tarquínio jamais teria sido capaz de absorver."[6] A linguagem de corrupção física e moral fluiria mais uma vez amalgamada, inundando a horrível imagem de sujeira de uma Roma presidida por uma hierarquia venal. Lamennais não foi nem o primeiro nem o último reformador a esperar em vão ser chamado para uma audiência com o papa. Pacientemente, ele permaneceu à espera num monastério em Frascati; semana após semana, ele esperou ser convocado para um encontro com o chefe da Igreja, mas a palavra nunca foi pronunciada. Decepcionado, ele finalmente partiu em 9 de julho de 1832.*[7]

Na década de 1840, muitos dos mais influentes pensadores protonacionalistas italianos continuavam a ser cristãos devotos, e buscavam a integração da Itália sob a égide da Igreja. Entre os manifestos políticos notáveis daquela década figura, por exemplo, *Esperanças da Itália* (1844), de Cesare Balbo, que refletia uma aspiração francamente religiosa: a unificação, argumentava ele, levaria a cabo, entre outras coisas, o rejuvenescimento do papado.[8] Balbo esperava ressuscitar o que ele chamava de o "sonho" do reino unido da Itália. E ainda mais importante: o casamento do catolicismo com o nacionalismo foi o objetivo do influente reformador Vicenzzo Gioberti (1801-52),

---

* Após mais outro período de rebelião e reconciliação com a autoridade da Igreja, Lamennais renunciou à sua obediência ao catolicismo romano quatro anos mais tarde, permanecendo inimigo da instituição pelo resto da sua vida. Em seu leito de morte, em 1854, ele se recusou a receber um padre.

para quem Balbo dedicou o seu livro. Gioberti, certa feita capelão da família real saboiana, era filósofo, teólogo, historiador e patriota. Suas opiniões sobre a Itália contemporânea e suas críticas à abjeta subserviência do país a senhores estrangeiros fez vibrar uma poderosa corda. Ele ansiava pelo dia em que as decisões sobre o destino da Itália não seriam mais tomadas em Viena ou em Madri, Paris ou Londres, mas antes em Roma. O país que sofrera tantas invasões ao longo dos últimos dois mil anos talvez agora pudesse governar-se. Ele insistia na legitimidade histórica da unidade nacional e no papel inevitavelmente central do papado em qualquer nova iniciativa nacional.[9] Embora ele próprio escrevesse textos filosóficos complexos e elevados, o seu trabalho foi corretamente considerado incendiário e potencialmente subversivo.

Embora circunspectas, as opiniões de Gioberti o levaram a enfrentar águas agitadas, e em 1833 ele já estava exilado. Em Bruxelas, dez anos depois, ele publicou a sua obra mais famosa e polêmica sobre a legitimidade moral e a preeminência da causa italiana, *Il Primato* [O Primado]. Neste e em outros livros da época, a Itália era apresentada como uma causa radiante, um Estado a tornar-se senhor de si, livre do despotismo e da interferência externa, governando felizmente os seus próprios assuntos de modo esclarecido. O livro de Gioberti coincidiu inesperadamente com os desenvolvimentos no centro de poder em Roma. Em 1846 e 1847, com o novo papa Pio IX instalado, pareceu a muitos observadores (surpresos) que havia uma tolerância crescente e mesmo uma simpatia nos mais altos círculos pelas idéias reformistas, mas os acontecimentos mais uma vez viraram a discussão de pernas para o ar.

Assim como não era teórico político, Garibaldi tampouco era teólogo, mas como muitos outros observadores das hesitantes oscilações do papa Pio IX na direção das luzes liberais, e sua inesperada oferta de bênção "à Itália", ele pressentiu uma nova alvorada nacional. Garibaldi se concentrava em oportunidades vantajosas e não tinha objeções quanto a lutar por este novo papa, se ele estivesse mesmo do lado do *Risorgimento*. O General tinha navegado para a Itália em 1848 para pegar em armas, embora permanecesse em dúvida em relação à autoridade sob a qual precisamente militaria. Propenso desde tempos muito antigos a uma hostilidade contra o clero (à diferença dos seus pais, mais devotos, especialmente a mãe), ele agora esperava ardorosamente que o Vaticano pudesse aderir ao despertar nacional que fora promovido por intelectuais e ativistas.

94

Garibaldi havia retornado ao velho país com consideráveis credenciais militares, que o faziam objeto de veneração e temores. Narrativas admiradas das suas proezas na América Latina tinham circulado farta e amplamente, precedendo em muito o seu retorno à Itália. Cinco anos antes, em 1843, ele havia assumido o comando da Legião Italiana em Montevidéu (grupo que foi a base das extraordinárias forças voluntárias não-uniformizadas que passaram a ser conhecidas pelo termo abreviado de "Camisas Vermelhas"). Em 1847, ainda no distante exílio, ele fez aberturas ao Vaticano através de intermediários da Legião, oferecendo-se para retornar à Itália e prestar seus serviços em apoio à disputa cada vez mais acirrada do papa contra os austríacos (que continuavam a tratar a Itália central como um corredor para o movimento das suas tropas); recebeu, contudo, a decepcionante resposta de que sua ajuda não seria bem-vinda.[10] Depois do seu retorno à Itália, a integração ou colaboração com os exércitos dos regimes piemontês e toscano mostrou-se no início igualmente enganosa. A solicitação de Garibaldi para que a pena de morte decretada contra ele pelo governo piemontês anos antes, como punição por sua participação na revolta política de inspiração mazzinista na Ligúria, em 1834, fosse, afinal, anulada continuou a encontrar ouvidos moucos. Tempos depois, ela foi finalmente revogada, mas a sua proposta de liderar os seus "irregulares" no interesse das forças do progresso foi recebida muito cautelosamente pelo ambíguo e vacilante Carlos Alberto, chefe da Casa de Sabóia, governante do Piemonte-Sardenha; mais uma vez, Garibaldi foi rechaçado. Tratado desdenhosamente pelas elites dos exércitos regulares, ele e seus voluntários seguiram adiante, tentando dar forma própria à sua inimitável contribuição à realização prática do *Risorgimento*.

Em 1848, com a velha ordem já claudicante e caindo em muitas cidades européias, o oferecimento de Garibaldi de lutar pela "liberdade" foi finalmente aceito; o governo provisório em Milão fez finalmente algum uso dele, após a evicção dos governantes austríacos da cidade. O norte da Itália, porém, era irrecorrivelmente dividido e freqüentemente havia pouca coordenação e conflitos abertos entre os ativistas nas suas diferentes regiões; os planos e aspirações de monarquistas e republicanos e de regulares e voluntários entravam constantemente em choque. Carlos Alberto esperou cooptar a rebelião lombarda, mas ao mesmo tempo que a subseqüente invasão piemontesa da Lombardia foi concebida por alguns como um ato de libertação do domínio da

Áustria, outros a consideravam como a mera imposição de uma nova opressão. Pôde-se ter uma medida do problema enfrentado por aqueles que buscavam unir os italianos contra a Áustria quando os camponeses lombardos romperam deliberadamente as margens de contenção de rios para inundar as áreas rurais e assim frustrar a ação dos seus "libertadores" piemonteses.[11]

Eram tempos politicamente incertos e Carlos Alberto não era um aliado constante do *Risorgimento*. Em certo momento, ainda decidido a lutar contra os austríacos, Garibaldi posicionou-se em atitude de desafio, cercado de tropas, com mil combatentes no Lago Maggiore, mas só para ouvir do rei a ordem de desmobilizar-se, pois mais uma vez as estratégias dos diplomatas haviam mudado de curso. Em meio a muita confusão e desalento, um armistício foi acordado; as andrajosas tropas de Garibaldi gradualmente se dispersaram, enquanto seu líder escapava para a Suíça, debilitado por uma febre.[12] Finalmente, ele fez o caminho de volta a Nice, para junto da família. Ele tinha um sem-número de planos para ações futuras, estendendo-se de Veneza à Sicília, mas, na verdade, seria o seu envolvimento na defesa da Roma republicana que tornaria Garibaldi um nome célebre em várias partes do mundo.

Roma foi profundamente afetada pela atmosfera de estufa de 1848. Naquele ano, os rumores insurrecionais da Cidade Eterna converteram-se, *de facto*, em revolução. O impopular ministro-chefe do Vaticano, o conservador conde Pellegrino Rossi, tornou-se um símbolo particular de opressão, e um alvo específico de constatações e ameaças de morte de várias sociedades secretas. Em 15 de novembro de 1848, Rossi estava a caminho da Assembléia Legislativa quando um assassino saltou sobre ele e cravou um punhal no seu pescoço. Ele morreu logo depois. Esse assassinato serviu como evento catalisador de atividades revolucionárias mais amplas. Com o fracasso das medidas punitivas implementadas pelos austríacos em apoio à velha ordem e com a presença nas ruas de multidões cada vez mais ameaçadoras, a situação do papa tornou-se dramaticamente desesperadora. Ele afinal conseguiu escapar com a ajuda de simpatizantes, entre eles o embaixador da Bavária, conde Spaur, e sua intrépida esposa.*

---

* A esposa do embaixador, a bela condessa Spaur, era filha de um dramaturgo italiano de origem francesa, o conde Giovanni Giraud, e viúva de um viajante e escritor inglês, Edward Dodwell, que havia morrido em 1832, após uma doença aparentemente contraída durante uma malfadada viagem de Roma aos Montes Sabinos, dois anos antes.

Deixando para trás o pandemônio, o papa acabou asilando-se em Gaeta, no Reino de Nápoles, sob a proteção de Ferdinando II, governante da Itália meridional.[13] O vácuo foi logo preenchido. No final de dezembro de 1848, um governo provisório havia sido instituído em Roma; pouco depois da passagem de ano, seguiram-se eleições que formaram a base de uma assembléia constituinte, a qual, por sua vez, estabeleceu o arcabouço legal republicano, que entretanto só durou de fevereiro a julho de 1849. Uma onda vertiginosa de possibilidades políticas, mesmo de transformações utópicas, ganhou abruptamente a cidade. *La Battaglia di Legnano* — a última ópera do grande compositor nacionalista Giuseppe Verdi — estreou em Roma em janeiro.* Garibaldi e Mazzini estavam ambos na platéia na primeira noite, e sem dúvida saborearam versos do coro como *"Viva Italia forte ed una"*. Em março, um triunvirato composto por Mazzini, Aurelio Saffi e Carlo Armellini tinha assumido o controle do governo.

Em pouco tempo, contudo, os urgentes apelos do papa para que potências católicas externas ajudassem a restaurar a sua autoridade temporal foram respondidos. Ferdinando deslocou rapidamente o seu exército para a fronteira; o imperador austríaco, cujas forças tinham então derrotado as do Piemonte, também despachou suas tropas em direção a Roma, ao mesmo tempo que — o que era mais sério para a República — forças francesas eram enviadas por Luís Napoleão para ajudar a restabelecer a Igreja em seu assento natural (ou, como os cínicos diziam, para conquistar o favor dos eleitores franceses católicos em casa, na França). Nove meses depois a República Romana caiu e o papa, escoltado por tropas francesas, retornou à sua posição. Abriu-se um novo período de reação, e Mazzini nunca perdoou o pontífice por esse ataque, nem tampouco aos franceses, que tinham dado as costas à causa nacionalista italiana.**

---

* Os coros vibrantes de óperas de Verdi como *Nabuco* e *Ernani* deram um eco musical duradouro muito apreciado às esperanças e ódios do *Risorgimento*. As referências pouco disfarçadas de Verdi a políticos contemporâneos (todas aquelas alusões a "tirania" e "libertação") eram amplamente percebidas, e a música tornou-se um ponto de encontro cultural significativo dos sentimentos e ambições nacionalistas.

** No relato de Mazzini da "tragédia" política, a seqüência dos fatos e a sua responsabilidade são descritas assim: O papa desertou a causa da reforma e fugiu para Gaeta. Uma comissão de governo que ele havia instituído se recusou a atuar no sentido de obter uma reconciliação entre Pio e os novos governantes *de facto* da cidade. Duas delegações rogaram ao papa

Para Garibaldi, o próprio catolicismo estava então em questão. Esse novo revés político aprofundou ainda mais a sua suspeição e sua aversão visceral contra "os padres". Eles se tornaram um objeto de ódio e um alvo cada vez mais conspícuo dos seus ataques retóricos. O papado era visto como a encarnação de todos os vícios, crimes e traições humanas imagináveis na história. Para Garibaldi, recuperar Roma era arrancá-la das mãos dessa Igreja profundamente odiada, cujo nome estava associado às idéias de decadência histórica, depravação e morte. Ele declarou em sua *Autobiografia*: "Em todos os meus escritos eu combati abertamente a influência clerical, a qual eu sempre acreditei ser esteio de todo vício, despotismo e corrupção que podemos encontrar nesta terra." E continuou: "O padre é possuído por um espírito mentiroso — o mentiroso é um ladrão, o ladrão é um assassino, e uma série infinita de corolários infames pode ser deduzida deste mesmo ponto de partida."[14] O celibato dos padres era um disfarce para a sua libertinagem, advertia ele, e uma das primeiras obrigações da nova Itália seria libertar as freiras.[15] Garibaldi apresentava o clero como o próprio epítome da malevolência: o padre era "uma coisa coberta de preto" que traía todas as virtudes supostamente garantidas pela sua batina.

---

que retornasse, mas ele se recusou. Assim, a república foi declarada em 9 de fevereiro de 1849, propondo dar fim à anarquia e à guerra civil. Republicanos italianos foram falsamente acusados de serem estrangeiros em Roma, mas os republicanos eram verdadeiramente da cidade e foram os verdadeiros mártires do acontecimento. Foram eles os condenados a perambular por todo o orbe, suportando a cruz das suas honestas crenças. Ao mesmo tempo, afirmou Mazzini, o governo francês era culpado de ter feito uma barganha suja para arrebanhar votos católicos. Conseqüentemente, a França corrompeu o ideal de liberdade e manchou a sua imagem internacional de *"la grande nation"*. Mazzini acusou a França "de cometer um crime imperdoável, tendo, por falsidade, pelo materialismo de promoções e pelo exemplo dos seus chefes, corrompido os soldados da França, tornando-os executores dos seus próprios irmãos, em nome do papa, a quem eles desprezavam, e ao lado da Áustria, que eles abominavam; de ter degradado até tornar em símbolo sem sentido — em ídolo material a ser seguido cegamente —, uma bandeira que é o símbolo de uma idéia, de uma fé; de ter plantado as sementes de um ódio lento e difícil de erradicar entre duas nações que tudo tendia a unir em laços de afeição, entre filhos e pais que juntos fizeram o sacramento da glória e juntos sofreram em todos os campos da Europa; de ter desmentido o sonho sagrado da irmandade dos povos, e proporcionado aos inimigos do progresso e da humanidade o júbilo feroz de ver a França degradada, transformada em tirana e carrasca dos propósitos desses povos..." (Mazzini, 1849, pp. 13-14.)

Mazzini não ficou menos horrorizado do que Garibaldi com a alegada infidelidade do papa para com a revolução moral do *Risorgimento*. Ele nunca deixou de salientar o valor sagrado do esforço italiano e a natureza essencial da luta contra a corrupção e a tirania. Pureza e salubridade eram designações cruciais do espírito revolucionário, e Roma continuava a ser a cidade santa, a cidade dos sonhos desse nacionalismo abrasador. "Roma foi o sonho da minha juventude, a religião da minha alma", escreveu Mazzini. "Eu entrei na cidade uma noite, no início de março [1849], com um sentido profundo de reverência, quase de adoração... ao passar pela Porta del Popolo, senti um frêmito elétrico correr em mim — uma fonte de vida nova." Antes de a república ser ignominiosamente derrubada, ele havia declarado à assembléia: "Roma há de ser a Arca da nossa redenção, o templo da nossa nação" — e acrescentou:

> "Assim como à Roma dos Césares, que pela ação uniu grande parte da Europa, sucedeu a Roma dos Papas, que uniu a Europa e a América no reino do espírito, a Roma do Povo a ambas sucederá, para unir a Europa, a América e todas as partes do globo terrestre numa fé que unificará pensamento e ação... O destino de Roma e da Itália é o destino do mundo."[16]

Tendo inicialmente esperado que a Igreja encabeçasse a luta, ele chegou à conclusão, na década de 1850, de que a instituição clerical era irrecuperável. O papado, repetiu ele reiteradamente, estava morto, em conseqüência da sua profanidade e das suas alianças corruptas (não menos que "fornicação com príncipes", como ele dizia).[17] A integridade da Igreja fora destruída pela inquisição e pelos cismas medievais, e pela deserção do papa à "causa do povo" no século XIX.[18] Não obstante, por mais que a forma institucional da fé pudesse estar moribunda, Roma, ele sempre argumentou, era "a cidade onde se incubava o segredo da nossa futura vida religiosa."[19] Mazzini buscou recuperar os conceitos de santidade, pureza, asseio e moralidade *da* religião ortodoxa. A própria democracia deveria moldar-se a essas idéias e à missão de uma vida coletiva sagrada. A mais alta virtude dessa causa era o autosacrifício.[20] Mesmo ao denunciar a Igreja existente, Mazzini bebia na fonte da linguagem religiosa, falando dos apóstolos da campanha italiana, de heresia, de alma, de sagrado, sacrifício e fé, dos perigos da corrupção, de egoísmo, vício, fatalismo, individualismo e tirania, da necessidade e virtude e das sagradas alianças dos povos.[21]

* * *

No final dos anos 1860, Garibaldi voltara-se para a literatura de ficção, e foi nela que seu ódio pela Igreja e o desejo de purificar Roma transpareceram com maior evidência. De ânimo melodramático, alternativamente sentimental e acerbo, suas narrativas atacavam a Igreja com tanta violência e eram desenvolvidas tão cruamente que alguns dos mais ardorosos simpatizantes do General ficaram embaraçados, chegando até a pedir-lhe para reconsiderar seu desejo de publicar suas obras. A história que ele chamou de *Clelia*, e que foi traduzida para o inglês em 1870 com o título *The Rule of the Monk* [A regra do monge], refletia a consistente repugnância do General pela classe dos cortesãos e lacaios aduladores que se congregavam em Roma e, acima de tudo, o seu permanente desprezo pelo próprio "Vigário de Cristo".[22]

O tempero da história pode ser sugerido bastante rapidamente. Clelia é a filha de Manlio, um escultor, que luta para permanecer independente num impossível "país dominado pelos padres". Sua esposa sucumbe por força das várias privações da vida romana, mas seu coração angelical é transmitido à sua filha. Eles residem numa área popular e plebéia da cidade que se estende do outro lado do Tibre; com efeito, a deslumbrante Clelia é conhecida por todos como "a Pérola de Trastevere". A família mora numa rua que sobe o Gianicolo (o monte onde Garibaldi havia encenado, em vão, a sua defesa de onze horas da República Romana em 1849). Eles são uma família virtuosa, sobrecarregada de exigências morais e materiais, que vive uma verdadeira vida espiritual. Em contraste, Garibaldi esboçou a imagem do mundo secreto e inatural do papado. O papa e os cardeais vivem em meio a uma enorme riqueza, abusam do seu poder, locupletam-se em toda e qualquer forma lúbrica e revoltante de luxúria e vício. Infelizmente, a bela Clelia atrai os olhares do cardeal Procopio, um dos mais importantes prelados do Vaticano, e próximo de Sua Santidade. Procopio envia um agente, Giani, para trazer-lhe Clelia. Ele finge estar interessado em encomendar as esculturas de Manlio para o seu oratório, mas na verdade seu intento é puramente sexual.

Como observa o historiador Christopher Hibbert, Garibaldi certamente carecia de "*chiaroscuro* em sua visão"; a sua certeza não era "anuviada pela dúvida".[23] Questões de certo e errado, inocência ou culpa eram, ao que parece, inteiramente claras para ele naquele romance, como muito amiúde nos

100

seus pronunciamentos. Ao mesmo tempo, contudo, os excessos da escrita, o tom apaixonado, os apelos horrorizados, a lamentação imparável, sugerem que algo mais estivesse em jogo além das exigências de praxe da propaganda política. Uma tremenda gama de crimes foi exibida, e formou a base de uma maciça campanha de acusação anticlerical.[24]

Enquanto isso, Garibaldi narrava a história de uma jovem camponesa, Camila, noiva de um bom homem, Silvio, que, infelizmente, acometido de malária, obrigara-a adiar os planos de casamento. Ela levava frutas para vender na Piazza Navona, somente para ser enganada e seduzida pelo cardeal. A união deles produz um filho deplorável, morto por um dos capangas do religioso. Camila enlouquece e é secretamente trancafiada num manicômio (do qual posteriormente ela foge). Ao final, Silvio e Camila voltam a encontrar-se. Nessas condições sociais e políticas insuportáveis, uma conspiração revolucionária liderada por vários espíritos nobres ganha gradualmente corpo em Roma. Os conspiradores reúnem-se na "ruína sublime", o Coliseu. Ao longo de todo o romance, eles usam várias ruínas, túneis labirínticos antigos e esconderijos secretos para tramar as suas urgentes reuniões. E assim segue a história.

Garibaldi evidentemente não tinha tempo para lidar com defensores da Igreja. Outros teriam uma visão mais solidária das vacilações e infortúnios do papa nos anos 1860 e 1870, retratando com alguma compaixão a sua humilhação quando o "mesquinho" Estado italiano finalmente açambarcou os espólios de Roma. Espectadores descreveram o constrangedor espetáculo da velha Igreja em crise e tentaram comunicar as emoções deflagradas pela perspectiva do poder temporal reduzido da hierarquia católica no novo Estado. Muitos se perguntaram até que ponto Roma seria transformada para melhor, e até onde a Itália seria "romanizada" — quer dizer, prejudicada pelas velhas forças da corrupção e da patologia. Em Roma, o local mais simbolicamente complexo para abrigar a nova capital italiana, os partidários do *Risorgimento* identificaram os seus mais obscuros temores quanto ao futuro, e as suas maiores esperanças de redenção e purificação nacional. Em contraste com esta cidade utópica, projetada no passado ou no futuro, mas nunca "aqui e agora", a dolorosa natureza da realidade política e social moderna passou a ser considerada.

Roma era tanto um ideal espiritual, um santuário privado, uma aspiração pública, quanto um espaço urbano real, uma cidade dotada de uma determinada forma física. O próprio Garibaldi o reconhecia ao falar da Roma "olhada com os olhos da minha imaginação juvenil", da "Roma do futuro", "a Roma na qual, náufrago, moribundo, banido para as mais longínquas profundezas das florestas americanas, eu nunca perdi a esperança: a idéia regeneradora de uma grande nação, pensamento dominante e inspiração de toda a minha vida."[25] Nem Mazzini nem Garibaldi jamais deixaram de ressaltar a tarefa nacionalista crucial de revigorar a cidade. A expectativa e o apelo de renovação política e cultural eram intensos, gerando uma crítica fermentação de exigências de ação política, de exortações à pureza de espírito, e de "regeneração" material imediata.* Tratava-se de uma luta sagrada a fim de combater a corrupção moral e a degeneração histórica; Roma tinha de ser restituída à saúde, pelo bem dos italianos. Numa carta de protesto contra a "invasão" francesa de Roma em 1849, Mazzini havia reafirmado a sua opinião de que a revolução exigida seria, no futuro, como havia sido no passado, "sagrada em si mesma", livre "de todo excesso em seus desdobramentos".[26] Ele reivindicava estar falando em nome da Itália e, acima de tudo, identificava em Roma o significado do futuro ideal da Cidade Eterna, verdadeira herdeira do outrora glorioso passado: "Apresento-me, portanto, para protestar em nome de Roma."[27]

É claro que Roma não figurava sozinha entre as cidades italianas capazes de suscitar no espírito do povo a contradição sentimental de adulação e desalento. Nenhum lugar, afinal, era mais cativante e perturbador do que Veneza,

---

* Zola captou poderosamente o sentimento de temor e repugnância oriundo do estado de "sujeira" de Roma e o anseio nacionalista por sua regeneração: "O fato de toda a Itália, no dia seguinte à ocupação de Roma, delirar de entusiasmo ao pensamento de finalmente estar em posse da antiga e gloriosa cidade, a eterna capital a que o império do mundo fora prometido, é apenas natural. Tratou-se, por assim dizer, de uma explosão legítima de deleite e esperança de uma jovem nação ansiosa por mostrar seu poder. A questão era como tornar Roma uma capital moderna digna de um grande reino, e antes de mais nada imperava lidar com as exigências sanitárias: a cidade precisava ser limpa de toda imundície que a conspurcava. Não é possível hoje imaginar em que abominável putrescência a Cidade dos Papas, a *Roma sporca* que os artistas lamentavam, estava mergulhada: a vasta maioria das casas não dispunha das mais primitivas estruturas, as vias públicas eram usadas para todo tipo de propósito, nobres ruínas serviam como depósito de esgoto, palácios suntuosos eram cercados pela imundície, e as ruas eram leitos perfeitamente estercados que fomentavam epidemias freqüentes. Vastas obras municipais eram absolutamente necessárias, tratava-se de uma questão de saúde e da própria vida." (Zola, 1896, pp. 248-9) Para exemplos dessa expectativa ansiosa sobre o papel futuro do Roma entre a elite governante da Itália, ver Vidotto, 2002, cap. 3.

"*La Serenissima*"; nenhum lugar havia cuja descrição fosse mais difícil e sedutora do que os seus encantos aquáticos, às vezes mortais.[28] Muitas outras cidades também foram apreendidas pelas imaginações através de personificações específicas e abstrações vaporosas; e manifestamente, as metáforas de feminilidade, de corrupção e de morte que passaram a caracterizar a Cidade Eterna também se associaram poderosamente a outros ambientes. A preocupação com o flagelo da malária na Itália não era, é claro, exclusiva a Roma e sua região. Como vimos, as taxas relativas aos casos da doença e ao número de mortes em várias áreas do Estado estavam sendo estudadas, mapeadas e comparadas cada vez mais detalhadamente durante o período final do século XIX.[29] A malária e outras doenças sérias ensombreciam a vida social e a discussão pública na Itália, e ligaram-se poderosamente ao destino de cidades particulares e à percepção das perspectivas da nação como um todo — a cólera em Veneza e Nápoles, para mencionar os exemplos mais óbvios.[30]

Por uma variedade de razões, contudo, Roma era vista por muitos como possuidora de uma importância física, cultural e política cuja carga era única para os próprios italianos e para os rumos futuros da nação. O primeiro momento de entrada na cidade era tema de grande curiosidade existencial. Diagnósticos dos efeitos lânguidos e da atmosfera moral doentia, explorações da sua atração erótica e espiritual, e conjecturas sobre o seu poder de promover ou estorvar a construção da nação foram apresentadas com ênfase especial por inumeráveis visitantes vitorianos. Eles se reuniam freqüentemente em discussões sobre a saúde e bem-estar físicos da população de e em torno de Roma: as apostas de sucesso ou fracasso eram aqui consideradas vitais para o potencial do novo Estado.[31] A febre, afirmava-se, explicava o declínio da arte clássica na Grécia e em Roma, a sentimentalidade crescente do pensamento, o pessimismo galopante da filosofia, o torpor aparentemente evidente nas sociedades antigas como um todo, o declínio da fibra moral, o esgotamento da raça.[32] Observar o caráter questionável das conclusões morais ou biológicas tiradas da "febre romana" por muitos escritores no passado não significa certamente duvidar do custo humano mais que real causado pela malária.

Angelo Celli declarou certa vez, em tom de provocação, mas talvez com acerto, que a malária tinha sitiado Roma mais insidiosamente do que qualquer invasor humano; ela invadira gradualmente a cidade, abrindo o seu caminho por dentro das fronteiras das muralhas aurelianas, obrigando Roma a encolher-se no interior de limites cada vez mais estreitos.[33] A malária, concluiu ele, era a "ama invencível e implacável dos destinos desta região."[34] Definitivamente, Garibaldi não foi a única figura nacional na Itália pós-unificação a salientar que doença e degeneração social reforçavam-se reciprocamente; a doença minava as próprias condições de constituição de uma sociedade ou economia vigorosa e, na sua opinião, estorvava a possibilidade de ressurgimento de famílias fortes.

Assim convergia, em uma única totalidade complexa, a história religiosa, política, médica e cultural da cidade; os seus riscos à saúde, a sua associação com a corrupção moral e o seu papel diplomático reacionário nos assuntos europeus e italianos eram freqüentemente vinculados entre si. A vasta sombra projetada por sua história antiga, que culminara na dissolução do império, o espetáculo permanente das suas ruínas, os enigmas científicos do seu interior rural e uma certa qualidade misteriosa da sua luz e atmosfera foram interminavelmente discutidos. A imagem da Cidade Eterna também se distinguiria reiteradamente pela maneira com que inspirava a descrição dos estados mentais que lhe eram associados: como se não se limitasse a induzir reações emocionais, mas fosse, ela própria, uma pessoa enganosa, traiçoeira e mórbida com quem o visitante interagisse. Roma tornou-se o símbolo e a personificação mais notável de decadência e morte, amor e anelo, desdita e lamentação. Vista neste contexto, surpreende o fato de Garibaldi ter investido Roma de qualidades humanas tão intensas? Para o General, a Cidade Eterna era semelhante a um paciente a ser tratado, uma mulher a ser amada, um prisioneiro a ser libertado. O seu mantra evocativo, "Roma ou morte", teve ressonâncias poderosas para ele pessoalmente, mas também atiçou com seu brilho a imaginação da sociedade vitoriana.

Mesmo depois da unificação, quando a Igreja havia sido, em tese, severamente contida (ou humilhada, aos olhos de alguns), Garibaldi queixava-se de que um estabelecimento religioso apodrecido rapinava e viciava o bom governo.[35] O Vaticano não era meramente associado à reação, mas a toda uma história na qual esperanças de reforma brotadas uma primeira vez eram em seguida esmagadas. Como vimos, a mudança notória na política de Pio XI, de apoio aparente a oposição ao sentimento nacionalista, ganharia grande vulto nas mágoas e críticas de Mazzini e de Garibaldi. Afinal, Mazzini apelara inicialmente a Pio IX para que conduzisse a renovação nacional.[36] Mesmo com a república vigente, Mazzini e seus colegas tinham buscado a conciliação com os católicos. É verdade que houve iniciativas imediatas de liberalização da economia, de fomento à liberdade de expressão e à imprensa livre, e de promoção de uns poucos programas ambiciosos de reconstrução urbana, inclusive de restauração de igrejas e de melhorias em vias públicas, como a nova estrada criada ao longo do Tibre.[37] Porém, não menos notavelmente, a constituição republicana de 1849 declarava o catolicismo religião oficial do Estado e garantia a autoridade espiritual do papa. Em seu breve mandato em Roma, Mazzini correu o risco de ofender o espírito estridentemente anticlerical de Garibaldi ao estimular serviços e cerimônias regulares.[38] Com o papa tendo partido ignominiosamente de Roma, e tendo Mazzini (com dois colegas) permanecido responsável pela Cidade Eterna, a Igreja acabou por tornar esse tipo de reaproximação impossível. Ela excomungou membros da assembléia, e os que tinham votado neles. Enquanto isso, espalharam-se histórias de perseguição contra padres e de atos desprezíveis de terror e crueldade. Aos olhos dos religiosamente devotos e politicamente afrontados, que exemplo seria mais chocante dos perigos da mudança social nos Estados Papais do que as descrições do Tibre espumante de sangue em meio ao terror revolucionário? Os historiadores encontraram relativamente poucos indícios de uma violência politicamente motivada deste tipo na Roma de 1849. Na época, porém, vagos rumores eram reciclados como fatos e apresentados em termos horrendos que aludiam ao sangue inocente derramado sobre a indiferente corrente da história revolucionária. Essa "barbárie" moderna foi vista como um retorno à ferocidade dos saqueadores de Roma, dos invasores que haviam destruído a civilização antiga.[39] Os relatos de mortes violentas no Tibre continuaram, mais ou menos plausivelmente, mesmo após a restauração papal. Houve certo número de vendetas contra as tropas francesas, mas freqüentemente se diluía a fronteira entre fato e ficção. As descrições sensacionalistas fizeram rodadas, pondo em destaque as abominações revolucionárias e/ou contra-revolucionárias cometidas nas tranqüilas noites romanas: "Soldados atraídos às infames barracas de bebida de Trastevere ao anoitecer eram embebedados e jogados no rio."[40]

As maquinações políticas no seio da Roma republicana em 1849, a posição de Mazzini e outros determinando a estrutura e as políticas do novo governo, a saga da chegada de Garibaldi ao território (onde primeiro foi proclamado coronel e depois general), e as tensões decorrentes com Mazzini bem como com certo general Pietro Roselli podem ser encontradas em qualquer biografia do herói italiano. Elas não são aqui a questão central. Garibaldi tornou-se a última grande esperança da república, e contudo teve finalmente de enfrentar a impossibilidade da tarefa a ele designada. O seu empenho basicamente vão de salvar Roma dos partidários do papa liderados pelos franceses gerou muito ardor histórico e se converteu em uma apreciada narrativa nacional. Ao mesmo tempo que a defesa fracassada de Garibaldi, e especificamente as suas proezas no Monte Gianicolo em Roma contra os franceses, tornaram-no internacionalmente célebre, as suas circunstâncias imediatas foram desoladoras, e ele teve de fugir.

Garibaldi não conseguiu manter Roma em 1849, mas retornou ainda mais dramaticamente à luta uma década depois, navegando para o sul a partir da Ligúria, com seus mil voluntários, capturando prontamente a Sicília e o sul do continente. Ele queria subir, marchando até Roma, mas o complexo jogo de xadrez da política internacional, orquestrado pelo grande diplomata e estadista piemontês Cavour, iria frustrá-lo e desviá-lo do seu caminho mais uma vez. À medida que o exército de Garibaldi marchava para o norte a partir da Calábria, as tropas do Exército Piemontês marchavam para o sul. Finalmente, quando se encontrou com Vítor Emanuel e seu exército, Garibaldi surpreendeu a todos pela extrema modéstia das suas exigências. Apesar das dificuldades, ele havia conquistado muitas regiões e logrado tornar-se governador da Sicília e ditador de Nápoles, elevando-se como personagem semidivino aos olhos de muitos. Não obstante, de uma maneira quintessencialmente garibaldina, com um gesto de surpreendente humildade, ele então se absteve do jogo maquiavélico da política e renunciou ao poder e aos ganhos mundanos. Apesar da séria apreensão de Cavour sobre as suas intenções futuras ao lançar-se península acima em 1860, apesar da sua reputação de arrogante e cruel, Garibaldi entregou com submissão as suas conquistas a Vítor Emanuel, em seu famoso encontro em Teano, no Reino Napolitano que havia dominado. O vitorioso comandante militar envergava o seu poncho e "sob um pequeno chapéu *porkpie,* prendeu um lenço para proteger as orelhas do orvalho da manhã." Garibaldi teve uma conversa polida, se não constrangida, com o rei, o qual deixou claro o seu desejo de "descansar" o General e seus voluntários; ouvindo isto, ele saudou o monarca, "levantou seu chapéu em despedida e trotou melancolicamente por uma estrada vicinal para Caserta."[41]

Cada vez mais, as façanhas de Garibaldi eram acompanhadas por uma pletora de narrativas históricas admiradas, hinos comemorativos e celebrações vibrantes da sua vida — entusiasmo coletivo que atingiu uma intensidade febril após a sua morte.[42] Peãs foram compostos por três famosos escritores franceses, Sand, Dumas e Hugo, mas logo depois houve também orações memoráveis de Giosuè Carducci, bem como uma homenagem do poeta e posteriormente simpatizante fascista D'Annunzio. Em suma, houve uma prolongada maré de representações literárias do herói italiano.[43]

A indiferença insistente de Garibaldi em relação aos ganhos mundanos em 1860 lhe propiciaria uma imagem inesquecível, uma espécie de adaptação secularizada e nacionalizada da letra do ascetismo cristão. Foi a nobre criação da Itália, em vez do seu controle mundano, que se tornou o propósito declarado de sua vida; um estilo e um tema assumidos com bem disposta prontidão por seus biógrafos. Ao mesmo tempo que era a favor da indústria, do comércio e do fomento à ciência, Garibaldi também era um romântico que repelia valores como utilitarismo e materialismo. Em sua vida pessoal, ele foi impressionantemente indiferente às seduções do dinheiro ou às mais brutas gratificações do poder. Tendo recebido a oferta de uma propriedade rural, de um título de duque, de honras em profusão, ele retornou para Caprera levando dois cavalos, uma banheira portátil, algumas sacas de café, açúcar e feijão, um saco de peixe seco e um caixa de macarrão.[44] Ele fez saber que a recuperação da Campanha Romana significaria mais para ele do que qualquer honra pessoal. Reputação era tudo, e ainda que não tenha, no final da vida, repudiado totalmente a necessidade de obter compensações financeiras e arranjar títulos de pensão para si mesmo ou, mais crucialmente, para a sua família, havia algo na noção de serviço pago que o ofendia poderosamente.

Em suas lutas para conquistar Roma e revitalizar a Itália, Garibaldi às vezes quase pareceu cortejar a morte. Em parte, isto expressava a sua opinião de que o sacrifício pessoal era essencial à causa; mas também parecia refletir, conforme ele deixou claro mais de uma vez em suas memórias, uma espécie

107

de aborrecimento com a vida e as suas dolorosas concessões. De qualquer modo, sua coragem foi enormemente impressionante e se tornou parte central da sua imagem carismática. Ele se preocupava profunda e evidentemente com o exemplo que estava dando, e buscava influir, pela ação, sobre os significados contemporâneos e retrospectivos que seriam dados à sua vida. Ele sempre insistiu com seus contemporâneos que havia algo mais elevado — maior — do que a vida individual, objetivos mais importantes do que a própria sobrevivência. Dado seu descuido temerário com a própria segurança, a sua longevidade parecia pouco menos que um milagre, algo espantoso para os seus seguidores. Se pragmaticamente chegara a fazer concessões, bastante amiúde para evitar a guerra civil ao longo do processo da unificação italiana, era áspero quanto às barganhas "sujas" e baratas de outros, e não fazia pouco uso da ironia — como ao falar de certos membros "muito ilustres" do parlamento.[45] Perguntado sobre em quem o povo deveria votar, certa vez ele observou que as pessoas deviam depositar a sua confiança naqueles que não têm nenhum desejo particular de se tornarem políticos.[46] Nenhum acordo lhe pareceu tão ignominiosamente imperdoável quanto o de Cavour com Luís Napoleão, nos termos do qual a terra natal de Garibaldi passava mais uma vez às mãos dos franceses. Daí em diante, Cavour tornou-se para ele o "vendilhão de Nice"[47] e o fizera sentir-se estrangeiro na sua própria terra, como protestou em 1861.[48]

Nos anos 1860, Garibaldi fez mais duas tentativas de tomar Roma. No extremo sul, em Aspromonte em 1862, enquanto preparava uma nova marcha sobre a grande cidade, a vontade do General mais uma vez se desviaria. O contexto político era obscuro e confuso, mas no final Garibaldi foi detido pelo novo Estado — com efeito, tropas governamentais tiveram de ser enviadas para impedi-lo de desestabilizar o ainda delicado tabuleiro das relações diplomáticas internacionais em torno da situação do papado. Para a consternação dos seus muitos admiradores em todo o mundo, ele foi pessoalmente atingido, ferido à bala.*Além disso, o seu ferimento (de uma bala que

---

* Esses planos para a tomada de Roma foram violentamente interrompidos pelos 3.500 soldados realistas que se puseram no seu caminho. Numa escaramuça, Garibaldi foi atingido por duas balas. Menotti também foi ferido. O assunto foi logo resolvido e Garibaldi se viu tratado de maneira relativamente áspera. Foi mantido sob custódia, embora acompanhado por vários médicos e seu filho. Em novembro de 1862, em Pisa, sofreu

transpassou o tornozelo durante a escaramuça) não se curou completamente.[49] Como resultado, ele teve de passar meses de tormento, acamado. Foi dito, então, que tudo não passava de um sintoma físico da moral ferida do inflexível nacionalista. A notável "reviravolta", na qual Garibaldi, o mais celebrado criador da Itália moderna, foi fisicamente atacado, preso e julgado pelo novo Estado, tornou-se matéria de escândalo, e o sofrimento de Garibaldi foi retratado em vários desenhos, gravuras e descrições. A bala, depois de extraída do seu corpo, se tornaria objeto de cobiça; grandes somas em dinheiro foram oferecidas a Menotti por este valioso bem. Mais uma vez, os planos do General tinham sido arruinados, e a emoção pública aflorado intensamente face ao tratamento desdenhoso e à recusa humilhante. Como escreve Christopher Hibbert:

> "A solidariedade (com Garibaldi) tinha varrido não só a Itália mas o mundo todo. Telegramas e cartas, poemas e presentes, charutos, flores e livros foram amontoados ao lado do seu leito. Mais de vinte médicos de toda a Europa o procuraram para oferecer conselhos sobre como a bala em seu pé devia ser melhor extraída; mil guinéus foram recolhidos na Inglaterra para custear duas visitas de um cirurgião europeu; e *lady* Palmerston, chocada por um irlandês que correu pelas ruas gritando 'Abaixo Garibaldi! O papa para sempre!' enviou-lhe uma cama de inválido."[50]

A intriga grassava ao longo desses anos intermediários. O General obviamente não podia descansar enquanto Roma não pertencesse à Itália, ou morresse ele ao tentar. Apesar de ferido, ele continuou a desejar ardentemente a cidade. Em 1866, mais uma vez ele estava trabalhando num novo plano para tomar Roma, trama que também acabou em fiasco. Mazzini tinha se oposto, pois não queria a Cidade Eterna "liberada" para a monarquia. Garibaldi também foi advertido de que o Estado não o apoiaria, tal era a delicadeza da situação internacional. Indiferente, ele seguiu adiante. Como em 1862, mostrou-se impenetrável aos avisos. Aqueles em quem confiava nem sempre agiam de boa-fé, e em mais de uma ocasião ele foi gravemente

---

uma operação por causa dos ferimentos. Vítor Emanuel finalmente ofereceu uma anistia aos participantes, mas as aflições do General não tinham terminado: ele teve de passar por um longo e excruciante período de convalescença. Esses reveses incitaram descrições contemporâneas do martírio de Garibaldi; como salvador nacional, ele foi mais uma vez acorrentado ou posto "na cruz". (Scirocco, 2001, p. 326)

traído. "O próprio Garibaldi proclamou que não vai para Roma com esperanças de conquistá-la, mas determinado a morrer", relatou *The Times* em 1867: "A Itália, pensa ele, só pode ser redimida pelo sacrifício."[51] Como definiu um dos seus biógrafos, a obstinação do General, em muitos casos o seu principal recurso, tornou-se a sua ruína.[52] Muitas coisas deram errado com esses últimos planos militares, incluindo o fracasso do projeto de alguns seguidores de navegar discretamente ao longo do Tibre com um pequeno carregamento de armas. Enfrentando uma oposição armada feroz, Garibaldi foi ouvido a gritar para seus camaradas: "Venham e morram comigo." Ele não morreu, mas a rebelião foi rapidamente dominada, esta última campanha tendo durado menos de duas semanas. Os seus voluntários recuaram e finalmente se renderam aos franceses em Mentana.

Mais uma vez, Garibaldi permaneceu por algum tempo detido, mas no final de novembro estava de volta a Caprera. Logo depois (em agosto de 1868), ele renunciou ao seu mandato de deputado. O escritor polonês Jósef Ignacy, que o visitou na ilha em dezembro de 1869, descreveu ter encontrado um homem alquebrado, o corpo decrépito, pernas inchadas, rosto pálido. Diante de si, "Garibaldi só conseguia ver um deserto".[53] Muitos dos seus aliados estavam surpresos com o simples fato de ele estar vivo e só teriam concordado relutantemente com o veredicto do visitante de que "o mero heroísmo humano não iguala as impossibilidades cabais."[54] Entretanto, o General havia mais uma vez vencido a morte (mesmo sem querer), e a lenda continuava viva. Em tempos menos lastimosos, dizia-se que ele valia cem, mil, talvez dez mil soldados.

As proezas militares de Garibaldi foram surpreendentemente prolongadas, cheias de inesperadas retomadas. E sempre que suas façanhas bélicas pareciam estar escasseando, as circunstâncias ou admiradores estrangeiros as ressuscitavam. Abraham Lincoln teve a animadora idéia de procurar os serviços do italiano durante os anos 1860, ao longo da Guerra Civil, oferta que o General declinou. Mesmo então, contudo, suas aventuras militares não estavam exatamente no fim: em 1870, ele se viu ao lado dos republicanos franceses que haviam assumido o poder depois da partida de Luís Napoleão e estavam dando continuidade à resistência contra os invasores alemães. As realizações e vicissitudes da carreira marcial de Garibaldi ajudam a compreender a sua formidável reputação e explicam o sentimento patriótico suscitado pela sua jornada a Roma em 1875.

Com a captura de Roma pela Itália em 1870, os reveses de Garibaldi em 1849 e durante os anos 1860 puderam finalmente ser vistos como infortúnios apenas temporários na história finalmente bem-sucedida da integração nacional, cujo centro era o galardão supremo de Roma. Biógrafos vitorianos posteriores, como J. T. Bent, puderam assim oferecer um final feliz para a história da libertação italiana. Nas palavras otimistas de G. M. Trevelyan, autor de uma famosa trilogia sobre Garibaldi, em meados do século, a Itália ainda não estava "madura para a união": seriam necessários alguns anos mais para que este amadurecimento ganhasse força e levasse uma história despótica infeliz à sua conclusão final.[55] O ano de 1870 foi retrospectivamente evocado como a própria meta de toda a trajetória do *Risorgimento*. Garibaldi pode nunca ter "conquistado" Roma pessoalmente, mas o nascimento do Estado e a ocupação da capital eram realizações suas, tanto ou mais do que de qualquer outra pessoa. Cavour, Mazzini, Garibaldi: eis a (in)santíssima trindade que "fez" a Itália. Na formulação-clichê, eles se tornaram, respectivamente, o estadista, o visionário e o guerreiro da nação, seu Cérebro, sua Alma e sua Espada.[56] Contudo, assim que a Itália foi criada e Roma estabelecida como sua capital, começou o período final de luto político de Garibaldi.[57] O novo Estado não passava de uma pálida sombra das suas esperanças e sonhos, um símbolo de inatividade e passividade.[58] Ele, por sua vez, tinha-se tornado um símbolo de resistência ao cinismo e à intriga. Em 1872, Garibaldi declarou à sua maneira característica: "Hoje eu completo os meus 65 anos de idade; e embora tenha crido durante a maior parte da minha vida na melhoria da espécie, fiquei amargurado à visão de tanto mal e corrupção nesta pretensa era de Civilização."[59]

Na década de 1870, a admiração e o entusiasmo por Garibaldi ainda eram imensos. Mas ele estava menos aplicado em desfrutar a "Itália" de sua semiaposentadoria do que em meditar sobre as reformas necessárias para transformar a ordem política existente e insuflar alguma vida num governo que lhe parecia sem imaginação, preguiçoso e anêmico. Não era tanto, ou pelo menos não apenas, a compleição política precisa do regime — direita ou esquerda[*] — que o preocupava, mas sim um sentido de impasse estrutural, a

---

[*] A direita, herdeira de Cavour, esteve no poder de 1861 a 1876. A esquerda, combinando várias correntes atenuadas de republicanismo mazzinista e alguns vestígios do radicalismo garibaldino, chegou ao poder em 1876, sob Depretis, mas, na verdade, foi a manifesta política deste último de alterar alianças e acordos, o chamado *trasformismo*,

traição dos ideais dos seus próprios voluntários (o seu bem-estar político continuou sendo uma paixão pessoal ao longo dos seus últimos anos), a dificuldade intrínseca de manter princípios claros e executar ações decisivas. Garibaldi preenchia o seu tempo sonhando com a reforma moral e material de Roma, não menos que por meio da conquista e a transformação do Tibre.

Tanto Mazzini quanto Garibaldi, observa o historiador Denis Mack Smith, eram talvez mais naturalmente religiosos e, contudo, mais anticlericais que Cavour.[60] Se o General tinha o hábito de chamar padres de "lobos" e "assassinos", pondo a culpa do atraso nacional no domínio clerical, ele também fazia as suas próprias acomodações particulares com a religião. A sua aceitação da legitimidade de outras religiões na Itália era uma evidência da sua resistência ao catolicismo romano — por que deveriam os padres ter o monopólio? — mas também refletia a sua opinião de que as necessidades espirituais de um povo devem ser atendidas da melhor maneira possível; mesmo que, para tanto, ele próprio tivesse de se transformar em símbolo sagrado. Em Nápoles, durante 1860, Garibaldi tinha permitido a importação de bíblias e a construção de igrejas evangélicas. Em todo o sul, a imagem popular de Garibaldi tinha-se fundido com a iconografia cristã. Convites para freqüentar a missa (que ocasionalmente ele aceitava) eram parte desta complexa postura. Era a Igreja, e não a religião, que ele rejeitava. "Eu sou tão cristão quanto vocês", disse ele aos nacionalistas empedernidos da delegação húngara em 1860, "é o papa que oprime o povo, bloqueia a independência italiana e inverte as bases da religião... ele renega o próprio princípio de cristandade — é ele o Anticristo."[61] Há de que admirar-se em estar Garibaldi horrorizado por aqueles políticos "imundos" poderem então interferir nos seus planos de purificação de Roma, da Campanha e do Tibre?

---

que pareceu caracterizar de fato esse período de governo, em vez de suas intenções reformistas. Depretis faleceu em 1887, mas o *trasformismo* perdurou. As figuras políticas mais destacadas a partir de então foram Crispi e Giolitti, que prevaleceram de 1900 a 1914, e cujo regime liberal foi associado a escândalos políticos e financeiros. Giolitti foi memoravelmente descrito certa vez como "ministro do submundo". Alguns consideravam o *trasformismo* como um termo útil para caracterizar toda a história política da Itália moderna. Segundo este argumento, Mussolini serve como o exemplo clássico do oportunismo político capcioso, um mestre da revogação, para quem mesmo o socialismo podia ser abandonado, ou reelaborado para ceder às ilusões místicas do fascismo. Para uma concisa discussão sobre o assunto, ver o artigo "Trasformismo" em Ginsborg, 1994.

6 Vida e época

"[Garibaldi] era um poeta em tudo, salvo na capacidade literária."

George Macaulay Trevelyan, *Garibaldi and the Making of Italy* [Garibaldi e a construção da Itália]

Na questão do Tibre, o General não era um militante solitário; não obstante, a saga foi corretamente identificada na época como sua cruzada pessoal, uma obsessão, uma "missão sagrada".[1] Ele fizera a sua primeira jornada sobre as águas do Tibre na primavera de 1825, ao lado do pai, com quem viajava numa barcaça, levando um carregamento de vinho para Roma. Verificou-se difícil avançar de barco, e eles foram obrigados a arranjar búfalos para puxar a embarcação corrente acima. Esta eventualidade por sua vez deu ensejo a uma disputa cheia de dificuldades legais, pois o pai de Giuseppe, acreditando que estava sendo ludibriado nas contas pelo proprietário do gado, recusou-se a pagar a soma exigida. Pai e filho tiveram de esperar semanas na cidade antes de a questão ser resolvida. Nesse ínterim, o jovem teve tempo de visitar uma parte do patrimônio histórico de Roma. Um juiz eclesiástico decidiu finalmente a disputa, concluindo que o marinheiro visitante tinha sem dúvida de pagar integralmente o aluguel do gado. Nos anos 1870, Garibaldi confidenciou a um amigo que esse seu primeiro encontro com Roma e o Tibre fora o estímulo original do seu projeto de transposição do rio.[2]

Se quisermos compreender o significado da missão romana moderna de Garibaldi, a autobiografia deve, evidentemente, desempenhar seu papel. Ou, antes, nós devemos tomar conhecimento das lembranças e das preocupações do General com o seu próprio passado e ponderar o grau com que possam ter pesado sobre ele na sua vida posterior. Assim, juntamente com certos fatos materiais a respeito da malária e das enchentes, devemos considerar os méritos da história de Garibaldi. Igualmente relevantes são os emaranhados de fantasia folclórica e cultural que cercam a figura do General. Como poderia a visão que ele tinha de si mesmo não ser afetada pelas contínuas idealizações e projeções às quais era submetido? Havia um tráfego complexo, de mão dupla, entre este homem e seu público, envolvendo investimentos conscientes e inconscientes de muitos tipos. Ninguém foi mais poderosamente mitificado do que Garibaldi. Contudo, ele não era apenas um recipiente dos sonhos e temores dos outros; colocou-se com muita liberalidade, sem dúvida, na tela dos assuntos contemporâneos. Ele via o mundo exterior como o desenrolar de um drama inexorável entre o bem e o mal, e comparava a Itália a uma lânguida mulher violada; ele buscava ressuscitar e proteger os valores mais profundos da nação: torná-la íntegra e virtuosa outra vez. As suas opiniões sobre as forças de vida e morte atuantes na sua terra natal eram amiúde, meramente, vagos reflexos dos sentimentos de Mazzini, mas, em sua vida supremamente dramática e na sua imagem impressionante, Garibaldi também deu forma aos protestos coletivos, gestos românticos, escritos febris, discursos melodramáticos e anseios políticos do seu tempo.

Em suas memórias, um admirador que o observou em pé de guerra anotou: "Eu nunca me esquecerei daquele dia em que o vi pela primeira vez, montado em seu belo cavalo branco... Ele fazia lembrar apenas e tão-somente a representação do nosso Salvador nas galerias — todos diziam o mesmo. Eu não pude resistir a ele. Segui-o; milhares o fizeram. Ele só precisava mostrar-se. Nós todos o adorávamos. Não podíamos evitar."[3] Um dos seus soldados captou a atitude de muitos dos seus seguidores ao declarar, à viajante francesa Louise Colet, que havia "fogo" nos olhos de Garibaldi. O seu olhar "devorava" os inimigos, consumia-os e os esmagava. Ele era, em toda a sua expressão, uma companhia esmagadoramente extraordinária; o sentimento de estar com ele era comparado ao mais profundo alimento espiritual, pessoalmente tão significativo quanto a visita de um arcanjo.[4]

Muitos homens e mulheres, italianos e estrangeiros, mostravam-se imensamente felizes ao se deixarem arrebatar por essa atração irresistível. Uma inglesa, Harriet Meuricoffre, residente em Nápoles, descreveu as iniqüidades impostas à população pelos governantes Bourbon, antes de enaltecer o

General como o seu verdadeiro salvador: "Não posso dizer-lhes como isto leva o coração das pessoas para Garibaldi, já não mais como a encarnação dos seus princípios políticos, mas como um anjo salvador, o homem a quem devemos as vidas dos nossos filhos e de tudo o que nos é mais querido."[5] Vê-lo em pessoa era uma experiência inesquecível:

> "Hoje eu vi o rosto de Garibaldi; e agora toda devoção dos seus amigos tornou-se clara como o dia para mim. Basta olhar em seu rosto, e você sente que lá está, talvez, o único homem no mundo a serviço de quem, de coração nas mãos, você seguiria de olhos vendados até a morte. Eu nunca entendi completamente este sentimento, até a presença dele torná-lo claro para mim. É o indivíduo e sua influência pessoal que são tão fortes, mas logo em seguida é o homem exaltado e santificado, por assim dizer, por sua devoção obstinada e sua fé numa causa sagrada; e é isso o que se vê no rosto dele, como se estivesse escrito em letras de luz, e que levam nossos pensamentos da sua imagem, como morrem para a sua imagem como o tipo e o representante de sua causa."[6]

"Beira o impossível descrever o entusiasmo quase elétrico que o próprio nome do Ditador inspira", declarou um jornalista que acompanhou a entrada do herói em Nápoles em 1860.[7] Um admirador inglês que testemunhou as multidões saudando o General no sul fez referência a uma "epidemia garibaldina".[8] Como comentou outro observador contemporâneo, ele mais parecia o líder de uma nova religião seguida por uma multidão de fanáticos do que um chefe militar: "As mulheres, não menos entusiasmadas do que os homens, chegavam a trazer seus bebês para Garibaldi, a fim de que ele os abençoasse e batizasse." Reconhecia-se que algo totalmente irracional estava em curso, e o poder do homem sobre as pessoas assemelhava-se a uma corrente magnética, bem como a um delírio coletivo.[9] Dada a oportunidade, eram muitos os que se viam de repente a aproximar-se do grande homem, tentando encontrar seu olhar. Dizia-se que ocasionalmente ele lançava mão de um "sósia" para dormir na sua cama, para que ele pudesse descansar um pouco sem interrupções em outro lugar. Nos seus anos finais, assistentes tinham de redigir as respostas para as solicitações que vinham abarrotar cada vez mais sua caixa postal. Abrir a correspondência pode ter sido uma tarefa esmagadora — enquanto em Roma, ele recebia até quatrocentas cartas por dia[10] — mas certamente não foi insensível. Todos os excêntricos pareciam conhecer o endereço de Garibaldi e querer aproveitar-se dos seus acalorados sentimentos morais e políticos e do seu interesse apaixonado pela tecnologia. A correspondência abrangia desde o apelo de um perturbado padre para que Garibaldi tratasse então de expulsar o representante de Lúcifer de Roma, o papa, até as solicitações de um cientista superexaltado, que afirmava ter inventado uma máquina de guerra capaz de destruir milhares de homens num lampejo.[11]

O estilo do General era discreto, mas ele era amplamente conhecido como um homem modesto que tinha tudo para não ser modesto. Ao trocar a ditadura em Nápoles por uma posição de membro do parlamento, ele aceitou humildemente o ritual do preenchimento de formulários (como todos os demais). Uma vez solicitado a especificar a sua profissão no registro parlamentar, declarou insolentemente que era apenas um simples agricultor.[12] O seu senso teatral era inesquecível. Chegando a Turim em abril de 1861 para assumir seu mandato, Garibaldi estava de camisa vermelha e poncho cinza, e usava uma espécie de sombreiro (estes detalhes de guarda-roupa eram sempre surpreendentes e figuravam com abundância na literatura, de maneira que acabavam por se tornar referências centrais para a sua imagem pública).[13] Alguns colegas se levantaram para aplaudir; outros ficaram apreensivos.[14] Depois de 1860, ele foi eleito para oito parlamentos sucessivos, mas quase invariavelmente se manteve afastado.[15] Em nome das suas causas mais queridas, inclusive a do Tibre, ele lançava essa advertência aos ventos, prometendo entrar no teatro político das intrigas, barganhas e compromissos ineptos que ele tanto desprezava. Ele pode ter-se declarado socialista engajado no final da sua vida, mas insistiria freqüentemente na necessidade da ditadura de um único governante forte, e de transcender à "conversa fiada" procrastinadora que grassava no parlamento.[16] A sua modéstia continuou a ser um tópico debatido: quando foi sugerido, em 1875, que o novo canal que ele propunha cavar em torno de Roma se chamasse "Garibaldi", ele rapidamente respondeu que era melhor chamá-lo com o nome do rei, Vítor Emanuel.[17]

Garibaldi era um combatente nacionalista cujas realizações e personalidade passaram a simbolizar muito mais do que qualquer luta política isoladamente considerada. Seu caráter e suas proezas seriam imortalizadas em dúzias de publicações, desenhos e monumentos; ele era uma lenda viva, uma figura que exercia uma fascinação internacional surpreendente, o homem que tinha libertado o sul dos Bourbon.[18] Eis como o grande estadista inglês William Gladstone, recém-retornado de uma excursão pela Itália, descrevera antes as injustiças revoltantes do *ancien régime* que existia em Nápoles:

"Não é de mera imperfeição, não é de corrupção nos baixos escalões, não é de desumanidade ocasional que estou prestes a falar: é da violação incessante, sistemática e deliberada da lei pelo Poder que foi nomeado para protegê-la e mantê-la. Tal é a violação da lei humana e escrita, perpetrada com o propósito de violar sucessivamente a lei não-escrita e eterna, humana e divina; uma perseguição indiscriminada da virtude quando unida à inteligência, operando em tal escala que se pode dizer com verdade que classes inteiras são o seu alvo, tamanha a força com que o governo hostiliza amarga e cruelmente, bem como de maneira absolutamente ilegal, o que quer que na nação viva e se mova, e constitua fonte de progressos e melhorias práticas... O poder governante, que ensina que é a imagem de Deus na terra, está investido, na opinião da maioria esmagadora do público pensante, de todos os vícios, em vez de atributos. Eu vi e ouvi esta forte e mais que verdadeira expressão sendo usada: *"È la negazione di Dio eretta a sistema di governo."* — "É a negação de Deus erigida em sistema de governo."

A condenação de Gladstone do regime napolitano viria acompanhada de uma simpatia crescente pela causa da libertação italiana.[19] Ele considerava que os Estados venais da Itália da pré-unificação haviam perpetrado uma inversão de todos os valores que qualquer sistema moral digno deste nome prezaria. A emancipação de Nápoles das garras de semelhantes monstruosidade soava como música para os ouvidos ingleses.[20]

Para muitos dos admiradores vitorianos de Garibaldi, a mera crônica literária das iniqüidades do passado e dos triunfos do presente não era suficiente. As demandas de fetiche sexual, símbolos religiosos e lucro comercial logo se combinaram nas "relíquias" garibaldinas que eram diariamente colocadas à venda. Em sua visita à Inglaterra em 1864, abundaram histórias como a de paixão e obsessão públicas; histórias como a de que a espuma da sua bacia era guardada como um tesouro podem ter sido apócrifas, mas camisas vermelhas davam de fato um formidável comércio; visitantes acorriam

118

a apresentações de espetáculos musicais sobre Garibaldi e um grande número de pessoas consumia os vários bens, inclusive biscoitos epônimos, que tiravam vantagem da reputação do inimitável italiano. O General recebia um número enorme de cartas de bispos, príncipes, políticos, trabalhadores e mulheres, solicitando a sua presença em eventos sociais ou o seu endosso aos projetos e crenças da predileção do remetente. Ele fora homenageado em banquetes de gala, nomeado cidadão honorário da Cidade de Londres, levado a ver o Palácio de Cristal e, para grande aplauso das multidões, visitar o Eton College. Houve convites de clubes de tiro e associações de trabalhadores, de lordes e grandes damas, e de industriais do norte. E segundo o radical *Reynold's Newspaper*, Garibaldi era "o maior homem a jamais ter visitado a Inglaterra."[21]

Muitas pessoas apaixonavam-se intensa e profundamente pela própria idéia de Garibaldi. Durante a sua notável visita a Inglaterra, então como hóspede pessoal do duque de Sutherland, ele esteve em companhia da fina flor da sociedade, mas tinha uma aura que transcendia as classes, uma confiança e humildade sem esforço que inspirava reverência a pessoas de todas as posições. Garibaldi era o paladino do mundo liberal, o emblema vivo da luta pela liberdade. Quando o General chegou a Londres, o entusiasmo atingiu proporções endêmicas. Há relatos de que mulheres febris lançavam-se sobre ele no Floral Hall, em Covent Garden, seguravam as suas mãos, tocavam a sua barba, o seu poncho, as suas calças, qualquer parte que pudessem alcançar. Em êxtase, a imprensa registrou como as pessoas foram dominadas pela excitação diante do visitante imensamente exótico. Gladstone, Florence Nightingale e o arcebispo de Canterbury foram apresentados a ele. Disraeli e a rainha Vitória estavam entre os poucos notáveis que não foram absorvidos pela atmosfera festiva (embora outros membros da realeza se mostrassem entusiasmados). Para muitos, ele era uma atração irresistível, um forasteiro fascinante. Ainda havia uma certa aura de perigo em torno da figura de Garibaldi, por mais humilde que ele fosse em suas maneiras.

De volta à Itália, todos os seus movimentos foram seguidos com considerável suspeita por um regime italiano de direita, que compartilhava poucos dos seus sentimentos morais ou ideais políticos. Para grande desapontamento do General, os governos que administravam o nascente Estado da Itália deviam muito mais a Cavour (que morreu em 1861) do que ao legado de seu nacionalismo romântico ou ao radicalismo republicano de Mazzini.

Garibaldi era a "batata quente" proverbial, cujo potencial explosivo suscitava ansiedade política e prazer na mesma medida. Não obstante, Garibaldi também foi bastante beneficiado pela indulgência de seus contemporâneos, mesmo dos que não se sentiam bem com as escolhas políticas que ele fazia. Pois quaisquer que fossem as deficiências e os excessos dos seus argumentos e compromissos, ele era o comandante de olhos de aço que tinha conduzido as suas forças maltrapilhas à vitória contra as potências estrangeiras e despóticas que haviam dominado e dividido a Itália. Muitos estrangeiros também buscaram identificar-se com ele (tornando-se italianos honorários), ou reivindicá-lo como seu companheiro — Garibaldi era uma figura mundial, em vez de um herói nacional. Entusiastas contemporâneos do norte que se ocupavam com genealogias buscaram atribuir a Garibaldi uma ascendência de ancestrais alemães, deram expressão, compreensivelmente, ao seu laço sentimental com "o herói de dois mundos"; contudo, não lograram convencer os simpatizantes italianos da pertinência dos seus argumentos. Um biógrafo que examinou as alegações observou secamente que havia falta de provas para apoiá-las. Ao contrário, Garibaldi era, por descendência e temperamento, a própria encarnação do redentor *italiano*.[22] Seu corpo e sua alma eram sem dúvida algo a ser contemplado; quando da morte do General, o seu outrora companheiro de armas, o político Francesco Crispi, exaltou as perfeitas proporções craniológicas de Garibaldi e a total harmonia existente entre suas qualidades físicas, espirituais e morais.[23]

A imagem do General parecia ser uma superfície infinita capaz de comportar todas as projeções dos seus admiradores; sua personalidade foi desdobrada a fim de esclarecer muitos aspectos do caráter e da natureza humana, e mesmo dos processos inconscientes da mente. Poder-se-ia dizer que ele dramatizou a idéia, hoje elaboradamente teorizada pelos psicanalistas, de que o desejo excede inevitavelmente o que pode ser alcançado no mundo, e que os nossos anseios inconscientes jamais se exaurem na realização dos nossos desejos e demandas conscientes. Garibaldi chamou a atenção para o abismo existente entre "as coisas como são" e "as coisas como poderiam ser"; sua presença e personalidade pareciam lembrar aos demais essa discrepância. Ele jamais permitiria que alguém esquecesse a diferença entre o seu sonho utópico e a experiência do dia-a-dia da Itália; a sua vida pôde ser interpretada como um esforço tantalizante de preencher esse abismo ou, alter-

120

nativamente, uma demonstração explícita da impossibilidade de fazê-lo. Neste sentido, ele encarnava o sofrimento dos cidadãos italianos (ou de todos os cidadãos), confrontados com a inadequação do Estado no qual tinham nascido.

Depois da unificação, Garibaldi falava com horror dos obscuros compromissos forjados pelos políticos da nação, o tratamento vergonhoso dispensado pelo governo às suas forças voluntárias, a degradação dos ideais do *Risorgimento*, as sórdidas barganhas internacionais transacionadas em nome da Itália. Em seu diagnóstico da Roma contemporânea e no seu reconhecimento de um sentimento pessoal de traição, Garibaldi compartilhava uma percepção amplamente difundida. Ele fazia vibrar uma corda que ainda hoje encontra eco no discurso político e cultural moderno.[24] Como escreveu o General:

> "Os homens que tão indignamente presidem os destinos da Itália, e aqueles que ainda vemos de joelhos aos pés de potentados dominantes ou falsos protetores — esses homens, eu digo, são falsos representantes da nação. A Itália não merecia ser arrastada na lama, ser ignominiosamente transformada no sortimento de gargalhadas da Europa. O seu exército está intacto, os seus voluntários estão intactos, e se os homens que estão no leme dos negócios, no comando do seu exército, têm fibra de cordeiro — se tremem diante dos usurpadores — eu não temo tornar-me o intérprete da nação. Aqui nós não trememos; eis aqui a consciência que não teme."[25]

Mesmo antes das grandes vitórias de 1860, Garibaldi havia participado de muitas escaramuças e batalhas menores, mas sempre com uma nebulosa avaliação de que lutava por coisas grandes, mesmo que não pudesse detalhar o programa com precisão absoluta. Em comparação, o regime nacional que finalmente emergira para dirigir o país parecia, aos olhos de muitíssimos observadores, pateticamente inadequado para a escala da exigência: representava a mais amarga decepção. Era o anticlímax encarnado. Essa postura particular de desalento e ridículo foi mordazmente capturada num relato satírico sobre a elite política (as proverbiais "vassouras novas" para bem varrer o velho regime), escrito pelo excêntrico Ferdinando Petruccelli della Gattina.[26] Este deputado do sul fez pouco para ganhar a simpatia dos seus colegas ao destacar que a composição social da classe dominante italiana sugeria uma notável persistência do velho regime. As fileiras em nada plebéias do parlamento incluíam dois príncipes, três duques, vinte e nove condes, vinte e três marqueses, vinte e seis barões (ele próprio era um deles), 117 cavalheiros, e assim por diante.

Lutar por isto? Assim que a nova Itália abriu os trabalhos, um grupo de intelectuais, artistas e jornalistas foi tomado por uma certa nostalgia, uma preocupação grave e obsessiva com o mundo perdido de um idealismo, ligado acima de tudo a Garibaldi e Mazzini, uma Itália pela qual se lutara mas que não fora realizada.[27] Talvez essa nostalgia estivesse inscrita desde o começo no *Risorgimento*, pronta para ser reinvocada depois que as limitações do projeto nacional fossem de fato testemunhadas. A "decepção" iria determinar, de maneira duradoura, a qualidade do ânimo e da motivação política. Numerosos pronunciamentos da época engrossavam o coro de lamentações diante do sentimento de inadequação com relação à situação contemporânea e de exaltações das perspectivas de um amanhã moralizado e saneado. A visão da Itália renascida, evocada nos escritos e discursos de Mazzini ou nos romances e nas memórias sentimentais de Garibaldi, definiu o curso e inspirou a linguagem política daqueles que desenvolveram a idéia do nacionalismo no começo do século XX. Garibaldi não foi nem o primeiro nem o último a descrever a Itália como uma pira funerária em cujo interior ardiam os ideais em extinção do *Risorgimento*.

A Itália era vista como uma reação humilhada. Em oposição ao embaraço, à vergonha dessa suposta redução a "sortimento de gargalhadas", Garibaldi ofereceu o sonho da honra, da dignidade e da virtude restauradas. Até este ponto, a mensagem era óbvia. Mas ele também foi poderosamente absorvido pelas fantasias subterrâneas do seu tempo. Para muitas pessoas, Garibaldi parecia fundir-se na figura de um bem-amado. Era ele próprio matéria de sonhos. Não foi somente Sigmund Freud que, observando de longe, achou que o General falecido tinha invadido a sua vida noturna, amalgamado num sonho sobre o pai moribundo do médico. "Aqueles dentre nós que o estávamos rodeando havíamos de fato observado como meu pai se parecia, em seu leito de morte, com Garibaldi", relembrou o autor de *A interpretação dos sonhos*.[28] Embora Garibaldi reconhecesse as suas próprias imperfeições, ele também se apresentava como o redentor destemido exemplar, um pólo de reagrupamento para os que pretendiam restaurar a virtude política da "Itália"; ele convidava os demais a tratá-lo como o ponto de identificação, um ideal heróico para a nova nação: ei-lo, a própria personificação do compromisso incorruptível, nenhuma "lama" o manchava. Ele escreveu que sua consciência era clara, sua atitude, desafiadora, e que suas habilidades marciais e suas expressões de amor puro pela nação estavam sempre a serviço da causa; conforme insistia no seu texto de desafio, "eis a consciência que não teme".

A necessidade de uma intervenção drástica para transformar a cultura e o sistema de governo ossificados daquele "Estado doente" tornar-se-ia um refrão do futurismo e do nacionalismo italianos. Neste aspecto particular, se não na maioria dos outros, os últimos dois *fin-de-siècle* coincidiam em um certo abatimento político; diferente ao seu modo, cada qual encontrou raiz na patologia de "Roma". Se ouvirmos o discurso político na península hoje, ainda podemos escutar expressões de melancolia, de nostalgia de um ideal perdido ou simplesmente em prol da criação de uma "normalidade" nacional (condição amiúde associada aos Estados vizinhos do norte), dizeres que ecoam, às vezes em alto e bom som, os lamentos de antanho.

Garibaldi exemplificava o anseio por ações decisivas rápidas e transparência de intenções; freqüentemente, ele se queixava da nocividade e opacidade da velha ordem, e da indolência e corrupção do novo sistema que a substituíra. A sua experiência passou a repercutir em muitas outras histórias de perversão burocrática no Estado moderno, cujo modo de funcionamento ainda devia muito ao período pré-unificação, quando o infame regime Bourbon governava o sul, o papa controlava a Itália central e o Império Habsburgo prevalecia em grande parte do norte. Este último era às vezes aplaudido por ser, falando relativamente, o mais racional e eficiente daqueles governos, mas quaisquer que fossem as diferenças, a noção de desordem sistêmica seguia sendo fundamental durante e além da época de Garibaldi, e ele expressou, para sua geração e para os que vieram depois, o sentido profundo de consternação frente às deficiências administrativas da "Itália".*

---

* Em *The Italians* [Os italianos], Luigi Barzini captou precisamente este mal-estar, descrevendo assim "os burocratas":

"Em regra, eles são impacientes, arrogantes, apressados, ignorantes, indiferentes aos problemas dos outros, insolentes e às vezes corruptos. Há uns poucos, contudo, sem

O nacionalismo sempre exigiu personificação: não só mitos do passado, tradições inventadas, grandes manifestos em defesa do futuro, mas também as suas figuras teatrais e heróis carismáticos. Garibaldi dava corpo ao desejo nacionalista, mas também era a encarnação viva do desapontamento, aquela insatisfação profunda e inevitável que acompanhava necessariamente as próprias aspirações utópicas e impossíveis do nacionalismo. Sua atração vinha tanto da sua força quanto do seu poder (e até de sua megalomania), mas também da posição impotente na qual fora lançado. Ele representava a insistência obstinada no ideal e o desalento crônico diante de sua perda. A nação podia deplorar, com o General, a "Itália" impossível, a nação ideal das fantasias e sonhos políticos, jamais realizável "na prática". A sua carreira exemplificava a resistência ao assim chamado "realismo"; mas freqüentemente a sua disposição parecia com a de um enlutado. Ele era a antítese do espírito de *"me ne freghismo"* (de "não ligo a mínima") que ele abominava, e contudo, no final, também virou o exemplar dramático de todos os indivíduos frustrados impotentes, que não estavam à altura do cinismo e da complexidade do "sistema".

A despeito das suas realizações militares, Roma deveria sempre supliciar e frustrar o General. A cidade avultava, portentosa, em seus pensamentos e desejos, um lugar sagrado, mesmo para o mais anticlerical dos italianos. As circunstâncias de suas breves vitórias e de suas dolorosas derrotas subseqüentes na Cidade Eterna logo foram amplamente discutidas e minuciosamente descritas por seguidores, jornalistas e historiadores. Muito mais do

---

quem o aparelho do Estado pararia totalmente de funcionar, pois são inteligentes e eficientes. Eles não conhecem as leis melhor do que outros, mas sabem encontrar os atalhos através do emaranhado de papeladas e regulamentos obsoletos; eles mantêm a massa de papéis em movimento lento; manobram para resolver alguns problemas. Há dois ou três deles em toda grande repartição, que fazem com ânimo o trabalho de todos. Os outros põem os seus chapéus no porta-chapéus, para mostrar a todos que não saíram do prédio, e saem para caminhadas, vão para casa, ou para outro emprego mais bem remunerado. Os poucos bons obviamente não bastam. Atrasam-se as coisas, inevitavelmente. Pedidos de indenização por danos à propriedade provocados por Garibaldi e seus Camisas Vermelhas na Sicília em 1860, por exemplo, continuavam a ser pagos em 1954, noventa e seis anos mais tarde, em liras que tinham perdido todo valor e significado, a herdeiros que mal se lembravam a razão pela qual tinham direito a receber aquelas somas tão lamentavelmente irrisórias em dinheiro. (Barzini, 968, pp. 126-7)

que "notícias internacionais", os detalhes das suas proezas militares e políticas foram meditados por muitos simpatizantes ávidos na Europa, nas Américas e outras partes do mundo como elementos de um drama decisivo da sua época.

Muito foi escrito sobre as realizações de Garibaldi, mas também sobre o seu inesquecível senso de oportunidade, o seu modo idiossincrático de se vestir e o seu instinto do gesto eloqüente — uma política de estilo que se tornou inseparável dos acontecimentos centrais da sua carreira. Na prosa estilosa que se mostrou irresistível para tantos dos seus cronistas, ele sempre era "maior que a vida", o mestre mesmerista da escapada e da bravura. Numa memorável recapitulação posterior no *The Times*, Garibaldi foi lembrado como o "conquistador misterioso", o homem de "místico prestígio" cujos feitos em armas eram tão notáveis que desarmavam o crítico mais temível. Garibaldi desmentia de uma vez por todas, declarou-se, "a velha máxima sarcástica segundo a qual 'italianos não brigam'". Ao passo que as contribuições de Cavour e Mazzini para a causa italiana podiam ser apreciadas de um ponto de vista realista, as de Garibaldi transcendiam qualquer avaliação sóbria, apelando "à imaginação como algo incomprovado, como à lenda de Guilherme Tell — um mero episódio indemonstrável."[29]

Mesmo durante o seu tempo de vida, Garibaldi ganharia um *status* usualmente reservado aos antigos paladinos míticos ou heróis semidivinos. Ele conquistou uma influência e uma popularidade de longo prazo que transcendia as barreiras sociais e transpunha as divisões ideológicas. Ao mesmo tempo que ninguém podia chamar Garibaldi de camaleão, suas opiniões foram freqüentemente nebulosas, e às vezes contraditórias, a ponto de se prestarem a interpretações extremamente diferentes. Considerando a ambigüidade das suas declarações políticas, talvez não seja surpreendente que, no século XX, o manto da sua postura moral fosse reivindicado por todos, de expoentes do comunismo a ideólogos do fascismo.[30] Fundamentalmente, ele foi visto como um oponente da inação, da letargia ou da transigência moral. Era o ídolo marcial por excelência: como disse o aguerrido nacionalista Enrico Corradini, "a espada de Garibaldi e a paixão de Mazzini foram exaltadas, inspiração para os jovens militaristas no século XX."[31] No estrangeiro, Garibaldi também continuou a ser amplamente admirado. O seu biógrafo Jasper Ridley observa que o General alcançara, no auge da Guerra Fria, a rara façanha póstuma de aparecer em selos postais nos Estados Unidos e na União Soviética.[32]

A existência de Garibaldi tomou a forma de uma extensa e sinuosa jornada, que atravessava continentes, partindo e voltando para a Itália. Os fatos básicos foram freqüentemente contados — o contexto familiar relativamente humilde em Nice, onde ele nasceu em 1807. Na época, Nice era uma cidade francesa e Garibaldi nasceu súdito de Napoleão.[33] Em 1814, Napoleão foi derrubado e Nice devolvida ao Reino da Sardenha, apenas para ser novamente cedida em seguida aos franceses por Cavour, para grande desgosto de Garibaldi. O conseqüente "herói de dois mundos" era o terceiro filho de Domenico Antonio e Rosa Raimondo: "Meu pai, filho de marinheiro, foi ele mesmo marinheiro desde os seus primeiros anos." Domenico Antonio teve pouca educação, mas foi um comerciante moderadamente bem-sucedido, proprietário de uma respeitável embarcação, o *Santa Reparata*, de vinte e nove toneladas, a bordo da qual freqüentemente viajava com seus filhos. Garibaldi recebeu alguma escolaridade, particular; foi aluno de dois padres e de um professor leigo. A sua primeira língua foi um dialeto local, e no devido tempo ele aprendeu tanto o italiano como o francês. Mais tarde, aprendeu espanhol e português, e adquiriu noções de inglês. Ele também desenvolveu um interesse apaixonado pela história romana.

Giuseppe evidentemente adorava e idealizava a mãe, uma católica romana devota. "Sobre a minha mãe, digo com orgulho que ela podia ter sido um modelo para todas as mães, e mais não posso dizer."[34] Ela morreu em 1852, e uma solitária fotografia dela continuou a decorar o quarto de dormir de Garibaldi até o final dos seus dias. Ele falava dela como um verdadeiro católico falaria da Virgem Maria. Em certa ocasião, ele escreveu: "Embora longe de ser supersticioso, muitas vezes em momentos críticos da minha tempestuosa vida — quando escapei ileso de turbulentos vagalhões atlânticos ou das saraivadas de chumbo do campo de batalha — pareceu-me ver a minha devotada mãe, de joelhos perante o infinito, suplicando pela vida de seu filho."[35]

O General teve três irmãos; uma irmã, Teresa, morrera antes de ele nascer num horrível acidente, em 1799, 2 dois anos de idade, junto com a sua babá. A cama da criança pegou fogo por causa de um descuido com uma vela.

Outros filhos vieram depois,* mas a morte de Teresa foi a primeira de muitas dolorosas perdas que se abateram sobre a família nos anos a partir de então. O fato de Garibaldi ter enfrentado ao longo da vida a perda de seus pais, irmãos, de sua adorada esposa Anita, de muitos amigos, de três de suas filhas e de vários netos representa certamente uma chave essencial para a compreensão do seu caráter. A sua primeira filha (de Anita) morreu na América do Sul em 1845. Ele ficou arrasado. Uma segunda, também chamada Rosa (desta vez de Francesca, que depois se tornou a sua terceira esposa), morreu ainda criança em 1871, enquanto Garibaldi lutava contra os prussianos na França; a sua morte, confidenciou ele a amigos, abalou-o extremamente. Nos anos seguintes, sua dor pela perda da filha permaneceu intensa, e ele jamais deixava de caminhar até o seu túmulo, sob um pé de zimbro, situado a certa distância da trilha que levava para a sua casa em Caprera. A morte e a doença anuviaram cronicamente a casa de Garibaldi. A sua filha Teresita (de Anita), que finalmente daria nove filhos à luz, teve de enfrentar várias vezes a morte de seus bebês. Clelia, outra das filhas de Garibaldi (de Francesca), quase morreu em 1872, de uma febre (não está claro se malárica ou não). Em 1873, Francesca deu à luz um terceiro filho, Manlio, sobre cuja saúde também houve considerável preocupação. Uma terceira filha, sobre quem depois falaremos mais, também conhecida como Anita, morreu em 1875.

Desde a infância, Giuseppe era impressionantemente enérgico, ardoroso e bravo. Nadador e marinheiro excelente desde a tenra juventude, ele causava ansiedade aos pais quando se afastava demasiadamente ao largo da costa em viagens particulares. Em 1824, ele se tinha lançado ao mar para ganhar a vida, viajando para Odessa e as Ilhas Canárias, vendo-se logo promovido a imediato. Passava muito tempo longe da Itália, e por muitos anos, a partir de 1828, esteve domiciliado em Constantinopla. Nesse ínterim, ele teve os seus romances de juventude, e sofreu fleumaticamente uma primeira traição amorosa. A Itália era cada vez mais o objeto do seu amor. Não demorou muito e ele abraçou com entusiasmo o pensamento do nacionalista mais influente da Itália, Giuseppe Mazzini; as idéias de Mazzini consoavam com o sentimentalismo, a rebeldia e a iconoclastia rústicos que lhe eram próprios.

---

* O filho seguinte foi um menino, Angelo, nascido em 1804. Giuseppe nasceu três anos depois, seguido por um quarto filho homem, Michele, e de um quinto, Felice, em 1813.

Um par de anos mais velho do que Garibaldi, Mazzini era de Gênova. Os lugares de nascimento dos dois "Giuseppes" não eram muito distantes um do outro, mas eles só deveriam aproximar-se muito mais tarde, à época da revolução européia, em 1848-9. As carreiras de ambos estariam amiúde ligadas durante a luta pela unificação, mas eles tinham temperamentos decididamente diferentes. Mazzini se tornaria, no período entre 1830 e 1870, um revolucionário imensamente importante, mas um tanto quanto suscetível — e não um mero agitador. Seria acusado de extremismo em ocasiões que exigiriam compromissos, e vice-versa. É verdade que muitos dos radicais da Europa chegaram a repudiar como desvario hipócrita de um revolucionário de salão as afirmações de Mazzini sobre a necessidade de restabelecer o "espírito" moral da Itália, mas neste ponto Garibaldi concordava inteiramente com ele. Segundo Bakunin, Mazzini era o último grande padre do idealismo religioso e da metafísica,[36] e é verdade que o seu pensamento era constelado de suposições românticas e de sonhadoras aspirações espirituais. Marx também era extremamente crítico à figura do italiano, a quem reputava "ultra-reacionário".[37] Odiado e às vezes desprezado por tais críticos, Mazzini todavia nunca deixou de ser um conspirador incansável, sempre trabalhando nos seus planos para derrubada republicana da velha ordem.

Filho de um professor de anatomia, Mazzini ficou tão chocado com a experiência de assistir a uma cirurgia que quaisquer pensamentos ulteriores sobre uma eventual carreira na medicina logo foram abandonados. Um sentimento de vocação religiosa — mesmo de ambição messiânica — parece ter-lhe sido instilado por sua mãe.[38] Abandonada a medicina, ele se voltou para o direito e aderiu a uma sociedade secreta em 1827. Essa organização clandestina, conhecida como os *Carbonari*, tem uma história complexa; seus usos inspiravam-se nos rituais maçônicos; seus objetivos incluíam auto-ajuda, camaradagem e resistência ao domínio estrangeiro. No começo do século XIX, ela atraiu um número surpreendente de membros, especialmente no sul. Para Mazzini, essa adesão não passou de um prelúdio da fundação, em 1831, do seu próprio movimento, "Jovem Itália", mais abertamente nacionalista ("jovem" queria dizer "não acima dos quarenta"). Esse novo grupo foi criado em Marselha, para onde, pouco antes, Mazzini fora obrigado a fugir.

Mazzini adquiriu uma reputação de homem depressivo e vacilante — os visitantes às vezes relatavam como ele sofria ataques de choro — e tinha uma

128

forte preferência por roupas negras. Os seus mais enérgicos e extremos partidários ficavam eventualmente desanimados com essa tendência a confusões e recuos, quando esperavam ver implementados planos marciais decisivos (acusação que dificilmente poderia ser feita contra o decidido Garibaldi, embora mesmo ele às vezes frustrasse os elementos mais exaltados nas suas fileiras ao esperar momentos mais propícios para a ação). Contudo, muitos achavam Mazzini impressionante, tanto por suas idéias quanto por seu caráter pessoal. Na Inglaterra, Jane Carlyle cedeu manifestamente aos seus encantos, enquanto o marido, Thomas Carlyle, o observava cada vez mais desconfiado.* Dizia-se que os olhos do italiano eram irresistíveis. Um admirador, Felix Moscheles, que conheceu Mazzini em Londres, o descreveu assim:

> "Seus olhos faiscavam quando ele falava, refletindo um brilho interior permanente e alentador; ele nos prendia magneticamente. Dir-se-ia que era capaz de penetrar nalgum recesso recôndito das consciências e acender ali uma centelha, onde antes só havia escuridão. Sob a influência daqueles olhos, daquela voz, sentíamos como se fôssemos capazes de abandonar pai e mãe para seguir a ele, como à Providência eleita vinda para derrubar a miserável trama de falsidades que mantinha a humanidade presa."[39]

Havia nele um toque de extravagância e um carisma absorto que alguns consideravam cativantes. Ele gostava de canários e os deixava ficar voando em seu quarto em Londres (onde viveu por muitos anos de exílio), para gáudio ou consternação dos visitantes. Entretanto, ele se levava muito a sério. Quando por um curto período esteve encarregado da República Romana, em 1849, depois de o papa ter fugido, os críticos o acusaram de delírio de grandeza. "Ele acha que é [o] papa, e infalível", escreveu um deles. Ou como definiu acerbamente um observador: "Ele é pontífice, príncipe, apóstolo, sa-

---

* Mazzini ficou muito impressionado com Carlyle; este último expressou alguma admiração pelo primeiro, embora declarasse que "logo nós nos cansamos um do outro, e ele coube [a Jane]" (citado em Ashton, 2001, p. 211). Jane, como disse um amigo, "foi agitada por uma corrente elétrica ao ouvir a voz de Mazzini no saguão, e quando ele se aproximou, ela lhe acariciou a barba, tremendo e exclamando, com lágrimas nos olhos, o quanto tinha ficado grisalha." (cotado em *ibid.*, p. 309)

cerdote... Tem mais a natureza de um padre do que de um estadista. Quer amarrar o mundo à sua própria idéia imutável."[40]

O "profeta da Itália" escrevia prolificamente, embora não esteja claro que partes dessa literatura o seu companheiro de armas mais franco e mais prático, Garibaldi, teria se dado ao trabalho de ler. Todavia as suas idéias centrais, repetidas reiteradamente em declarações publicadas, claramente o tocavam. Era uma tortura para qualquer italiano nativo "verdadeiro", insistia Mazzini, aturar a governança por "capricho de oito senhores detestados" — quer dizer, os vários governantes da colcha de retalhos de Estados políticos que era a península.[41] O próprio princípio de monarquia era um anátema para a Itália, argumentava Mazzini; afinal, tratava-se de um sistema imposto no século XVI, sob dominação estrangeira.[42] A conversão de Garibaldi de republicano para leal servidor do rei Vítor Emanuel II irritou o intransigente antimonarquista Mazzini. Não obstante, eles compartilhavam a crença de que era necessário fazer uma revolução social, política e moral, revolução esta que acolheria a palavra de Cristo, mas sem a coação da religião ortodoxa. Tratava-se de uma luta pela alma. Mazzini apelava aos seus compatriotas lutadores e aos espíritos afins em todo o mundo:

> "Trabalhadores! Nós vivemos numa época semelhante àquela de Cristo. Nós vivemos numa sociedade tão corrupta quanto aquela do Império Romano, sentindo no mais profundo de nossas almas a necessidade de reanimá-la e transformá-la, e de unir todos os seus vários membros numa única fé, sob uma única Lei, com uma só Meta, o desenvolvimento livre e progressivo de todas as faculdades que Deus deu em germe às suas criaturas. Nós buscamos o reino de Deus *na terra* tal como é no céu, ou antes, buscamos que a terra possa tornar-se um lugar de preparação para o céu, e a sociedade um empenho em favor da realização progressiva da Idéia Divina."[43]

Se se quisesse identificar um único ano que tenha sido decisivo na educação política de Garibaldi, esse ano seria sem dúvida o de 1833, quando pela primeira vez ele absorveu as idéias de Mazzini sobre liberdade, unificação e renovação moral da Itália, após um encontro com um dos seus seguidores durante uma viagem ao Mar Negro. No final do ano, ele havia aderido ao movimento Jovem Itália. Pouco antes disso, Garibaldi também já tinha to-

130

mado conhecimento das então difundidas idéias econômicas, sociais e políticas de Henri de Saint-Simon. Cada qual a seu modo, como vimos, tanto Mazzini como Saint-Simon apresentavam arrebatadores projetos de futuro, exaltando as virtudes da camaradagem e do sacrifício, e questionando vigorosamente as características típicas do individualismo.

Como imediato do brigue *La Clorinda*, a bordo do qual alguns vistosos seguidores de Saint-Simon navegavam para Constantinopla, Garibaldi teve oportunidade de observar o grupo de perto e de discutir a sua filosofia com alguma profundidade. Os rituais pitorescos e canções dramáticas daqueles radicais tão singulares coadunavam-se com suas roupas e maneiras fulgurantes: eles usavam botas e luvas negras, camisas brancas folgadas e longas togas vermelhas, e suas barbas e cabelos longos e revoltos derramavam-se sobre os lenços escuros que traziam enrolados ao pescoço. Enquanto seguiam para o Bósforo, Garibaldi foi apresentado às crenças de Saint-Simon, suas críticas ao clero, à aristocracia e às monarquias da Europa, e ao seu louvor aos empreendedores industriais e científicos. O parasitismo político e social era contrastado com as virtudes do trabalho honesto e da perícia científica. Ele também sentiu-se atraído pelo apelo quase místico de Saint-Simon aos benefícios da associação e da cooperação humanas — da fraternidade dos homens.[*]

Excitado por programas sociais e espirituais inebriantes que tinham por objeto o futuro da Itália, da Europa e do mundo, e acima de tudo inspirado pelas visões de Mazzini acerca da conquista da libertação nacional em relação aos detestados governantes estrangeiros, Garibaldi envolveu-se em várias atividades revolucionárias clandestinas. Aventuras seguiram-se numa sucessão vertiginosa, o bastante para rivalizar com o enredo do mais improvável dos folhetins vitorianos. A sua participação num malfadado e dramático plano revolucionário nominalmente organizado por Mazzini em 1834 acarretou-lhe imensas conseqüências pessoais. Garibaldi tinha obtido um

---

[*] Com a morte de Garibaldi, soube-se que sua coleção de livros incluía um velho volume de *Le Nouveau Christianisme* [O novo cristianismo], de Saint-Simon, juntamente com Shakespeare e Byron, Plutarco, La Fontaine, Voltaire, Humboldt e várias obras de história antiga. Ele era conhecido por ter lido o grande poeta italiano Foscolo e ter admirado as idéias dos sábios iluministas Voltaire, Rousseau e Beccaria (Hibbert, 1987, p. 324). Para detalhes do primeiro encontro de Garibaldi com saint-simonianos, ver Byrne, 1988. Para as leituras de Garibaldi, ver também Scirocco, 2001.

posto na marinha piemontesa e deveria fomentar um motim em Gênova, como parte de uma rebelião republicana liderada pelo movimento Jovem Itália.[44] Ele conseguiu deixar seu navio e obter uma licença, alegando estar com uma doença venérea que exigia tratamento urgente.[45] Mas, mesmo com o êxito deste artifício inicial, a trama como um todo redundou em fiasco. Sob ameaça de prisão e com a perspectiva de ser condenado a pena de morte (uma sentença fora promulgada *in absentia*), Garibaldi teve de fugir. Empreendida à sua maneira, posteriormente transformada em sua marca registrada, a fuga mostrou-se tão memorável quanto a ação que a tinha precedido. As suas muitas escapadas súbitas por questão de segurança incluíram, entre outras coisas, a travessia clandestina de um rio de águas transbordantes, e quase congeladas, o Varo.[46] Ele encontrou refúgio temporário na França e depois finalmente, chegou à América Latina em 1836, com a identidade de Joseph Pane. Seguiram-se outros pseudônimos — seu codinome mais conhecido no mundo das conspirações mazzinistas tornou-se "Borel".

Poucas figuras históricas podem ter viajado mais ou ter tido empregos mais variados do que Garibaldi. Freqüentemente, a necessidade o levava de um lugar a outro. Ele tinha de trabalhar para sobreviver, e às vezes aceitar o emprego que lhe caísse nas mãos. Permanecesse ele tempo demais num lugar, e teria estado em muitas ocasiões sujeito a prisão ou morte. Contudo, viajar era também evidentemente a sua vocação. Ele não era capaz de ficar muito tempo parado — as aventuras sem-fim, as ocupações irregulares e as mudanças de horizontes davam expressão a um tipo profundamente experimentado de curiosidade e inquietação. Marinheiro desde a tenra juventude, lá foi ele ser atendente de hospital (durante o surto de cólera em Marselha, em 1835), tutor, comerciante, soldado, lavrador, vaqueiro, fabricante e vendedor de velas, operário de fábrica, escritor, empresário e político. Em determinado momento, ele estava instalado em Constantinopla; noutro, na costa norte-africana, e depois, por um período muito maior, na América Latina, onde, em 1837, iniciou-se na carreira militar, o começo de muitas aventuras nas florestas e rios do Brasil, do Uruguai e da Argentina.[47] Ocorreriam incidentes notáveis em terra e mar: longos dias como bucaneiro e períodos de extrema privação, o drama de um naufrágio, serviço militar e naval para uma miscelânea de causas políticas, simplórias ou não. Ele colocou o seu destino "na linha de fogo", apostando tudo em nome de movimentos rebel-

132

des, em desafio aos gigantes Brasil e Argentina, ao mesmo tempo que a imagem das forças tirânicas que dominavam e dividiam a Itália nunca estava longe do seu espírito.[48] Esses foram os anos em que ele combateu e foi capturado, maltratado e torturado antes de ser solto, para lutar novamente. Em várias imagens do *Risorgimento* que retratam seus infortúnios iniciais, a aura evocativa de Cristo e do seu sofrimento nas mãos de oponentes moralmente inferiores era amiúde enfatizada.

Em 1839, aconteceu em Santa Catarina, Brasil, o encontro, decidido pelo destino, com Anita Ribeiro. Anita tornar-se-ia sua esposa, e mãe de quatro dos seus filhos — um dos quais, uma menina, morreu de febre ainda criança.[49] Anita era, declarou ele, "a parceira da minha alma".[50] Na verdade, ela já havia sido casada quando Garibaldi a conheceu, mas ele não era do tipo que se deixava constranger por fidelidades ortodoxas. Quatro anos antes, Anita tinha-se casado com um sapateiro, Manuel Duarte, que se mostrou violento e beberrão abusivo. Em 1842, ela se casou com Garibaldi depois de ser informada que o marido havia sido morto (embora, ao que parece, não houvesse provas disso).[51] Após a perda da sua primeira esposa, ele deveria casar-se duas vezes mais, e teria ligações e casos amorosos,* mas venerou Anita acima de todas as demais companheiras. Esta mulher, como mais tarde ele deixou bastante claro, continuou a ser o grande amor romântico da sua vida. Vários biógrafos vitorianos apaixonados sugeriram muito claramente que uma espécie de "espírito" deve ter reinado sobre a sua tempestuosa vida no continente sul-americano. O jovem casal intrépido várias vezes escapou por pou-

---

* Sabe-se que Garibaldi teve vários casos amorosos nos anos 1850 e 1860. Não lhe faltavam oportunidades. No outono de 1854, uma viúva madura, Emma Roberts, apaixonou-se por ele. Como várias outras mulheres, ela se envolveu emocionalmente não só com Garibaldi mas também com seus filhos. Emma providenciou educação e orientação médica para o filho de Garibaldi, Ricciotti, na Inglaterra. Com o passar do tempo, o sentimento de Garibaldi esfriou em relação a ela e, não pela primeira nem pela última vez, os planos de casamento foram abandonados. A reputação de Garibaldi como uma espécie de Don Juan certamente também foi adornada pela lenda. Nos anos 1870, muitos jovens lhe escreveram, afirmando que eram filhos dele. Essas cartas tornaram-se tão numerosas que tiveram de ser administradas por um companheiro de confiança, Luigi Coltelletti. A correspondência permaneceu em posse da família de Coltelletti por meio século, antes de ser tomada a decisão de destruí-la. As cartas aparentemente foram queimadas pelo filho de Coltelletti (que havia sido batizado, em homenagem ao herói, de Giuseppe Garibaldi Coltelletti) e por seu neto. (Ridley, 1974, p. 598).

co da morte, enquanto balas voavam em meio às brigas de bandidos e às guerras mortíferas latino-americanas que tanto contribuíram para a primeira educação militar de Giuseppe.

Garibaldi trouxe para a Itália, do seu longo exílio sul-americano, o estilo do gaúcho. Ele ficou longe da Europa por um espaço de quinze anos e chegou a falar de si mesmo como "José Garibaldi". Ele retornou com uma extensa experiência em escaramuças em terra e mar, e com uma reconhecida capacidade de inspirar os homens que lutavam a seu lado e improvisar à luz das circunstâncias. Era a própria antítese do general de gabinete. Jessie White Mario (um devotado amigo) fez alguns anos mais tarde o seguinte relato sobre a marcha de Garibaldi e seus homens pelas áreas rurais próximas de Roma: "Ele e o seu grupo de camisas vermelhas e ponchos, com chapéus de todas as formas e cores, sem distinção de patente ou de equipamento militar, cavalgavam em suas selas americanas, as quais quando desenroladas serviam como pequenas tendas."[52] Contudo, por mais severo e mesmo implacável que fosse, Garibaldi transparecia um ar de embaraço, ora de vítima perplexa, ora de senhor da situação. Neste aspecto, ele tinha muito em comum com um militar anterior a quem admirava, o general Simon Bolívar. Esse combatente e estadista sul-americano tinha comandado revoluções contra o domínio espanhol, e tornou-se o líder (com efeito, o ditador) da Colômbia (1821-30) e do Peru (1823-9). A sua visão de independência fora inspirada, aparentemente, por sua viagem à Europa em 1804, quando Napoleão dominava o continente. Ficando em Monte Sacro, a contemplar Roma, e excitado pelo espírito de mudança no Velho Mundo, ele jurou libertar a sua própria terra. O poder e os sucessos extraordinários de Bolívar, a sua inquietação e resiliência na derrota, a sua amargura diante do que considerava traições de antigos colegas e companheiros de guerra, a vitória sobre a doença, os seus casos amorosos e o seu notável carisma eram comparáveis aos de Garibaldi; e o mesmo se poderia também dizer acerca dos enigmas dos seus sentimentos particulares, da qualidade ocasionalmente ambígua das suas intenções, do aspecto vivaz dos seus planos.[53] Em cada caso, encontramos um homem de guerra que alcançou vitórias notáveis inesperadas, mas que também encarnava certo sentido de confusão, sempre em movimento, rumo a um ponto terminal imprevisível.[54]

Por grande parte da vida, Garibaldi pareceu ser um homem bravamente comprometido com causas perdedoras, com as margens da política e com decepções totais, mas ele foi também um símbolo de determinação e esperança, de vitória "contra toda adversidade". Com a unificação, a história desta vítima veterana da injustiça social teria de ser reescrita: Garibaldi transformou-se então em um líder guerreiro extraordinariamente bem-sucedido. Muitos vieram a adorá-lo como o homem de coragem por excelência, aquele que se recusou a aceitar o "não" como resposta, o soldado obstinado que pôde transformar aspirações em fatos, palavras em atos. Ele representava o ideal do esforço prático, do princípio moral em ação, da vontade realizada em obra terrestre.[55] A sua coragem face à agressão física e emocional tornou-se inseparável do mito: a paixão de um homem autêntico, ferido, abandonado, mas sempre indômito. O nacionalismo, como vimos, exigiu encarnações edificantes muito específicas, e Garibaldi as incorporou a todas. No caso dele, o espírito heróico de possibilidade e realização sem limites banhava-se em uma atmosfera melancólica, marcada por um ânimo de desencanto e por um sentido doloroso de incapacidade que representava o próprio espírito cultural mais amplo de abandono e de decepção política, depois de criada a "Itália". Esta dupla identidade seria simbolizada, por um lado, pelas narrativas das suas fugas espantosas e quase sobrenaturais da morte, e, por outro lado, por seus ferimentos crônicos e suas penosas doenças. Ele era um gigante militar, um homem de força extraordinária, mas também um inválido frágil que se debatia, cheio de dores, tormentos e ossos que estalavam, debilitados.

O catálogo dos sofrimentos e ferimentos físicos de Garibaldi foi sem dúvida notável, estendendo-se desde uma ferida no pescoço, numa escaramuça com piratas, à tortura nas mãos que lhe infligira Leonard Millán, um comandante militar latino-americano inimigo, de uma bala na coxa nos anos 1840 a outro sério ferimento de tiro durante o seu esforço para capturar Roma na década de 1860. Garibaldi foi acometido pela malária (provavelmente não pela primeira vez) durante a sua visita ao Panamá em 1851. De volta à Itália, ele também necessitou, em 1854, das propriedades curativas da lama e da água para lidar com os tormentos da sua artrite e do seu reumatismo.[56]

Basta consultar seus biógrafos para ver como o seu caráter e as suas provações atraíram escritores de gêneros tão variados e comoveram tantos historiadores, mesmo muito depois do seu apogeu vitoriano. Se é verdade que sua personalidade foi sempre um pouco idealizada, por outro lado ela também foi sempre entendida, inevitavelmente, como um enigma: cada autor investigou tanto quanto enfeitou a figura às vezes bidimensional da lenda do século XIX.[57] Ao considerar também a sua dramática defesa da República Romana em 1849, juntamente com a sucessão de escapadas em todo o globo terrestre nos longos anos de exílio — itinerários de fuga, comércio e aventuras extremas o levaram à China, ao Peru e à Austrália —, é fácil perceber o quanto a sua história de vida tornou-se esmagadoramente épica, mesmo antes da sua contribuição decisiva para a criação da Itália unificada em 1860, quando Garibaldi e "os mil" — o seu improvável exército de voluntários — tomaram a iniciativa militar e política. Celebremente, ele navegou para a Sicília, dominou forças maiores e assumiu o controle de todo o sul. Esses acontecimentos forneceriam imagens e narrativas definitivas na história da unificação italiana.

Uma rodada de batalhas no norte e no sul deu origem, entre 1859 e 1861 a um novo Estado, ainda desprovido contudo de certos territórios-chave para a unificação, principalmente as cidades de Roma e Veneza. Garibaldi não era o único a pensar que sua inclusão fosse indispensável para a viabilidade moral e política de qualquer verdadeiro Estado italiano. Veneza, controlada pela Áustria, foi capturada em 1866; mas Roma, ainda diretamente governada pelo papa, restava um objeto do desejo crucial não só para Garibaldi mas para muitos companheiros ativistas e escritores. Roma foi finalmente inaugurada como a nova capital em julho de 1871. O rei estabeleceu a corte em Quirinal — antiga residência do papa. Em novembro, o primeiro parlamento inteiramente italiano começou a funcionar em Roma.[58] O Vaticano ordenou aos fiéis que boicotassem as eleições e os partidos italianos, já que estes sancionariam efetivamente uma nova e inaceitável realidade política; na verdade, as restrições do alto comando nem sempre foram obedecidas. Mesmo nas fileiras dos cardeais havia opiniões de matizes diversos sobre a conveniência de se negociar seriamente com as novas autoridades.[59] Embora uma lei de garantias tivesse sido promulgada assegurando o papel do papa como monarca reinante no Vaticano, foi somente em 1929 com os Pactos Lateranos, que a relação entre a Igreja e o Estado foi realmente esclarecida, e que o papado fez a paz com a Itália.

A luta do general Garibaldi para capturar e transformar a Cidade Eterna foi compreendida como uma luta do bem contra o mal. As suas descrições da importância da cidade inspiravam-se notadamente no imaginário religioso, apesar das suas intenções anticlericais. No roteiro do seu drama supostamente secular, os prelados eram apresentados como operários do Diabo. Nesta atmosfera acalorada, políticas de reforma agrária, regeneração urbana e malariologia amalgamar-se-iam significativamente com os elevados ideais, os anseios espirituais e a demonologia que atravessavam o próprio pensamento político e social do General. Ao aventurar-se, porém, na transposição do Tibre em 1875, é possível que o General também estivesse cuidando de um desastre mais pessoal. Lutando por uma nova legislação para a regeneração de Roma, ele buscava, muito provavelmente, não só reparar o passado nacional, mas também reconfigurar, redimir e talvez recobrar-se de um momento traumático da sua própria história — isto é, a dura e febricitante marcha pela Campanha Romana, à qual ele fora obrigado em 1849. Foi uma experiência mais amiúde contada em termos bíblicos do que como relato da história nacional. Tornou-se, na lenda de Garibaldi, uma jornada definidora de sua alma. E ao centro dessa provação pessoal jazia o prolongado sofrimento de Anita Garibaldi.

7 Via-crúcis

"Que rua em Roma, que antiga ruína, que lugar onde homens tiveram pouso, que pedra caída aqui há sem mancha de um ou outro tipo de culpa!"
Nathaniel Hawthorne, *The Marble Faun* [O fauno de mármore].

Tendo fugido da Cidade Eterna em 1849, em plena agitação revolucionária, o papa refugiou-se temporariamente no sul, em Gaeta. Pediu então às potências católicas para virem em sua ajuda e restaurar a sua autoridade temporal em Roma. O apelo não ficou sem receber atenção, e vários contingentes estrangeiros foram enviados para derrubar o regime dirigido por Mazzini e seus aliados, que se estabelecera no lugar do papado. Apesar dos maiores esforços de Mazzini e Garibaldi, os dias da república se mostrariam rigorosamente contados. Durante a batalha para manter Roma, Garibaldi viu alguns dos seus homens morrerem, inclusive companheiros próximos. A luta mostrou-se decididamente desigual. Entre os que sucumbiram estava o auxiliar negro de Garibaldi, Andrea Jaguyar, que tinha voltado com ele da América do Sul, e de quem ele gostava muito. As tropas francesas estavam cada vez mais perto de sobrepujar os seus alquebrados e exaustos combatentes, que tinham tomado a sua última posição no Gianicolo. Com o fim à vista, o General correu dramaticamente à assembléia, fez compreender aos seus abatidos colegas que a retirada militar era a única solução viável e foi autorizado a levar a luta adiante a partir das províncias. Ele rejeitou uma oferta do embaixador estadunidense de salvo-conduto para exilar-se em um navio. Mazzini, por outro lado, de fato fugiu usando esse expediente, saindo despercebido em julho com um passaporte falso, sob o nome de George Moore, para chegar finalmente à Inglaterra, via Marselha. Garibaldi e sua mulher Anita, então talvez aos seis meses de gravidez, escolheram fugir por iniciativa própria, por terra, acompanhados pelo que sobrou do exército voluntário da república.

O General reuniu os seus desgrenhados simpatizantes em frente à basílica de São Pedro, em preparação para o êxodo. As estimativas de número variaram; alguns falaram de dois, outros de cinco ou até de dez mil homens preparando-se para partir com ele.[1] Um dia, insistia Garibaldi, eles retornariam em triunfo, mas por enquanto a única opção era fugir. A Cidade Eterna, insistiu ele outra vez, estaria para sempre gravada nos corações patrióticos — não importava quanto tempo esperassem, nem quão longe viajassem, Roma despertaria ainda o seu mais profundo amor.[2] Com tais sentimentos, Garibaldi buscou consolar seus seguidores desapontados. Eles deixaram a cidade ao anoitecer pela Porta San Giovanni e tomaram a Via Tiburtina. Garibaldi estava a cavalo, à frente de trinta cavaleiros. Atrás deles, uma coluna de soldados a pé estendia-se por vários quilômetros. O General pode ter pensado em continuar a batalha a partir das áreas rurais perto de Roma, reagrupando suas forças e reavivando o tição da revolução numa campanha guerrilheira. Mas o estado das suas tropas, em contraste com o poder dos seus oponentes, tornou cada vez mais óbvio que isto seria impossível e, gradualmente, à medida que prosseguia a árdua marcha, o número de homens que o acompanhavam começou a declinar. Os soldados separavam-se do corpo principal em pequenos grupos, tentando fazer o caminho de casa, se fossem capazes de escapar da extensa rede de caçadores que então já os estava perseguindo.

O ritmo estabelecido por Garibaldi era feroz, e seu curso, como era característico, um confuso ziguezague, concebido com o propósito de despistar os perseguidores. O destino final era a costa adriática, embora isto absolutamente não estivesse claro no começo. O General trabalhava freqüentemente em torno dos dois lados de um triângulo. Durante algum tempo, ele viajava vale do Tibre acima, transpondo difíceis áreas pantanosas. Ele era procurado por forças muito superiores em número: no auge da perseguição, muitos milhares de soldados dos exércitos francês, napolitano, austríaco e espanhol estavam envolvidos. Cerca de dois milhares de homens a mais, enviados pelo duque de Toscana, vieram para aumentar a pressão.[3]

Às vezes atacados, às vezes ajudados por populações locais, eles não podiam dar-se ao luxo de parar por muito tempo enquanto cruzavam o terreno inóspito. Depois que o vai-e-vem do seu curso tornou-se aparente, e face a camponeses às vezes hostis, eles definiram um rumo até o Adriático. Perto de Orvieto, tiveram de atravessar com muita dificuldade um labirinto de diques, charcos e canais. Um entusiasta moderno que seguiu o itinerário a pé, desde Tivoli, passando por Terni, Todi, Orvieto, Montepulciano e Arezzo, até San Marino, comprova a velocidade extraordinária da perigosa retirada, e a notável resistência física então necessariamente envolvida.[4] Nas últimas etapas da jornada, Garibaldi indicou que queria juntar-se a Daniel Manin, líder da República Veneziana, então engajado na sua própria ação desesperada de retaguarda contra os austríacos ressurgentes. Reiteradamente, o General descobriria que não havia meio de passar, não havia caminho por terra ou por mar. Veneza finalmente caiu em 22 de agosto de 1849.

Dir-se-ia que o General apreciava o aspecto extremo da escolha que fora imposta aos seus seguidores. Desde o começo, ele tinha-lhes prometido muita dureza pela frente, um vale de lágrimas. Os que o acompanharam na marcha não receberam pagamento, nenhum tipo de provisão e tiveram pouco descanso. Ele advertira seus homens abertamente de que enfrentariam fome, calor e frio, batalhas e mesmo a morte. A advertência não fora irrealista. Posteriormente, ele falaria com desdém daqueles que não se mostraram à altura do dever, referindo-se amargamente mais uma vez à falta de entusiasmo da população em geral e à oposição às vezes cega dos camponeses. Palavras como "hermafroditas", "afeminados" e "degenerados" temperavam ocasionalmente os seus discursos e reminiscências, e eram usadas para caracterizar aqueles que não estavam propensos a fazer os sacrifícios necessários em nome do bem maior.[5] Uns poucos desertores da coluna, capturados antes de conseguirem de fato escapar, foram fuzilados, evidentemente por ordem direta de Garibaldi.

O fato de Anita permanecer ao seu lado durante toda a penosa jornada não era obra de Garibaldi. Em primeiro lugar, ele tentara dissuadi-la de vir para Roma. Depois, em retirada, instou para que ela não o acompanhasse mais, mas de algum modo seguisse caminho próprio para Nice, onde os filhos do casal tinham sido deixados com a família de Garibaldi. Anita era uma militante experiente, de sentimentos ardorosamente anticlericais, e em nada estranha às privações e perigos de tempos de guerra; sua insistência em permanecer com o marido e o exército republicano prevaleceu. Antes de vestir roupas de homem e montar em sua sela, ela pedira a uma mulher para

140

lhe cortar os cabelos.[6] Logo proliferariam ilustrações dramáticas da dura cavalgada de Garibaldi, da sinuosa rota tomada ao longo das remotas trilhas da Itália central, o General em seu cavalo branco, Anita num baio claro.

Anita enfrentava não só um adiantado estado de gravidez, e as duras condições da trilha, mas também a febre, quase certamente a malária.[7] Ela não era a única — soldados de ambos os lados do conflito romano contraíram freqüentemente a doença (como o seriam outra vez à época da marcha vitoriosa de Garibaldi da Sicília a Nápoles no verão de 1860). Cada vez mais fraca e esgotada, desafiando o perigo mas alquebrada pela doença, a situação de Anita tornou-se crítica. Uma casa na praça principal de um dos povoados pelo qual passaram ostenta uma placa. "Aqui", diz a placa, "Anita descansou em 6 de julho de 1849": "junto com a palpitação da maternidade, pulsou aqui o coração heróico, o sonho de Roma e talvez, como uma luz do ocaso, acercou-se dela a Anunciação da Morte."[8] Um dos seguidores e biógrafos do General, Enrico Emilio Ximenes, descreveu a luta do casal desde Roma como uma via-crúcis. O seu progresso escorchante teria certamente implicado os mais terríveis sofrimentos, e suscitado um desespero de sede, febre, fome, perigo e morte. Um certo número de homens, que se tinham separado do grupo de Garibaldi, foram capturados pelos austríacos e fuzilados, entre eles um importante seguidor, Ugo Bassi. Cruelmente aprisionado antes de ser executado, Bassi tornou-se um novo mártir da causa, cuja história ganharia grande vulto na cultura do *Risorgimento*.[9] Outro partidário, o coronel Forbes, que tinha um numeroso grupo separado de soldados sob seu comando, marchou para o norte com o General para acabar rendido à décima primeira hora da aventura, sendo libertado em seguida, após discretas negociações com as autoridades britânicas.[10] Forbes era um velho "etoniano" excêntrico, ex-oficial do Coldstream Guards, que tinha predileção por ternos de algodão fino e usava "cartola branca".[11] Ele e sua esposa italiana instalaram-se na Toscana, onde ele se tornou um defensor cada vez mais apaixonado do *Risorgimento*. Forbes combatera tanto no norte como no sul da Itália em nome da causa nacionalista antes de vir em apoio à causa da República Romana e, depois, partir em fuga com o General.

Os fugitivos exaustos tinham usado sendas obscuras para se livrarem dos austríacos no esforço final de sua longa caminhada escondida em direção à costa. Os homens tinham tentado ajudar Anita da melhor maneira que po-

141

diam, mas foi impossível propiciar-lhe uma situação confortável. Em Cesenatico, um pequeno porto no Adriático, Garibaldi atacou e cercou um grupo de soldados austríacos. Na esperança de alcançar Veneza, ele conseguiu assumir o comando de alguns botes pertencentes a pescadores locais. Formavam-se tempestades, inicialmente pareceu impossível alcançar o mar aberto. O suprimento de água potável era então muito diminuto e todos estavam sofrendo de uma sede assustadora. Assim que puderam, eles partiram, navegando por horas sem-fim ao longo da costa. Na primeira noite, o céu estava claro e eles descobriram que estavam bem perto de um grupo de embarcações austríacas. Naquela altura, estavam apenas a uns oitenta quilômetros de Veneza, mas, outra vez diante do inimigo, não tiveram escolha exceto retornar para a praia. Muitos foram capturados ao tentar chegar aos bancos de areia e oito dos seus botes caíram em mãos austríacas. Os marinheiros de três outras embarcações (inclusive a que levava Garibaldi e sua esposa) conseguiram desembarcar suas equipagens nas praias de uma ilha, em uma laguna, Comacchio. De má vontade, os pescadores cujos barcos haviam sido requisitados só queriam ver-se livres de uma carga humana muitíssimo perigosa. O General (com Anita prostrada em seus braços) foi obrigado a avançar a custo nas águas rasas. Todos os planos de navegar para Veneza foram então abandonados. Mal disfarçados de camponeses e com um jumento que haviam de algum modo arranjado para carregar Anita, eles fizeram caminho até uma plantação de milho e conseguiram chegar a uma casa onde simpatizantes puderam oferecer uma cama à doente desesperada. Ela foi levada a uma casa de fazenda, mas nada mais pôde ser feito, apesar da chegada de um médico local.

Em sua *Autobiografia*, Garibaldi descreve a marcha frenética pelos campos e a horrível jornada no mar — uma saga mortal de gato e rato — com a qual gerações de crianças italianas em idade escolar ficaram familiarizadas.[12] Na verdade, ele deveu a sua sobrevivência tanto à generosidade dos simpatizantes locais, e a um encontro fortuito com alguns seguidores de Mazzini cuja organização secreta pôde finalmente ajudar a retirá-lo de lá clandestinamente, quanto à sua força e à sua vontade notáveis. Várias vezes durante a caçada que precedeu a sua fuga final, os austríacos estiveram muito perto de fazê-lo prisioneiro. Em San Marino, por exemplo, ele foi temporariamente cercado, mas ainda conseguiu evadir-se dos perseguidores à noite, com um grupo de homens então reduzido a talvez apenas duzentos companheiros. Anita defendeu tenazmente o seu direito de prosseguir seu ordálio ao lado dele, e descartou — como ele havia descartado — as sugestões dos seus aliados naqueles dias finais de que ela ficasse para trás: de qualquer do modo, o seu destino tornara-se perigoso ao extremo. Ela desesperou-se para não ser abandonada quando eles ficaram temporariamente presos numa casa de fazenda em San Marino, suspeitando de que este fosse exatamente o plano: *"tu voi lasciarmi"* ("você quer deixar-me aqui"), relata-se que tenha falado ao marido quando as esperanças estiolaram, embora não saibamos até que ponto a frase possa ter sido dita como reprovação direta.[13] O próprio Garibaldi recordou-se mais tarde das palavras, e da extrema dor da ocasião, mas limitou as suas interpretações ao seu próprio estado de espírito angustiado, e não aos pensamentos desesperançados da esposa.

Nos últimos dias excruciantes da jornada, ninguém, exceto talvez Garibaldi, mantinha qualquer esperança real de que ela sobrevivesse. O definhamento de Anita era evidente o bastante para que todos o percebessem. Ela ficara cada vez mais fraca e pálida, atormentada pela febre e pela dor. Ao agravar-se o seu estado, ela antecipou pungentemente a própria morte, pedindo ao seu marido para recordar-se dela com afeição junto aos seus filhos. Quando chegou o fim, Garibaldi sentou-se em silêncio, os olhos escondidos nas mãos. Quando finalmente as retirou, foi para murmurar: "O que vou dizer aos meus filhos quando perguntarem pela mãe?"[14]

"Ao deitá-la no leito e olhar em seu rosto, Garibaldi soube que ela estava morta. Ele buscou a pulsação, mas as veias do seu pulso estavam paradas. Ele se ajoelhou e subitamente explodiu em lágrimas.

Por longo tempo permaneceu ajoelhado ao lado do corpo, incapaz de controlar seus soluços, perto da histeria. "Não! Não! Ela não pode estar morta", protestava ele, "é apenas mais um ataque. Ela sofreu tanto, mas há de recuperar-se. Ela não está morta. Anita! Anita! Não é possível. Anita, olhe para mim! Fale comigo! Oh, Anita, o que terei perdido!"[15]

Posteriormente, em companhia de seu admirador e editor Alexandre Dumas, ele se recordaria daqueles últimos momentos desesperados ao lado da esposa: "Eu inspirei entre meus lábios o seu suspiro trêmulo, eu beijei, ai de mim! lábios agonizantes; ai de mim!, eu cingi o cadáver contra o meu peito, e chorei lágrimas de desespero."[16] Mesmo após o médico ter declarado a morte de Anita, Garibaldi foi visto fora de si a beijá-la, deixando o quarto para fugir, mas retornando depois, perturbado, incapaz de aceitar que ela se fora.[17] Finalmente, ele partiu, inteiramente desolado.

Após a partida de Garibaldi, Anita foi enterrada às pressas e superficialmente por amigos nas dunas. Eles temiam por suas vidas e tiveram pouco tempo para a cerimônia. O corpo logo foi descoberto por crianças que brincavam na praia; aparentemente, elas viram uma mão saindo da areia. A ocorrência incomum foi friamente relatada à polícia de Ravena em 12 de agosto de 1849.

Houve problemas quanto a dar a Anita um funeral cristão; variantes da história circularam mais tarde entre os *garibaldini*, assim como entre os seus oponentes. Anita não era apenas politicamente suspeita, também havia rumores de que fosse judia.[18] Outros boatos a descreviam como prostituta (embora fosse freqüentemente descrita como um anjo entre os partidários do General).[19] Pouco tempo depois, o cadáver foi desenterrado, e o sepultamento foi finalmente realizado, depois que um bispo, pondo fim às hesitações do baixo clero, permitiu que ela fosse aceita num cemitério local.[20] Abundaram suspeitas e histórias apócrifas. Algumas autoridades aparentemente suspeitaram que ela houvesse sido sufocada, talvez até mesmo pelo próprio Garibaldi.[21] Mas os seguidores e biógrafos do General, falando sobre a sua angústia, antes e depois da morte de Anita, sabiam que isso era totalmente inconcebível.

Seja como for, Garibaldi não ficou prostrado por muito tempo. Tivesse ficado, simplesmente não poderia ter sobrevivido. Para evitar a captura certa, ele não teve escolha exceto fugir às pressas, pois os agentes do papa ainda vinham no seu encalço. Não houve nada que pudesse ter feito para salvá-la nem para poupar-se, após a partida de Anita, do sentimento de culpa pela sua própria e inevitável "deserção".[22] Mantendo-se muito discreto, o fugitivo seguiu adiante, vadeando rios, escalando montanhas, escondendo-se nos montes e nas florestas do interior italiano,* antes de chegar à França, de onde

---

* O seu caminho o levou via Prato para Colli Val D'Elsa, através da Maremma, até a costa. De lá, ele conseguiu chegar à Ilha de Elba, e finalmente arranjou um salvo-conduto para Nice. Lá ele se encontraria com a sua velha mãe pela última vez. Tudo isto restou desconhecido para o público. Ainda circulavam rumores de que ele havia conseguido

viajou para Túnis e, finalmente, em 1850, para Nova York, disposto a iniciar um novo período de exílio.

Quatro anos mais tarde — após outras extensas jornadas, que incluíram o Panamá, o Peru e a China —, ele pôde retornar à Itália, onde se envolveu em novas rodadas de discussões políticas com figuras de destaque no esforço de construção da nação (e não menos com Cavour, com quem se encontrou em mais de uma ocasião), bem como em outras conspirações clandestinas. Em setembro de 1859, ele retornou ao cemitério da igreja perto da costa adriática onde sua esposa estava enterrada, acompanhado por sua filha e seu filho adolescentes, Teresita e Menotti, e alguns amigos e seguidores íntimos, com a intenção de trazer os restos mortais de Anita para um lugar mais próximo de casa. Garibaldi falou brevemente a uma reverente audiência local, antes de liderar uma procissão até a pequena igreja onde o caixão negro e dourado da esposa fora colocado no altar, ladeado de velas. Quando o padre referiu-se a Garibaldi como "Sua Excelência", o General o interrompeu severamente. Fora esse incidente, permaneceu absolutamente quieto, perdido em seus próprios pensamentos, esquecido da multidão que observava. Compreensivelmente, as pessoas se comoveram com sua dignidade e emoção serena; por algum espaço de tempo, ele descansou a cabeça sobre o caixão. Ao sair, ele forçou o ansioso padre a aceitar algum dinheiro para os pobres. O caixão foi então trabalhosamente transportado para Nice, onde permaneceria até 1932, quando Mussolini ordenou que os restos mortais fossem trazidos de volta a Roma.[*]

Não podemos saber ao certo de que maneira a memória do sofrimento dos seus homens na longa marcha através de campos, trilhas e charcos, e particularmente dos tormentos e da morte da esposa, voltaram a assombrar Garibaldi na Cidade Eterna nos anos 1870. Mas não há dúvidas de que a intensidade do seu compromisso com a vida futura de Roma e, em particular, do seu esforço derradeiro pela transposição de uma vez por todas do rio gerador de enchentes

---

chegar a Veneza com Anita. Garibaldi teve imensa dificuldade para confortar os filhos diante da triste verdade da morte da mãe. O encontro foi muitíssimo breve, pois ele logo teve de fugir novamente.

[*] Numa encenação fúnebre espetacular, dirigida por Mussolini e visando ressuscitar o culto a Garibaldi, os restos mortais de Anita foram removidos do seu local de descanso e reenterrados no Gianicolo. A cerimônia foi planejada por Il Duce para coincidir com o qüinquagésimo aniversário da morte de Garibaldi (Valério, 2001).

e propagador de febres, independentemente de custos ou dificuldades, tem alguma relação com os seus sentimentos dolorosos e duradouros sobre o conjunto da cruel retirada que culminou com a morte prematura de Anita. Numa cerimônia pública em Roma no Mausoléu de Augusto em 15 de fevereiro de 1875, Garibaldi foi relembrado desse episódio assaz doloroso, mas a sua reação então permanece desconhecida. Entregaram-lhe um surrado chapéu de feltro achado por um leal seguidor — um escultor chamado Luini — muitos anos antes. Luini o tinha conservado, sabendo que era o mesmo que o General havia perdido nos pântanos da Campanha em 1849. A apresentação do chapéu ocorreu durante um banquete preparado em homenagem a Garibaldi pela Sociedade dos Mensageiros, Cozinheiros e Garçons, da qual ele era presidente honorário. Num discurso após o banquete, ele atacou o papado, declarando que no passado a instituição fora um grande agente de civilização, mas que agora era uma força a serviço da morte. Nessa ocasião, ele instou os trabalhadores italianos a imitar a firmeza de propósito dos ingleses. *The Times* relatou as suas observações com simpatia, observando particularmente a sua comparação dos antigos romanos com os vitorianos atuais.[23]

Ter sido incapaz de salvar Anita, apesar de toda a força indomável e das formidáveis energias de Garibaldi, nunca foi, para o General, um pensamento fácil de suportar. Não pode haver dúvida sobre o seu amor e o seu pesar à época, e sobre o seu sofrimento conseqüentemente. A morte de sua esposa o abalou como um golpe terrível. Com efeito, a sua perda foi sempre lembrada por Garibaldi e seus biógrafos como o infortúnio pessoal mais devastador sofrido por ele, até mesmo como a tragédia definidora da sua existência. Disseram alguns que nunca mais ele foi o mesmo.

Em certas ocasiões, Garibaldi pareceu determinado a repudiar toda culpa e lançou todos os seus ataques contra os "vilões" que pudesse combater em guerras ou denunciar na imprensa; em outras, ele dava a impressão de estar sendo torturado pelo remorso e parecia desesperado por passar a limpo os seus próprios erros passados. Mais de uma vez ele indicou que não era de "caráter" feliz, chegando a chamar a atenção para o aspecto depressivo da sua personalidade.[24] Ao longo de toda a sua vida, ele celebrou as virtudes do heroísmo e das nobres aspirações de libertação política; contudo, ele também apresentou-se, em algumas oportunidades, como um homem inconsolável, como se nunca tivesse encontrado ou pelo menos houvesse irremediavelmente perdido algum "bem" vital. Uma maneira de explorar esta questão é focalizar o "trauma" da experiência; outra é indagar até que ponto a experiência em si não seria matizada e complexificada por nossa própria atitude psicológica. Em outras palavras, até que ponto somos capazes de diferenciar aqui a lavra do luto das queixas obstinadas de uma melancolia?[25]

As flutuações da atitude emocional descritas nos relatos de Garibaldi e expressas em suas ações estimulam nossa especulação psicológica, assim como incitaram intenso interesse, curiosidade e simpatia entre os seus contemporâneos. O quadro das profundas e contínuas lutas de Garibaldi com todas as suas perdas e infortúnios tornou-se central na própria representação que ele fazia de si, na lenda política posterior e no legado cultural do *Risorgimento*. O fato de o General encontrar tão pouco conforto ou alegria em sua velhice, apesar das suas ponderosas realizações, tornou-se um aspecto crucial da sua história pública. Um dos primeiros biógrafos de Garibaldi, Giuseppe Guerzoni, observou o quanto foi triste ter de fazer a crônica dos dez ou quinze anos finais da vida dele, nos quais ele viu diminuído o poder de um general assombrado por remorsos e auto-reprovações. Em 1875, acrescenta Guerzoni, Garibaldi "quase se crucificava" pelo pensamento de não ter feito o bastante por sua causa, e particularmente por Roma.[26]

Sem dúvida, seria possível continuarmos especulando sobre o seu desejo de revisitar, evadir-se ou superar a crueldade e a violência do passado. Qual a natureza desse remorso e dessa ira profundos que o entristeceram, como líder, em tempos de guerra e de paz? Até que ponto sofria ele a dor crônica do sobrevivente, com toda a culpa potencialmente resultante daí? Esperava ele de algum modo — miraculosamente — suprimir as suas próprias auto-recriminações ou, diante da impossibilidade de uma "reparação" perfeita, sentia acaso uma necessidade inconsciente de reencenar, como masoquista, vários componentes daqueles reveses e mortificações antigos, já experimentados outrora? Não haveria pelo menos indícios eloqüentes de uma obsessão pela redenção da "cidade santa", obsessão esta que o terá levado a tomar as mais dúbias decisões políticas e militares? Algumas pessoas com efeito ficaram perplexas diante da sua recusa indiferente de esmerar o próprio discernimento tático, o tesouro das suas experiências anteriores, perguntando-se como se teria ele enredado, antes e depois de 1870, na busca autofágica de uma "Roma" inelutavelmente fugidia.

Certamente, ele foi incitado à ação, durante os anos 1860, na captura da valorizada possessão, pelo novo governo italiano e por seus próprios companheiros próximos, mas tão-só para testemunhar a diluição desse apoio político quando a coisa ficava ruim. Mas isto não é tudo. Parecia que, por mais realista que Garibaldi pudesse parecer, o fator obsessivo interferia sem cessar em seu julgamento, moldando parcialmente a sua ação. Os seus discursos, escritos e gestos eram permeados de evidências de intenso compromisso político e moral, mas também de paixões e nostalgias mais misteriosas e não reveladas — o crônico anelo por uma outra época mais inocente. Em contraste com tal lugar ou momento, no passado ou no futuro, jazia a experiência infeliz do presente, repleta de mal-estar e frustração. Garibaldi irradiava tristeza e ira diante de uma Itália real tão desgraçadamente aquém do que idealizara. Ele confidenciou ocasionalmente o pensamento de que se teria resignado para sempre a um certo nível de tristeza e insatisfação. Explicando ao pai de sua amante, a condessa Raimondi, em 1859, porque o casamento lhe seria difícil, ele referiu-se aos seus anos, que já iam avançados, mas também à sua tendência "natural" à melancolia.*[27] "A cada dia torno-me mais cético e misantropo", observou ele em 1873.[28]

Indícios históricos dos fracassos e incapacidades do governo, ou o escrutínio do desesperador estado de saúde pública da Cidade Eterna e da Campanha, ou, mais uma vez, a exploração das representações culturais da época explicam em parte a razão da missão de Garibaldi de regenerar a capital em 1875. Tais indícios, porém, não podem fornecer uma resposta plena à pergunta feita no começo deste livro: o que incitou Garibaldi a tomar as atitudes extraordinárias que tomou? Reiteradamente, algo em sua "história" desafia a lógica óbvia, atraindo-nos de volta ao enigma das suas emoções privadas.

---

* Infelizmente, conforme verificou-se, esse segundo casamento, desastroso, foi adiante por razões que ninguém jamais compreendeu plenamente. Ele passou anos tentando o divórcio. Será possível talvez que o próprio nome dessa sua improvável segunda esposa, cujos charmes escravizaram Garibaldi momentaneamente e cujas aventuras sexuais com outros homens tanto o abateram, tenha contribuído para agravar essas dificuldades? A condessa compartilhava, quase ao pé da letra, o nome de solteira de sua mãe.

Em seus discursos e romances, Garibaldi operou com imagens ferozmente moralistas de bem e de mal: "camisas vermelhas" puros de um lado, baratas negras (os padres) do outro. Seus contos populares e relatos históricos consideráveis dividem a Itália em pura e impura; homens e mulheres bons de um lado, prostitutas sujas, cafetões e lacaios do outro. Parecia haver pouco espaço para a confusão ordinária da vida, para o reconhecimento da mistura de elementos bons e maus que provavelmente coexistem numa mesma pessoa, instituição ou sistema de crenças. Em parte, sem dúvida, isto também refletia o gênero no qual, sabidamente, ele estava escrevendo e falando — seus discursos eram destinados a incitar seus seguidores; seus romances ofereciam os elementos "góticos" exigidos de sensacionalismo, mistério e melodrama. Contudo, as descrições excessivamente esmeradas enunciavam mais do que apenas convenção. Em toda ocasião, ele contrastava de modo categórico seus combatentes perfeitamente íntegros com seus inimigos moralmente "atrofiados"; ele idealizava o patriota, ao mesmo passo que denunciava a inépcia e covardia dos que se opunham às suas missões. A corrupção de Roma e da Itália era apresentada como elemento consangüíneo de um pântano pernicioso que deveria ser drenado: metáforas de putrefação indizível, depravação sexual, doenças febricitantes e charcos fétidos freqüentavam a cena.

Para o historiador, seguir tais linhas de pensamento pelos interiores da obsessão de Garibaldi só pode levar a um matagal de incertezas. Seguramente, os vários comentários publicados oferecem indícios suficientes das atitudes conflitantes que Roma provocava nele. A sua preocupação com a purificação moral e física está clara nos registros. Como cronistas, nós podemos facilmente observar os excessos do seu comportamento, ponderar as paixões secretas dos seus discursos ardentes e seguir o rastro de suas ações e declarações, ver como às vezes elas se contradiziam, ocasionalmente contrariando a essência da ideologia e das crenças culturais que ele abertamente esposava. A sua inquietação com Roma, o Tibre e a Campanha expressava preocupações sociais e políticas, mas também excediam qualquer "agenda" política realista de mudança material. Observar a urgência, a instabilidade e a idiossincrasia pessoal do seu "projeto" não significa ter sondado em toda a sua profundidade a sua personalidade.

General Garibaldi em Roma, 1875

GARIBALDI A ROMA

Veduta della Piazza della Stazione al momento dell'arrivo.

A tumultuada recepção a Garibaldi diante da estação ferroviária Termini, em Roma, janeiro de 1875

ATTUALITÀ. — Escursione di Garibaldi sul Tevere.

Garibaldi e seus conselheiros no Tibre em 1875

Um retrato do século XIX, que assemelha Garibaldi a Cristo

Garibaldi lidera seus homens em batalha

"Malária" (óleo sobre tela), de Ernest Hebert, 1850

Piazza Novona durante uma inundação, de uma gravura do século XVII

Retrato de Pio IX, 1875

Vista do Tibre no final do século XIX, ao passar pela Isola Tiberina em Roma

O Tibre visto ao passar pela Isola Tiberina no século XX, depois da construção dos paredões de contenção

Náufrago em 1839, Garibaldi tenta em vão salvar seus companheiros

Com as palavras "Roma ou morte", Garibaldi declara seu ardoroso compromisso aos seus simpatizantes em 1862

Vítor Emanuel II, Cavour e Garibaldi

Encontro de Garibaldi com o rei Vítor
Emanuel II, Teano, 1860

Garibaldi durante a sua lenta convalescença de um ferimento a bala em 1862

Garibaldi "na cruz". Depois da retirada em Aspromonte, o general é mostrado crucificado, enquanto pérfidos membros do governo ficam olhando. O papa e Napoleão III dançam ao fundo

Garibaldi é saudado pela multidão em Londres, 1864

O lendário primeiro encontro de Garibaldi com Mazzini em 1833, quando ele assume o compromisso com a causa da "Jovem Itália"

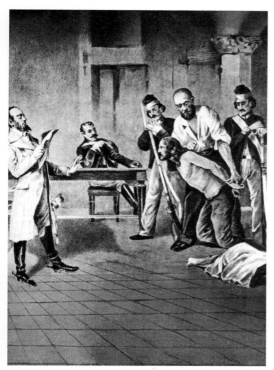

Torturado em 1837, por ordem de Leonardo Millán, comandante militar de Gualeguay, depois de Garibaldi recusar-se a entregar o nome dos seus parceiros

Retrato de Anita Garibaldi

Garibaldi e um companheiro carregam a combalida Anita para terra firme

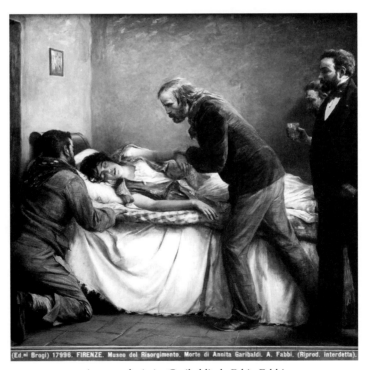

A morte de Anita Garibaldi, de Fabio Fabbi

Garibaldi durante um banquete no Mausoléu de Augusto, Roma, 1875

Garibaldi em Villa Casalini, Roma, estuda a planta de um projeto de transposição do Tibre

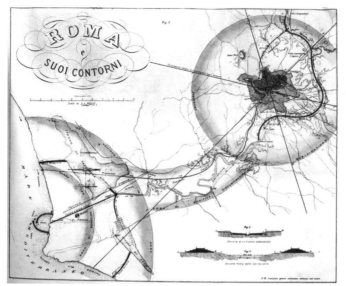

Mapa mostra o primeiro plano de Garibaldi para transposição do Tibre. Desenvolvido por Quirico Filopanti, este projeto envolvia desviar o rio para o leste de Roma

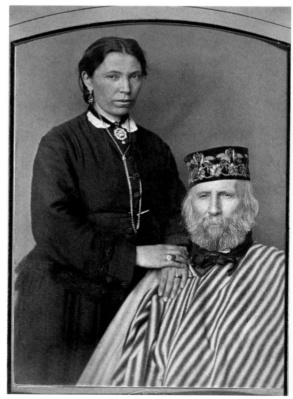

Garibaldi e sua terceira esposa, Francesca Armosino

À semelhança de Gulliver, Garibaldi amarrado em Roma, 1875

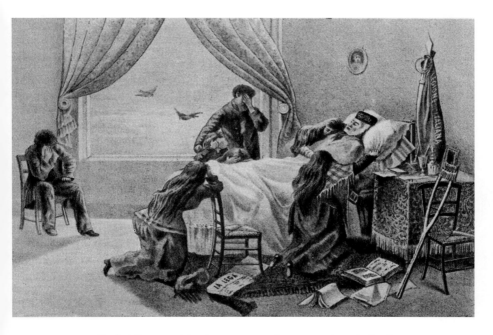

Garibaldi em seu leito de morte, cercado por membros da família

A ascensão de Garibaldi, 1882

Juntamente com a história pessoal do General e sua busca desesperada, nós devemos também considerar a própria biografia de Roma. O poder carismático amplamente reconhecido da cidade e a psicologia e mitologia complexas do seu pretenso libertador exigem um escrutínio detalhado. Nenhum conjunto de questões pode deixar de ser considerado ao explicarmos porque Garibaldi tentou transpor o Tibre e regenerar Roma. A história cultural corre freqüentemente o risco de deixar completamente à parte, insatisfatoriamente, essas questões biográficas "interiores", ao passo que as abordagens psicanalíticas da história têm amiúde sido acusadas, com justiça, de soarem demasiado seguras sobre as motivações inconscientes das obras, dizendo-nos às vezes mais sobre as crenças do intérprete, ou sobre sua imaginação, do que sobre mundos plausíveis no passado.[29] Atentos, tanto quanto possível, a esse risco duplo, nós precisamos ver até onde a força explanatória da "cultura" e da "psicologia profunda" pode levar-nos, sem deixar ao mesmo tempo de observar a dificuldade, no caso presente, em separá-las.

Os propósitos e ações de Garibaldi devem ser situados no seu contexto social, político e cultural antes de podermos começar a perguntar que enigmas do indivíduo restam a ser explicados, ou aceitos como inexplicáveis. Até que ponto as paixões de Garibaldi também eram atitudes e sentimentos corriqueiros do seu tempo? Dois outros visitantes ilustres de Roma, Goethe e Henry James, observaram de modo marcante que a Cidade Eterna jamais poderia ser vista ou experimentada de maneira inteiramente nova, nem mesmo pelos maiores escritores ou pelos viajantes mais individualistas. Eles falavam, com uma ponta de pesar, sobre essa estranha familiaridade cultural da cidade, mesmo à primeira vista. Por mais que o recém-chegado se esforçasse para evitar as idéias preconcebidas e o clichê, o encontro nunca era inteiramente pessoal. Mesmo ao chegar lá pela primeira vez, a cidade de certo modo sempre estivera "lá", meio "conhecida" de antemão, configurando um padrão de resposta. O desejo de ser original era ele próprio acionado por uma "ansiedade da influência". Pois cada nova "tomada" de Roma só poderia dar-se à condição de ser mediada, de uma maneira ou de outra, pelo peso de evocações familiares. Imagens e narrativas deste sítio clássico estão em toda a parte; uma rede de textos e retratos constitui e reflete simultaneamente a significância desse lugar extraordinário, e ratifica as suas associações muito particulares com a morte e o desejo.

8 Roma desejada

"Suponhamos agora, num vôo de imaginação, que Roma não seja uma habitação humana, mas uma entidade psíquica com um passado do mesmo modo longo e copioso — uma entidade, vale dizer, na qual nada do que surgiu terá desaparecido e em que todas as fases anteriores de desenvolvimento continuam a existir lado a lado com a última."

Sigmund Freud, *O mal-estar na civilização*

Para Garibaldi, "[m]aldito seja o romano que não sinta a degradação do seu país, e que não esteja disposto a banhar sua espada no sangue dos monstros que a humilham e transformam o seu solo numa fossa."[1] Em seu mundo moral, heróis voltam-se contra os vilões, libertadores contra déspotas, espíritos livres contra súditos auto-aprisionados; e era nesses termos que ele considerava a sua própria vida e o destino dos seus pares. Ao mesmo tempo que reconhecia que, na história, "o bem e o mal têm estado misturados, como suponho que estejam na vida da maioria dos homens", ele amiúde contradizia precisamente esta visão abrangente de si mesmo e da Itália para, em lugar dela, ser levado a endossar uma representação extremamente dividida do mundo, e um retrato parcial de si mesmo: ele não tinha sequer um mau pensamento, dir-se-ia — e seus inimigos, nenhum bom. Assim ele introduzia a sua *Autobiografia*:

"Eu posso dizer em toda consciência que sempre busquei agir corretamente, tanto cumprindo o meu dever pessoal como buscando o bem dos demais. Qualquer dano que eu possa ter causado foi com toda a certeza desintencional. Eu sempre fui um inimigo jurado da tirania e da falsidade, estando firmemente convencido de que elas são a fonte de toda a miséria e corrupção humanas."[2]

152

Ele ficava freqüentemente consternado pela falta de sentimento nacional que detectava em seus compatriotas, e buscava incitar nos outros a mesma paixão que ardia em seu coração. Ele tinha esperança de encontrar um amor pela Itália jazendo adormecido, por assim dizer, nas almas dos habitantes da península, aguardando apenas ser despertado. Garibaldi buscou energicamente este despertar, através das suas ações, declarações e histórias. Ele apresentava a degradação contemporânea em contraste com a severa cortina de fundo de tempos mais grandiosos e nobres no passado. Ele fazia lembrar aos italianos que o seu verdadeiro destino era libertar a sua pátria. Por um lado, ele descrevia uma realidade presente nitidamente acovardada, uma Itália desfigurada pela sordidez; por outro, a nação purificada que seria criada por heróis e mártires. A imagem do declínio físico e moral tornou-se recorrente nos seus escritos, sendo sistematicamente contrastada com a pureza potencial da futura nação. Ele protestava contra o cinismo que infectava os políticos, Cavour mais do que todos, e contra a corrupção que grassava na Igreja romana.

Garibaldi concebia que suas ações e crenças fossem motivadas acima de tudo pelo imperativo moral de reverter a dissolução e decadência cuja responsabilidade principal ele atribuía ao papado. A Itália era imaginada como um corpo "saudável" violado, e personificada como uma mulher traída.[3] No imaginário sexualizado tão amiúde encontrado nos próprios romances de Garibaldi, e mais amplamente nos escritos do *Risorgimento*, Roma era associada à condição de uma mulher vítima de um cruel tirano. Garibaldi chegou a declarar que a Igreja era pior que um cafetão, pois, se falava de pureza moral, promovia orgias abomináveis. Ele usava imagens da carnalidade e da violência dos padres, para deixar claro aos seus leitores a fundamental hipocrisia moral da Igreja. Há muitos exemplos dessas representações ao mesmo tempo sexuais e políticas na sua obra. Em seu romance *Cantoni il voluntario* [Cantoni, o voluntário], a heroína Ida é capturada e seu corpo ameaçado de vil agressão sacerdotal; o padre "canibal" prepara-se para estuprá-la, mas ela é salva, na última hora, com a ajuda de um punhal escondido em suas roupas e o socorro de alguns verdadeiros heróis italianos. Esta história ecoava outras narrativas mais ilustres do seu tempo, e do *fin-de-siècle* iminente. Lembremo-nos aqui do *"prezzo"* sexual exigido pelo ignóbil chefe de polícia Scarpia em *Tosca,* a ópera de Puccini (por sua vez modelada num drama popular ambientado na Cidade Eterna, de autoria de Sardou), e da resistência dramática e finalmente suicida da heroína.*

A suposta feminilidade de Roma era vista de várias maneiras, por vezes como uma cidade sedutoramente ardente, provocativa ou mortal. Poderiam a sua virtude e santidade originais ser restauradas? Ninguém sabia ao certo, mas a imagem de Roma como um corpo e a idéia de que a cidade tinha sofrido um declínio moral profundo eram amplamente exploradas; o fervor do desejo de "a" restaurar era inquestionável. Esta percepção é capturada, por exemplo, numa bela narrativa de Matilde Serao, *The Conquest of Rome* [A conquista de Roma], publicada em 1885. Serao traduz, através dos olhos de um visitante de primeira viagem, um inexperiente político italiano meridional chamado Francesco Sangiorgio, as ricas promessas de Roma. A história registra a volúpia com que ele antecipava a sua entrada na Cidade Eterna e a desilusão resultante. Primeiro, o jovem otimista tem de atravessar a Campanha. A despeito de estar cruzando aquele "deserto imperial desornado de quaisquer árvores, desobscurecido de qualquer sombra de homem, não percorrido por qualquer vôo de pássaro", o nome de Roma ainda soa íntimo e sensual, a acenar-lhe à distância: "O nome era curto e agradável, como um desses nomes flexíveis de mulheres que são um dos segredos das suas seduções, e se revolvia em sua mente em padrões fantásticos, em curvas contorcidas."[4]

Sangiorgio ainda não conheceu Roma; ele chega com uma concepção abstrata marcante, a cidade "como uma visão imensa, estranha, como uma grande coisa flutuante, um refinado pensamento, como uma aparição ideal, uma vasta forma de contornos indistintos." Ele é sobrepujado por "um tumulto de fantasias, uma concorrida confusão de imaginações e conceitos."[5] Desejoso de Roma, projetando-a como uma série de tentadoras formas fe-

---

* A peça em cinco atos de Victorien Sardou, *La Tosca*, foi representada pela primeira vez em 1887. Sarah Bernardt fez a personagem da heroína epônima, apresentada com um quê de monarquista, mas considerada pouco melhor do que uma jacobina pelas autoridades ultraconservadoras da Igreja de Roma. A ação desenrolava-se na Roma de 1800; o iluminismo francês e o obscurantismo religioso italiano foram postos em dramático conflito. O amado de Tosca, Cavaradossi, era ligado ao pensamento e à arte parisienses, sendo descrito como ex-pupilo do pintor francês David. O pai dele andaria em companhia dos *encyclopédistes*, enquanto a mãe se relacionaria com Helvetius. Angelotti foi descrito como alguém que definhou três anos na prisão em Nápoles, pelo crime de possuir um livro de Voltaire. Scarpia, o malvado atormentador de Tosca, foi retratado como um siciliano impiedoso, propenso à hipocrisia e contumaz corruptor de mulheres.

mininas, "[e]le parecia ouvir, através da noite, uma voz de mulher a pronunciar o seu nome com irresistível suavidade, e um tremor voluptuoso lhe percorria o corpo." O homem sente como se corresse para Roma "como um amante para a sua amada."[6] Nos olhos da sua mente, ele vê a cidade "a estender-lhe braços maternais para cingi-lo num vigoroso abraço." A capital exige a sua obediência, obriga a sua pureza e resolução. "Sagrada como uma sacerdotisa, uma mãe, uma noiva, Roma merece expiações e sacrifícios, merece ter um coração puro e uma vontade de ferro!"[7] A narrativa mostra que a coisa é diferente. A pureza é artigo em falta. Roma está marcada pelo "hálito febril que parece exalar das casas."[8] Em oposição à cidade das esperanças sonhadoras do homem, o romance explora uma realidade sufocante e mórbida. Esta é a "educação sentimental" que Roma parece oferecer: "uma opressão pesada se abateu sobre seu peito, sobre sua alma; ele provavelmente teria contraído uma febre nos charcos do Coliseu e dos Banhos, na umidade morna das igrejas."[9]

Não é de surpreender que a linguagem do corpo e das imagens do seu martírio desempenhassem um papel tão destacado nas representações da nova Roma. O empenho em transformar o ambiente material amalgamou-se com idéias sobre a salvação secular "das pessoas", a sua emancipação moral da Igreja, do vício e da doença. Almas e corpos estavam em jogo. Uma gama de idéias oitocentistas sobre "o organismo social" e várias analogias entre fisiologia e sociedade, então em voga nos órgãos do poder constituído, avultavam no segundo plano, mas nem Mazzini nem Garibaldi se preocupavam muito com os detalhes das últimas teorias científicas européias sobre progresso, evolução e degeneração. Eles falavam num nível definitivamente mais elevado, patriótico e espiritual. Não obstante, nos vôos sublimes de retórica e ambição pela "Itália" que esses nacionalistas alçavam traçavam-se imagens de saúde individual e de higiene coletiva. A restauração moral e cívica de Roma tornou-se um ponto de referência central do seu esforço político. Salvar a cidade era, manifestamente, recuperar, pessoal e pungentemente, o mais vital objeto amoroso, era vê-la "imaculada" outra vez. "Eu venerava, com todo o fervor de um amante", era como Garibaldi resumia a sua relação com a "amante" que era Roma.

Os nacionalistas italianos não estavam sozinhos, é claro, em sua adoração de Roma e no sentimento de abominação que lhes infligia sua realidade degradada corrente. As "paixões mediterrâneas" de muitos escritores do século XIX encontraram a sua expressão mais adequada na Cidade Eterna. Com efeito, dizia-se que o lugar era incomparavelmente desejável, esmagadoramente sedutor. Apesar da aparência e das circunstâncias políticas da cidade terem mudado de maneira marcante entre 1800 e 1900, certas expressões e reações mantiveram-se surpreendentemente constantes: expressões de arrebatamento — e de consternação — face à vitalidade e morbidez de Roma ecoaram através dos anos. Os românticos extasiavam-se: para Shelley, chegando em 1818, a impressão de Roma "excedeu tudo o que jamais experimentei em minhas viagens."[10] A morte fazia parte da sedução: é uma cidade, escreveu ele, "por assim dizer, dos mortos, ou melhor, daqueles que não podem morrer e que sobrevivem às gerações insignificantes que habitam e passam pelo local que eles tornaram eternamente sagrado."[11] Quanto às cercanias fatais de Roma, Shelley não tentou esconder o fato de que as amava, confessando a seu amigo Peacock que "a tão caluniada *Campagna di Roma* me agrada infinitamente."[12] Palavras não bastariam para capturar a intensidade da sua experiência: ele insistia para que seus amigos se juntassem a ele no festim e saboreassem por si mesmos a cidade e sua zona rural: "Venham a Roma. É um cenário pela grandeza do qual toda expressão é subjugada e cuja força as palavras não podem traduzir."[13]

Roma sempre estimulou e desafiou a eloqüência e o lirismo dos poetas, e em todos, salvo o mais jovialmente ignorante dos visitantes modernos, suscitou a tentação de deitar a caneta ao papel ou o pincel à tela; havia certamente um sentido de tradição a enfrentar, amiúde uma incerteza aguda sobre como ter certeza de se haver encontrado mesmo a cidade *pessoalmente*, e como restituir essa experiência de maneira original. A imagem de Roma não se construiu em um dia, e ninguém com um mínimo de bom senso podia ter certeza de estar mesmo representando as emoções que ela induzia, verdadeiramente, "pela primeira vez".

Roma, dizia-se, revelava as nossas paixões, mas também nos tornava estranhos a nós mesmos. Era capaz de alienar e de avigorar em igual medida. A cidade era, manifestamente, um grande afrodisíaco, oferecendo a sua sensualidade ao visitante, mas tudo dissimulado de modo provocante sob um arremedo de fachada devota: não é de admirar que o confidente do Dr. Johnson, James Boswell, num passeio turístico em Roma, tenha aproveitado a oportunidade para "abandonar-se em relaxamentos sensuais." Ele contou a Rousseau as suas aventuras:

> "Certo anoitecer, saí impetuosamente como um leão imperioso, e tinha um pequenino pintor francês, um jovem acadêmico, sempre trivial, sempre alerta, sempre alegre, que me servia de intermediário. Recordava-me dos feitos devassos de Horácio e outros ardentes poetas romanos, e pensei que seria razoável permitir-se uma pequena tolerância numa cidade onde há prostitutas licenciadas pelo vigário-geral do papa."[14]

O ilustre visitante Goethe também explorou os efeitos estimulantes de Roma, interpretando a cidade como um sítio natural de gozo estético e artístico, e também de renascimento do seu próprio prazer sexual. As suas "Elegias romanas" nada perderam do seu frescor e exuberância; seu tom brincalhão é proporcional ao prazer que, com suas amantes, ele reencontrou na Cidade Eterna. Para Goethe, a vinda em 1786 significava, de fato, um reencontro: "todos os sonhos da minha juventude eu os vejo agora, diante de mim, realizados"; e ele saboreou a estranha familiaridade do lugar. Misteriosamente, Roma revelou qualidades e sentimentos antes apenas em parte conhecidos e apreciados: "tudo aquilo com que há muito eu era familiarizado através de pinturas ou desenhos, estampas ou xilogravuras, reproduções em gesso ou maquetes de cortiça, aqui se apresentou em um vasto conjunto aos meus olhos." "[É] tudo exatamente como eu havia pensado; no entanto, tudo é novo."[15] Ele expressou o encanto de viver com um povo sensual, mencionou os prazeres e angústias misturados ao encontrar as riquezas históricas da cidade, observando um certo efeito de melancolia, apesar da intensa alegria que a cidade produzia. Roma era o centro ao qual ele fora atraído por um "impulso irresistível": "com efeito, nos últimos anos, ela tornara-se para mim uma espécie de doença, que só poderia ser curada pela visão e pela presença do objeto ausente."[16] É como se os desejos incitados pela "ausente" Roma fossem semelhantes a uma doença; inversamente, a presença da cidade produziria a "cura". Roma aparece aqui como uma espécie de vício, a oferecer uma infusão vital de sentimento e júbilo.

A proveniência específica de tal literatura e desses encontros amorosos *com* Roma — ou *em* Roma — interessa menos aqui do que a impressão cumulativa da atração compulsiva desconcertante que eles proporcionam à

157

pessoa vinda de fora. Roma era vista como repulsiva, ou fascinante, em contraste com outras grandes cidades, outros Estados (particularmente os Estados do norte). A figura do estrangeiro "sentindo-se em casa" em Roma, mas não completamente, tornou-se, cada vez mais, um lugar-comum. Inúmeras páginas sobre as curiosidades da Cidade Eterna seriam lidas, ou escritas, a partir deste ponto de vista adventício, enquanto os visitantes do final do século XIX bebericavam o seu chá em estabelecimentos convenientemente cômodos em torno da Piazza de *Spagna*, folheando as requintadas descrições e tentadores itinerários de *Walks in Rome* [Passeios em Roma], de Hare. Literatos estrangeiros buscavam amiúde a imersão na "Itália", mesmo que mantivessem uma cultura subjacente decididamente "estrangeira" (existiam enclaves norte-americanos, alemães, franceses e ingleses). Alguns vitorianos muito ilustres, é claro, foram atraídos de volta à Roma num sentido religioso, a sua fé restaurada pela "mãe Igreja". Pelo menos, tal foi sua esperança. Porém, mesmo para os recém-chegados totalmente insensíveis a tais atrações, Roma era no mais das vezes vista como uma cidade incomparavelmente encantadora, apesar das qualidades negativas que, tão retrospectivamente quanto seja possível imaginar, desolavam igualmente residentes e visitantes. O que é tão impressionante, mais uma vez, é a profundidade do efeito sensual e emocional de simplesmente estar lá.*

Juntamente com as célebres rapsódias dos literatos, a conversação oitocentista era temperada com expressões de piedade e horror perante o estado e o destino daquela cidade: Roma e suas cercanias foram retratadas por muitos reformadores como o local por excelência da opressão, da corrupção, da crueldade, da inépcia, da avareza, da tirania, da pobreza e da doença. Charles Dickens teve uma coisa ou duas a dizer sobre exibições macabras e grotescas

---

* O historiador inglês Thomas Babington Macaulay registrou com incredulidade: "Eu não tinha idéia de que uma excitação tão poderosa e agradável, por mim ainda não experimentada, pudesse ser encontrada no mundo." O escritor francês Alfred de Musset falou do "céu encantado [da cidade], tão puro que elevava a visão a Deus mais facilmente do que em qualquer outro lugar da terra." O norte-americano Henry Adams recordou-se da Itália como "principalmente uma emoção" — uma emoção cujo centro era naturalmente Roma. Antes de 1870, a cidade era sedutora para além de qualquer resistência. "O mês de maio de 1860 foi divino... as sombras respiravam e radiavam, repletas de formas suaves percebidas por sentidos perdidos." "Roma é bela, extraordinária, mágica", escreveu o teatrólogo Ibsen em 1866. (Citado em Brazini, 1968, pp. 54, 55, 73).

em seu *Pictures from Italy* [Retratos da Itália], quando se juntou às fileiras daqueles que buscavam alcançar o âmago da vida romana. Em seus romances, Dickens buscou freqüentemente sacudir os leitores de classe média, forçar seu olhar suscetível na direção de certas visões indesejadas. Mazzini fez em parte a mesma coisa, chamando especialmente a atenção para a responsabilidade política do turista. Desviar os olhos da injustiça e ao mesmo tempo desfrutar os tesouros artísticos seria inaceitável: uma das queixas mais amargas de Mazzini contra os visitantes amantes da arte — ou da natureza — era a sua recusa freqüente de tomar conhecimento pleno da miséria do povo nativo, aprisionado sob regimes políticos tirânicos em toda a península.

Como seus contemporâneos e companheiros residentes em Londres, Carlyle e Dickens, Mazzini insistia em que o espectador privilegiado devia encarar a realidade social injusta dos arranjos políticos daqueles dias; ele exigia que, não menos que os burgueses italianos, os visitantes estrangeiros deixassem de desviar sua atenção da face desagradável da Itália. Ninguém deveria permitir-se fechar os ouvidos aos gritos abafados mas angustiados de protesto e de dor.* E, se atacava o turista tolo, Mazzini também criticava o reformador utilitário obstinado, eventualmente tentado a ver a Itália em termos meramente econômicos e políticos.[17] A Itália, dizia Mazzini, tinha mais semelhança com uma família escravizada; a liberdade era um valor absoluto que não podia ser subordinado a nenhuma consideração material. Sempre preocupados com custos, o realista Cavour e seus seguidores se tornariam um alvo óbvio desta forma de ataque moral durante e após a década de 1850.[18] O país não devia ser reduzido a lugares bonitos, a tantos milhares de

---

* Eis uma passagem característica de Mazzini, denunciando duramente a complacência do esteta convalescente ou autocentrado, surdos aos apelos da "Itália":

> "Na Itália nada fala: o silêncio é a lei. O povo está em silêncio por terror, os senhores estão em silêncio por política. Conspirações, lutas, vinganças, tudo existe, mas sem ruído; não excitam nem aplauso nem queixa... O estrangeiro em busca de saúde, ou dos prazeres das artes, passa por esta terra encantada em que Deus esbanjou sem medida todos os dons que dividiu entre as outras terras da Europa; — ele chega a um trato de terra em que o solo foi há pouco revirado, e não suspeita que pisoteia o túmulo de um mártir. A terra está coberta de flores, o Céu sorri com seu divino aspecto: o grito de miséria que de tempos em tempos convulsiona o seu país de origem é aqui raramente ouvido... em que lhe preocuparia o *Presente*? Ele diz a si mesmo: aqui há abundância de comida, há sol, há música no ar; o que mais pode desejar esta raça indolente?" (Mazzini, 1845, pp. 9-10)

quilômetros quadrados povoados por tantos milhões de corpos, declarou "o profeta da Itália" à sua audiência de simpatizantes nacionalistas italianos e estrangeiros.

O entusiasmo estético e a repugnância moral ou política se confundiam no que Mazzini ironicamente chamava de "terra encantada" da Itália. A repulsa se associaria estreitamente, em Roma, com formas extremas de entusiasmo religioso. Muitos visitantes protestantes as consideravam monstruosas. Mazzini e Garibaldi tinham ambos boas relações com a Inglaterra vitoriana. Em muitos aspectos ambos admiravam o país. Talvez tirassem mais do que conscientemente admitissem dos freqüentes discursos anti-romanos que alentavam as várias formas vitorianas de discussão religiosa. Com freqüência, o protestantismo era visto como uma virtude essencialmente *inglesa*, tendo o "romanismo" como a sua antítese patológica.[19] A denúncia tornou-se extremamente estridente. Tomemos o caso do reverendo John Cumming, um pregador popular, que falava para congregações lotadas em Covent Garden, aos domingos, desde a década de 1830 até a de 1870, e que regularmente estrondeava a mensagem, como se queixou George Eliot, de que "o romanismo é a obra-prima de Satã [com o] anticristo entronizado no Vaticano."[20] (Alguns ingleses saudaram Garibaldi nos anos 1860 especificamente como instrumento do castigo do "papismo".)[21]

A Inglaterra não carecia de grupos, publicações e oradores protestantes que alimentassem as fogueiras do sentimento antipapal. Cada vez mais, tais argumentos e expressões iam de passo com o apoio aos "libertadores" italianos. Reconhecidamente, no caso da família de John Ruskin, a aversão pelos excessos católicos nada fez para produzir entusiasmo pela ruptura revolucionária. Contudo, vale notar que o jovem crítico, aplicado como estava em estudar arte e arquitetura, viu-se vencido por um sentido de náusea e mal-estar na Cidade Eterna: algo ali repugnou profundamente a ele e ao pai. O sentido de perturbação era gerado acima de tudo pela extravagância religiosa testemunhada no povo e no ambiente construído de Roma. "Eu testemunhei hoje uma das mais grandiosas cerimônias de igreja que se pode ver no mundo — com o papa em São Pedro", escreveu John James Ruskin para um amigo em casa. "Como teria infinitamente preferido um sermão do Dr. Croly."[22] Ou como escreveu seu filho, com menos continência, na mesma ocasião: "Em São Pedro eu esperava ficar *decepcionado*. Fiquei *enojado*."[23]

160

Nauseado, o turista protestante descreve a devoção religiosa católica como algo perto da loucura. Afinal, sinais da "mania religiosa" eram abundantes em Roma e, no olhar cético de alguns visitantes do Norte, assomava por vezes uma fascinação quase antropológica com as práticas extravagantes e exóticas de uma outra sociedade, mais primitiva ou quiçá mais decadente. Para almas sensíveis como Ruskin a questão ia claramente muito além. Roma o afetava mais poderosamente do que ele podia explicar. Em 1840, lá convalescendo de uma doença misteriosa que havia interrompido a sua carreira universitária em Oxford, ele escreveu sobre o seu terrível sentido de agouro e aversão, uma doença em Roma e de Roma, que era particularmente difícil de determinar e nomear:

> "Jaz um horror estranho sobre toda a cidade, que não posso nem descrever nem explicar; é uma sombra da morte, possuindo e penetrando todas as coisas. A luz do sol é pálida e espectral... as sombras são frias e sepulcrais; a gente se sente como um artista febril, assombrado por todos os sonhos de beleza sobre os quais a sua imaginação sempre se delongou, mas tudo misturado com o medo da febre. Tenho certeza de que isto não é imaginação, pois não sou dado a tais disparates. E mesmo na doença, não lembro de jamais ter sentido nada que se aproximasse do horror com que alguns objetos aqui podem me afetar."[24]

Sonhos e febres estão lado a lado nesta passagem. Roma produz uma sensação terrível de mal-estar. Ruskin falou de uma "população doente e moribunda", de terra e ar malsãos, a corrupção humana acumulada, o ócio e a trapaça que caracterizavam a vida na cidade. Ele adoeceu em Roma e achou que sofria de uma ligeira febre. Havia evidentemente muitas causas para a sua percepção hostil e perturbada. A menor delas não era a sua compaixão por John Keats, cujo túmulo, no Cemitério Protestante de Roma, ele havia visitado, não muito depois de ter ele próprio tossido sangue. A melancolia do passado e as ansiedades do presente se juntaram, reforçando a associação que Ruskin fazia de Roma com doença e excesso, em vez de recuperação e cura. Apesar de tudo, logo ele teve a certeza de que não iria morrer naquela ocasião particular. Ele soube que os seus próprios sintomas atemorizantes não eram sinais de tuberculose, e que uma consignação prematura ao túmulo, à maneira de Keats, absolutamente não era o seu destino.[25] De qualquer modo, os romanos e os italianos em geral afetaram Ruskin de maneiras intensas e contraditórias. Italófilo a vida inteira, sempre voltando para algo mais (especialmente para algo mais de Veneza), Ruskin estabeleceu freqüentemente, contudo, uma conexão entre Itália, decadência e morte. Apesar do seu fascínio inexorável pelo patrimônio artístico da península, ele também podia falar com paixão da sua aversão à arte e à arquitetura que encontrou no sul. Como observa o biógrafo de Ruskin, Tim Hilton: "Nem Roma nem Nápoles, naquela ocasião ou em qualquer outra ocasião posterior, ganharia sequer uma palavra de aprovação de Ruskin."[26] Aquela terra desgraçada o pegou pelas entranhas, e ele não deixou dúvidas aos seus correspondentes sobre a intensidade da sua experiência mediterrânea, para o bem ou para o mal. "Feitas as contas", escreveu Ruskin ao seu pai em 1845, "eu detesto os italianos além de toda medida... Eles são a caveira de Yorick com os vermes dentro, nada restou de humanidade, exceto o cheiro."[27]

Outros com opiniões menos arrebatadas sentiam que seria difícil, se não impossível, fazer um julgamento justo de Roma, da Itália e de seu povo. Era exatamente em virtude do fato de a cidade e talvez toda a península serem consideradas tão letalmente sedutoras que qualquer avaliação nunca poderia ser inteiramente racional nem historicamente adequada. Experimentava-se um sentimento disseminado de consternação acerca de uma Itália que tornava seus visitantes incapazes de medir conscientemente o seu pleno efeito. "O encanto da Itália", tinha declarado Stendhal anteriormente, "é parecido com o de estar apaixonado".[28] A Itália era freqüentemente associada a uma terra de sonhos. Bulwer Lytton escreveu: "Reino que todavia debilita com suave feitiço de Circe, que nos modela e leva, imperceptivelmente, a entrar em harmonia com ele... Quem quer que a visite... parece deixar para trás a terra e seus ásperos cuidados — para adentrar os Portões de Marfim da Terra dos Sonhos."[29] Algo na atmosfera exercia um poder erótico sobre os hóspedes da cidade. Roma era a digressão suprema. Ela excitava e inspirava, mas também compelia a estados de abandono, induzia desvios profundos que levavam ao solapamento da vontade e da intenção conscientes.

O impacto de Roma sobre a mente de cada visitante, sobre a própria trama do seu mundo interior, devia muito aos seus sítios culturais; contudo havia algo mais — um excedente de emoção atiçada, um efeito físico que não se podia explicar totalmente pela leitura de um livro de história ou de um guia turístico. No final, o seu impacto transformador — tornando a sensibilidade de vida em morte, e a de morte em vida — era misterioso. O emigrado socialista russo Alexander Herzen tentou capturar essas contradições da experiência numa visita em 1847. O problema, sugeriu ele, era que as forças vitais dos séculos XVI e XVII não haviam na verdade revitalizado Roma. Ele odiava a pompa vazia, o ajuntamento de cardeais infelizes, a hipocrisia da vida clerical "caracterizada pela dubiedade e pela bajulação"; ele a identificava com falta de liberdade, amor ao poder, inveja, disposição de vingança, ausência de calor e de tudo que é humano.[30] Era como se "[um] vampiro descansasse sobre uma débil e atrasada Roma e sugasse o seu sangue."[31] Contudo, por toda a sua patologia, a sua improdutividade, o seu entorpecimento, quanto mais vivesse em Roma, confessava Herzen, mais o seu lado obscuro e mesquinho desaparecia, e mais sua atenção passava a concentrar-se em objetos de infinita graça. As galerias sujas, a ausência de conveniências modernas, ruas estreitas, lojas vazias e apartamentos absurdos, de que ele se queixava, deixaram gradualmente de importar, impondo-se a grandeza melancólica de tudo. Logo Herzen estava admirando ruínas e poentes, cativo da majestade da cidade e também da Campanha; logo ele se sentia como uma presa, como muitos outros, da atração do vampiro.

Havia em Roma um enigma de fascinação e repulsa, como reconheceu o autor norte-americano Nathaniel Hawthorne em *O fauno de mármore*. Alguns dos sentimentos expressos eram da mesma veia que os de Herzen, mas formulados numa extensa e notável meditação sobre a ânsia e fascinação desconfortável do visitante por aquela cidade mortal. Os que um dia conheceram a Cidade Eterna, e depois partiram, escreveu ele, deixaram para trás a imagem de um "comprido cadáver em decomposição". Nós a amamos e odiamos na mesma medida, jamais realmente capazes de distinguir uma atitude da outra. A cidade mantém, aos olhos da mente, o traçado da sua nobre figura, "mas com poeira acumulada e fungos que encobrem todas as suas admiráveis feições." O que resta na memória encerra muita fealdade; Hawthorne fala de ruas, becos e casebres apertados e frágeis, de ventos frios e ares mortais, confusão e melancolia, doenças e velhacaria, comida ruim, sordidez, toda a "pretensão" de santidade, "miríades de matanças", desolação e ruína, a desesperança do seu futuro, os horrores do seu passado, e de muito mais. Entretanto, apesar de tudo, tendo deixado Roma "em tal estado de ânimo, nos surpreende, logo em seguida, a descoberta de que nossos corações se afeiçoaram misteriosamente à Cidade

Eterna e para lá estão nos puxando mais uma vez, como se fosse mais familiar e representasse, mais intimamente a nossa casa do que o próprio lugar onde nascemos."[32] Se as ruínas em si mesmas sugeriam perda, também eram perturbadoramente agradáveis. Nas palavras de Henry James: "Deleitar-se nos aspectos da ruína sensível pode parecer um passatempo cruel, e o prazer, eu confesso, tem uma nota de perversidade."[33]

Os diversos "quadros da Itália" encontrados nos relatos, romances, poemas e escritos de viagem compartilhavam freqüentemente pelo menos a conclusão de que Roma era psicológica e emocionalmente desconcertante. Aparentemente, não era apenas uma cidade, mas um símbolo da passagem do tempo, uma metáfora do espírito, um lugar psíquico, uma origem. Roma transcendia as comparações com outras localidades do *Grand Tour** era a base a partir da qual todas as comparações poderiam então ser feitas. Em Roma, as "infinitas superposições da história" (como disse James em seu romance *Roderick Hudson*) teriam o poder de inspirar e desiludir como nenhuma outra parte.

Os grandes escritores de Roma se divertiram interminavelmente com as suas contradições e complicações, e amiúde seriam vistos a lembrar-se dos prazeres e dores inigualáveis da cidade. Roma fazia os turistas sentirem-se estranhamente entristecidos. O visitante via-se num estado lúgubre ou melancólico, ensombrecido por um inefável "algo". "A gente precisa de muito tempo para conhecer Roma", observou Stendhal. Um jovem que nunca se tenha encontrado com *"le malheur"*, observou ele sagazmente em *Promenades* [Passeios], não pode compreender as sensações que Roma tem a oferecer.[34] Anos depois, James também descreveu o delicioso *"malheur"* de Roma. O seu olhar anelante e seu encanto nostálgico deviam ser "desfrutados com um substrato de tristeza."[35] Embora marcadamente diferente em seu estilo, a percepção de Zola da cidade e da Campanha não era na verdade menos melancólica; ele também registrou a "melancolia assustadora que a gente sentia" e como isto "vinha do fato de um passado tão criativo e grande ter culminado numa tamanha impotência do presente — Roma, que outrora cobrira o mundo de monumentos indestrutíveis, agora está tão reduzida que só pode gerar ruínas, padres, estetas."[36]

---

* Chamava-se *Grand tour* a viagem pelas principais cidades e locais de interesse da Europa continental, outrora considerada essencial para a educação dos jovens da aristocracia britânica. (*N. do T.*)

164

Alguma outra parte do mundo poderia induzir uma mistura tão intensa de dor e prazer, langor, desejo e frustração? Para muitos visitantes ilustres do século XIX, a resposta era claramente negativa. Exultação e degradação, euforia e melancolia disputavam a supremacia em muitas das narrativas clássicas da cidade. Para Hawthorne, mais uma vez:

"O resultado de tudo é um cenário tal, absorto, atraente, onírico, desfrutável e triste, que não se encontra em parte alguma exceto naquelas vilas principescas dos arrabaldes de Roma; um cenário que há de ter demorado gerações e eras, ao longo das quais crescimento, decadência e inteligência humana obraram juntos, para tornar-se tão brandamente intenso quanto o vemos hoje."[37]

É fácil sentir aqui a mais severa sensação de insignificância pessoal, entre "as miríades de esperanças mortas, esmagadas contra o chão de Roma."[38] No relato de Hawthorne, Roma explicita o estado psíquico latente do próprio visitante. "Uma pessoa feliz pode muito bem continuar a sê-lo, sob o céu resplandecente de Roma. Mas se você tender a um ânimo melancólico — se uma ruína entrar no seu coração, ou nele instalar-se um vazio, onde outrora estivera a tênue tecedura da felicidade, então dissipada — toda a ponderosa tristeza do Passado Romano se amontoará naquele preciso ponto, e o esmagará como esmagou o mármore e o granito empilhados, os montes de terra e numerosos tijolos da sua decadência material."[39]

Dizia-se às vezes que o primeiro contato com Roma era feito através de um véu ou como num devaneio. Por outro lado, considerava-se a cidade como o mais materialmente sólido dos lugares. Em comparação, qualquer outra parte parecia insubstancial. James insistiu que a Roma real que ele vislumbrara sobrepujava de longe a cidade que ele houvera preconcebido, mas também que "ela bate a tudo: deixa a Roma de sua fantasia — da sua educação — em parte alguma. Faz Veneza — Florença — Oxford — Londres — parecerem pequenas cidades de papelão."[40]

A ficção do século XIX é permeada de referências aos efeitos sublimes da cidade, às causas e conseqüências inconscientes de visitar — ou evitar — Roma. Assim, Freud falava de um tema bem conhecido quando, ao final do século XIX, referiu-se ao "desejo torturante" de visitar Roma.[41] Ao entrar em Roma, mencionou a chegada como um dos pontos altos da sua vida, apesar da ligeira diminuição do prazer causada pelo adiamento demasiado longo.* Ele chamou atenção para a significância psíquica da Cidade Eterna e também para os aspectos inconscientes da "paixão romana" em si mesma. Ele considerava que a cidade e sua história estavam entrelaçadas na própria trama das suas neuroses. O risco de contrair a malária (ao qual ele fez referência de passagem) era, é claro, apenas parte da razão da sua fabulada incapacidade de alcançar a Roma que ele ansiava ver. Freud tinha alguns exemplos notáveis a apresentar em *A interpretação dos sonhos*; com efeito, ele faz referência a "uma série de sonhos que se baseiam num anseio de visitar Roma".[42] E acrescentou a seguinte nota de pé de página em 1909: "Eu descobri há muito que é preciso pouca coragem para realizar desejos até então vistos como inalcançáveis", e inseriu esse outro trecho em 1925: "e conseqüentemente me tornei um peregrino constante a Roma."[43]

Numa carta a seu amigo Wilhelm Fliess, Freud mencionou um sonho situado em Roma, no qual, encontrando-se na cidade italiana, ele vagueava por ruas que curiosamente adquiriram placas e nomes de lojas alemãs.[44] Ele ligou a circunstância ao seu desejo de encontrar-se com Fliess em Roma em vez de Praga (conforme planejado). E prosseguiu, sugerindo que tinha uma identificação especial com o inimigo de Roma, Aníbal: "Meu anseio por Roma é, a propósito, profundamente neurótico. Liga-se à minha adoração heróica ginasiana pelo semítico Aníbal, e naquele ano eu de fato não alcancei Roma, como tampouco a alcançou ele a partir do Lago Trasimeno. Desde que comecei a estudar o inconsciente, tornei-me muito interessante aos meus próprios olhos. É uma pena que as pessoas sempre se calem sobre as suas coisas mais íntimas."[45] Havia, sem dúvida, mais a dizer, mas Freud se conteve. Num terreno menos pessoal, ele faria uma ligação mais tarde entre a mente e as múltiplas camadas da Cidade Eterna, numa extensa analogia ensaiada por ele, mas depois abandonada, em *O mal-estar na civilização*.

---

* Carta de 19 de setembro de 1901, em Freud 1985, p. 449. Ele estava totalmente absorvido pela Roma antiga, mas não podia desfrutar livremente a Roma cristã; sua atmosfera o perturbava. Ele achava difícil tolerar "a mentira" relativa à redenção dos homens. A "Roma italiana", em contraste, ele a achava agradável e "cheia de promessas". O clima era quente mas suportável, até que o Siroco começou a soprar e ele sentiu-se "arrasado". No dia da sua partida, ele teve gastroenterite, mal-estar que continuou a perturbá-lo até a chegada a Viena.

Entre muitas outras coisas, a psicanálise tinha aberto possibilidades inteiramente novas de compreender nossas ligações mais profundas com lugares particulares; nossas preocupações com espaços "geográficos" idealizados ou com tempos históricos "de ouro"; nossas obsessões nostálgicas ou fóbicas com "outros países", passados e presentes; e a nossa fascinação equivalente com a história, ela mesma entendida como crônica da vida e da morte de antepassados. Em que outro lugar poderia tudo isto ser mais simbolicamente "investido" do que em Roma? Muito antes de Freud, é claro, a literatura havia repetidamente explorado, por assim dizer, as projeções emocionais ambivalentes do visitante sobre a Itália, a bagagem cultural e pessoal que nos acompanha, conscientemente ou não, no nosso primeiro encontro com suas principais cidades. Em muitas representações da Itália, imagens de degeneração e de morte parecem logo imiscuir-se em cada vinheta "pitoresca", perturbando a mais bem-aventurada das imagens, a mais vivaz das narrativas, a mais simples das alegrias. A própria beleza e riqueza de Roma — amiúde se concorda sobre este ponto — ressalta os dolorosos contrastes entre o passado e o presente, evocando um sentido de aflição e depressão, ou ao menos induzindo uma dura consciência de mortalidade e de perda. A experiência de pisar o solo de Roma produziu em muitos escritores um sentimento visceral de compromisso com o passado, e um sentido quase sobrenatural de conexão com os mortos, como se gritos e sussurros abafados pudessem ser ouvidos a erguerem-se da terra. "Roma" nunca liberta, mantendo cada visitante escravizado. Com efeito, era cativante. Aqui é possível virar uma esquina, de um mundo para outro, imaginando a sedimentação das eras, as encruzilhadas da civilização, nas quais os antigos defensores e invasores da cidade, senhores e escravos, pagãos e cristãos terão voltado à vida para exigir reconhecimento. É um lugar, como descobre Dorothea em *Middlemarch*, de George Eliot, "onde o passado de todo o hemisfério parece mover-se num cortejo fúnebre com estranhas imagens ancestrais e troféus trazidos de longe." Ou como Hawthorne concebeu a cidade em *O fauno de mármore*:

"Olha-se através de um panorama de século após século, através de muita sombra e pouca luz solar, através de barbarismo e civilização, alternando-se como atores que arranjaram seus papéis de antemão — através de uma ampla vereda de gerações sucessivas, ornada de palácios e templos e sobreposta de velhos arcos triunfais, até ser possível avistar, à distância, os obeliscos com suas inscrições ininteligíveis, a sugerir um passado infinitamente mais remoto do que a história pode definir. A própria vida do espectador é toda como nada, quando comparada a esta distância incomensurável; mas ainda a gente reclama, não obstante intensamente, a incidência de um raio de sol em vez de uma ponta de sombra no primeiro ou no segundo passo que levará ao seu tranqüilo descanso."[46]

Por trás dessas meditações sobre ruínas e ecos sugestivos do mundo antigo jaz uma gama de indagações iluministas sobre a ascensão e a queda do império que transformaram radicalmente a compreensão da ossatura e do destino da cidade. O grande estudo de Gibbon sobre a decadência romana exerceu uma influência poderosa sobre o pensamento do século XIX.[47] Porém, a esta e outras narrativas importantes dessa história, produzidas por uma variedade de mãos no final do século XVIII e na primeira metade do século XIX, se juntaria, após 1850, uma quantidade crescente não só de refinados "diários de viagem" reconhecidamente subjetivos, mas também de novas teorias ambientais, médicas e científicas sobre a profunda incapacidade e degeneração de Roma e da Campanha.

Evidentemente, nada havia de novo em associar Roma com a morte; por muitos séculos, os visitantes observaram e maravilharam-se com esse sentido de decadência e, nas suas deambulações entre as ruínas, permitiram-se ouvir os espíritos do império. Gradualmente, contudo, uma nova atitude emergiu, na qual se confundiam elementos de otimismo político, diagnóstico médico e ansiedade moral sobre a população nacional. Imagens de corrupção e dissolução ou, inversamente, descrições extáticas de recuperação, pureza e integração amiúde modulavam a linguagem do nacionalismo. A retórica de Garibaldi era freqüentemente apimentada com referências aos perversos, degenerados, aos italianos que ele chamava "abortos vivos" por terem deixado de apoiar a causa sagrada da "Itália". Ao que parece, deveria haver razões científicas especiais para que Roma fosse tão decrépita, tão moralmente devastada. Embora o fascínio com a ruína — e as ruínas — de Roma fosse evidentemente duradouro, ele adquiriu inflexões diferentes. No século XVIII, Piranesi produzira imagens extraordinárias das suas relíquias e ruínas, assim como Gibbon registrara a sua crônica histórica, mas desde

168

então o grupo particular das associações retóricas cheias de alusões a pântanos, as metáforas de decadência social, a ansiedade científica sobre a malária e a preocupação moral com os aspectos raciais da depravação supostamente excepcional da cidade deveriam convergir cada vez mais.

Estudos médicos especializados surgiram no período vitoriano, examinando os efeitos da febre sobre os corpos e mentes dos habitantes de Roma e da Campanha, e demarcando as suas supostas conseqüências raciais, políticas e culturais. Comentadores enfatizaram as propriedades materiais perniciosas e o ambiente fisicamente corruptor; eles salientaram o impacto debilitante do terreno sobre a moral e a saúde da população, desde os tempos antigos até o presente. Observadores italianos e estrangeiros conceberam reiteradamente a Campanha como a terra por excelência da febre e do desejo febril, retratando-a como um lugar que resumia a opressão física, psicológica e política, e o empenho até ali desesperado de resistir às devastações da natureza.

Na segunda metade do século XIX, dois influentes entusiastas franceses da ciência, e críticos severos da "superstição" da Igreja, Ernest Renan e Hippolyte Taine, também refletiram sobre o aspecto fatal da estagnação de Roma, analisando o efeito pernicioso da cidade e do sistema religioso que ela consagrava. Eles entraram no prolífico debate que assolou a França durante o Segundo Império de Luís Napoleão, sobre o futuro do papado e a postura diplomática apropriada que as potências estrangeiras deveriam assumir em relação a ele.[48] Como poderia a degradação de Roma ser um dia revertida? — perguntava-se Renan. A cidade fora um antro de assassinatos, intrigas e fraudes; caracterizava-se pela infinita miséria e tristeza, um verdadeiro "deserto" cercado pela febre. Como poderia a banal modernidade "penetrar de fato nessa compacta massa de ruínas sagradas?"[49] Em 1868, Renan escreveu que era difícil imaginar uma força histórica mais apropriada do que a contra-reforma italiana para sufocar o espírito de liberdade.[50] A opinião de Renan sobre a influência retrógrada e opressiva da Igreja foi ratificada pela reafir mação, promulgada no Concílio do Vaticano, em 18 de julho de 1870, da infalibilidade do papa. Por mais que fossem críticos estrangeiros, Renan e Taine (ambos exerceram certa influência sobre Zola, enquanto ele escrevia o final anticlerical de *Rome*) estavam interessados no ressurgimento de crenças, ilusões e desilusões religiosas poderosas na era moderna. Taine comparou o passado e o presente italiano, e questionou a inevitabilidade do pro-

169

gresso. Com efeito, ele distinguiu antes sinais de retrocesso que de progresso. Mesmo com as várias reformas cívicas realizadas durante o reinado de Pio IX, suspirou ele desdenhosamente, a cidade continuava atolada na Idade Média no que dizia respeito à ciência. Taine sugeriu que em Roma podia-se compreender mais profundamente do que em qualquer outra parte qual a real aparência da resistência à modernidade. E a doença não podia ser isolada; ele declarou que a cidade era "um abscesso que contaminava todo o corpo" da Itália.[51]

Mas estariam o elemento letal e o caráter desejável daquela paisagem de algum modo interligados? Aos olhos de alguns, havia claramente uma conexão, uma espécie de gozo voluptuoso da ruína e da decadência. Hawthorne sugeriu que, perversamente, era a própria morbidez da Campanha que acentuava o seu efeito cativante; desfrutá-la plenamente significava correr risco de morte. Hawthorne descreveu a atração paradoxal do terreno assolado pela malária. Eis um viés particular na estetização vitoriana da doença:

"O encanto final é conferido pela malária. Há um tipo de pensar penetrante, emocionante, delicioso na idéia de tanta beleza lançada fora ou condenada a ser desfrutável apenas em seu desenvolvimento incompleto, no inverno ou no começo da primavera, sem jamais demorar-se em sua presença, como cenário caseiro de todo ser humano. Pois ao avizinharmo-nos no verão, e extraviarmo-nos por essas clareiras ao sol dourado do poente, a febre anda de braços dados conosco e a morte nos espera no final do obscuro panorama. Assim, o cenário é como o Éden em sua graça; e como o Éden, também, no encanto fatal que o arreda para além do alcance das possessões efetivas do homem."[52]

Ninguém capturou melhor do que Hawthorne o sentido dessa atração insidiosa de Roma e da Campanha. Em busca da misteriosa essência da experiência romana, o visitante era levado a estados modorrentos e perigosos de encantamento, por vezes a enlaçar-se num caso amoroso com a abnegação e a própria morte. Era demasiado fácil ficar tempo demais, perambular no perigo, ignorar a orientação enérgica dos guias sobre épocas e áreas seguras. O crepúsculo, como todos sabiam, não era hora para ser surpreendido na Campanha, ou nas ruínas próximas da água ou situadas em depressões do terreno. O sentido de ameaça de Roma (febre, crime, depravação) também

170

tornou-se parte da sua tentação. Aqui, manifestamente, as fronteiras eram não raro transgredidas e a cidade fazia convites constantes e sedutores à autodestruição. Roma era "o solo nativo da ruína!"[53]

Na época, podia-se encontrar imagens desse ar infectado e enervante de Roma nas discussões históricas mais eruditas ou nas colunas de jornal.

Não é de surpreender que a Daisy Miller de Henry James tenha ficado doente por causa do Coliseu. No *Illustrated London News*, Roma foi declarada "local moralmente infestado, ao mesmo tempo contagioso e infeccioso."[54] O escritor italiano D'Annunzio o descreveu em poesia, sugerindo às vezes uma qualidade sedutora da doença romana, como quando escreveu sobre o poder ludibriador da malária. Ao mesmo tempo, ele aplaudia os esforços para recuperar a capital de tal torpor e enfermidade. Em sua homenagem a Garibaldi, D'Annunzio falou da "sagrada febre de Roma" ao exaltar a Cidade Eterna, que se erguia inexoravelmente, finalmente triunfante sobre a morte.[55]

Nos anos 1860, os visitantes de Roma falavam ocasionalmente da sensação de estarem vivendo num tempo paralisado ou de "calmaria antes da tempestade"; os que descreveram a cidade nos anos 1870, depois de sua integração à Itália, mostraram-se impressionados por um sentido embrionário de despertar, sinais confusos de metamorfose urbana. Em Roma, podia-se testemunhar o velho mundo papal provinciano em colisão com o novo carro de Jagrená da Itália. "Outra vez eu pensei no pobre papa deserdado", escreveu James, numa visita na década de 1870, "a perguntar-se se algo mais lhe seria providenciado quando toda aquela venerável ostentação já não suportasse mais os pregos da sua carpintaria. Era difícil imaginar algo além de trapos e remendos naquele bolorento tabernáculo. Onde quer que a gente fosse na Itália, sempre recebia uma impressão mais ou menos parecida da proporção diminuída do catolicismo, e todas as igrejas que aqui vi nas minhas caminhadas deixaram-me um mesmo sentimento quase penalizado."[56]

James captou com beleza o curioso momento histórico em que Roma se situava no vértice entre dois mundos. A nova capital descrita em *Italian Hours* [Horas italianas] de James era vista com algum pesar, mas ele também mostrou a capacidade da cidade de interromper qualquer emoção previsível e invertê-la. A Cidade Eterna, escreveu ele, nos deixa tristes, deprimidos, em êxtase, momento a momento: "Roma, que para alguns estados de ânimo,

171

principalmente para os recém-chegados, parece ser um lugar de uma melancolia quase sinistra, possui a arte ocasional, quando a conhecemos melhor, de desatar a teia dos cuidados por meio do grandioso gesto de alguma esplêndida e impaciente matrona de luto — exatamente como uma Níobe das nações, sobrevivendo, emergindo e olhando em redor de si outra vez — pode tirar e deitar fora a opressão amortalhada do crepe do luto."[57] *Italian Hours* preocupava-se precisamente em evitar os clichês de Roma, as imagens e lugares-comuns, bem como em escapar aos inesquecíveis relatos literários ou visuais de predecessores ilustres, aos quais só era possível renunciar com uma imensa dificuldade. James buscou absorver, sem papaguear, todas essas interpretações. As paisagens de Claude, os escritos de Goethe, Stendhal, Keats, Shelley, Browning ou George Eliot, todos informam a Roma de James. Com efeito, ele insistiu em que o ambiente que percebemos nunca está simplesmente diante de nós, aqui e agora, mas encontra-se sempre já construído a partir de pensamentos e imagens passados:

> "No primeiro plano, um camponês de capote e chapéu pontiagudo passeia lenta e solitariamente em seu burro; aqui e ali à distância, entre as ondulações azuis, algumas aldeias brancas, algumas torres acinzentadas ajudam deliciosamente a assimilar o quadro à típica 'paisagem italiana' da arte antiquada. Era tão radiante e contudo tão triste, tão calmo e contudo tão carregado, como ao ouvido supersensível o murmúrio de uma vida extinta, que a gente só podia dizer que era intenso e adoravelmente estranho, só podia imputar à cena dominante como um todo o segredo sem igual de trazer lágrimas de comoção a olhos não importa o quão ignorantes — arqueologicamente ignorantes."[58]

De volta a Roma, as complicações morais de atitude, emoção e opinião excediam cronicamente as expectativas. A cidade era reiteradamente concebida como uma *mise-en-scène* de amores e ódios, dores e prazeres, excitações e confusões, esperança e melancolia; acima de tudo, era como um sítio de desilusão, em todas as suas múltiplas aparências. Roma convidava à aceitação depressiva do que não pode ser restaurado, do que não pode ser trazido de volta, ou tornado novo e puro. A expressão de James, "substrato de tristeza", define algo essencial para a representação vitoriana de Roma. Eis a cidade do iluminismo dorido, o lugar por excelência onde o *naïve* ou *gauche* sofre uma

172

verdade inesperada, obrigando a despertar para as intricadas complicações morais e as dolorosas lições do "velho mundo".* Não foi este o roteiro — Roma como o lugar melancólico onde a esperança era primeiro prolongada, depois adiada e afinal extinta — que Garibaldi também seguiu? Isto não quer dizer que a atitude de Garibaldi em relação a Roma fosse diretamente influenciada por qualquer romance ou escrito de viagem isolado, mas procede perguntar até que ponto o estoque comum de imagens, histórias e lamentações ecoava difusamente através das conversações e expectativas públicas da época. Nós de fato sabemos que as ficções de Garibaldi, e suas ações, acima de tudo nos anos 1860 e 1870, sugeriam uma obsessão continuada com o pântano em que Roma se encontrava e com o seu resgate político, moral e físico.

Evidentemente, visitantes de diferentes nacionalidades em diferentes décadas expressaram as suas próprias predileções e paladares em Roma, mas muitos dos exemplos discutidos aqui são atravessados por temas e preocupações semelhantes; o mesmo se pode dizer acerca da presunção de que Roma fosse *fadada* a ser esmagadoramente comovente e perturbadora, para *qualquer* recém-chegado. Além disso, tinha-se amplamente como certo que Roma afetava seus visitantes de modos que não podiam ser facilmente controlados, que excediam a razão e a moderação, e faziam ansiar por mais. Para

---

* Como descobre Hilda em *O fauno de mármore* de Hawthorne, a cidade confronta a sua visitante com conhecimentos novos perturbadores, "até então desconhecidos ao seu temperamento vivaz ainda que sossegado":

"Desde o começo Hilda pretendia passar o verão em Roma... Tampouco temia ela a atmosfera estival, apesar de geralmente ser considerada tão pestilencial. Ela já o havia experimentado, dois anos antes, sem constatar nenhum efeito pior do que uma espécie de languidez sonhadora, a qual se dissipara às primeiras brisas que sopraram com o outono. O centro densamente povoado da cidade, com efeito, nunca é afetado pela influência febril que permanece à espreita na Campanha, como um inimigo sitiante, e à noite assombra os belos relvados e bosques em torno das vilas suburbanas, bem na estação em que mais eles parecem o Paraíso."

Em pouco tempo, porém, Roma produz uma perturbação mais aguda, "como uma serpente meio morta a enlaçar sobre seus membros a sua fria e inextricável grinalda. Era esta a desesperação peculiar, este o calafrio e pesada aflição que só o inocente pode experimentar, embora possua muitas das características de prostração que marcam o sentimento de culpa." (Hawthorne, 1860, p. 779) O próprio romance, como observou um crítico em 1860, era "orlado pela impalpável fímbria do musgo da melancolia." (James Russell Lowe, em *The Atlantic Monthly*, abril de 1860, em Kesterson 1971, p. 4)

muitíssimos deles, a cidade era como uma droga, promovendo os mais intensos estados mentais, fazendo-os oscilar da fascinação à frustração, da euforia ao desespero violento e degradado. Os encontros romanos eram, se mais não fossem, fonte de uma interminável especulação psicológica. Como exemplo literário final, consideremos *Rome*, o romance policial de Zola dos anos 1890, no qual a patologia e o poder da cidade foram definidos de maneira notável.

O velho romancista francês e fomentador consumado de escândalos apresentou uma consistente autópsia da Cidade Eterna, e das emoções contraditórias que ela incitava. Ele forneceu uma pletora de idéias recebidas, bem como uma análise particularmente mordaz dos vícios de Roma. As guinadas e reviravoltas da trama de Zola são aqui menos importantes do que o ânimo da história e seu extraordinário inventário de imagens romanas. O livro também é relevante para a interpretação do próprio Garibaldi. Zola conhecia a sua reputação, é claro, e o encontrara pessoalmente em Bordeaux em 1871;[59] o nobre combatente e visionário que ele criara em *Rome*, Orlando, era livremente baseado no General. No centro da saga, contudo, está um outro personagem, um padre idealista infeliz, Pierre, cujas lamentáveis aventuras iluminavam a situação mais ampla do iludido "investigador da verdade". O relato de Zola da busca ingênua de Pierre por esclarecimento captura brilhantemente o sentimento mais amplo de desilusão e confusão na estufa de Roma.

Zola mostra como Pierre ingressa numa desconcertante rede de relacionamentos institucionais e sociais. Contra o pano de fundo da Cidade Eterna e do Vaticano, o romance nos estimula a pensar sobre o destino das boas intenções e a natureza das buscas obsessivas. Aqui, propósitos declarados são desviados sem qualquer remorso. Os planos de Pierre são minados e levados a fracassar. Ele deseja visitar o papa, a fim de conseguir uma audiência favorável junto a autoridades superiores, depois que um livro que escreveu sobre a regeneração do catolicismo foi inesperadamente condenado e arrolado no Índex. Apesar de esposar a causa da renovação moral da Igreja, Pierre vê suas convicções consideradas impróprias pelas próprias autoridades espirituais a que supostamente ele deveria obedecer. *Rome* acompanha o despertar da compreensão de Pierre de que seu desejo de ensejar mudanças na Igreja não pode realizar-se; reformas são impossíveis no seio moribundo da instituição. Pierre é constantemente desenganado e impedido de levar adiante seus

174

planos. O leitor é forçado a compartilhar a frustração do herói enquanto, em vão, ele espera por uma resolução satisfatória. Sempre preso nos corredores do poder, obstruído em cada movimento, Pierre finalmente se encontra com o papa, mas sem nenhum proveito. Trata-se de uma busca fútil da razão e das luzes; até o amargo fim, ele só encontra mistificação e absurdo. Um dos biógrafos de Zola chamou acertadamente a atenção para o fato de o romance não só desferir uma rajada invectiva contra o catolicismo, mas também antecipar as "intrincadas perplexidades" de Kafka.[60]

O próprio Zola tinha tentado — sem êxito — obter uma audiência com o papa no Vaticano. Ele também teve sua obra de ficção severamente atacada e incluída no Índex. Nas semanas que passou na cidade, pesquisando para o seu livro, ele mergulhara em estudos sobre obscurantismo religioso, explorara as Romas antiga, medieval e moderna, e descobrira sombrios segredos do passado, como um meio para compreender a letargia e a letalidade do estado atual da cidade. Ele esmiuçou a literatura em busca de exemplos de baixeza e insensatez, dos acréscimos de mal e estupidez que obstruíram tantos luminares e reformistas nos séculos anteriores. Havia ali, aparentemente, um pântano terrível e impossível de drenar, uma massa pustulenta de fraude e superstição que gerava doença e desesperança, uma agonia que decididamente nada tinha de romântica.

Não obstante, Zola também estava atento às energias atraentes da cidade. Com efeito, isto era parte do problema. Não era concebível deixar a Cidade Eterna fora do cálculo político ou emocional; nenhum outro lugar estaria à altura, apesar do fato de existirem obstáculos fatais para a criação bem-sucedida de uma metrópole moderna naquele lugar. Não quisesse a Itália sucumbir ao abraço corrupto de Roma, alguma vasta e decisiva transformação na própria cultura, no ambiente e na direção política da cidade era imperativa. Roma era indispensável, mas também um fardo insuportável para o novo Estado. Há uma passagem memorável no livro na qual Roma é comparada a outras cidades italianas, todas "dela enciumadas", mas nenhuma capaz de substituir sua função de ligação, o seu poder emocional sobre os italianos como um todo.*

---

* Em primeiro lugar, Florença, tão "indiferente e tão cética, impregnada por uma negligência feliz que parece inexplicável quando nos lembramos das paixões desvairadas e das torrentes de sangue abundantes na sua história." Em seguida, Nápoles, "a qual todavia

Esta avaliação da necessidade obrigatória de os italianos destruírem e igualmente regenerarem uma velha ordem, a fim de criar um novo mundo mais salubre e eficiente, revigorou os diagnósticos e lamentações anteriores, mas sob uma nova forma poderosa e sensacional. A Campanha Romana assomou como um vulto, uma imagem alarmante do potencial de deterioração de uma terra ao longo dos anos.

Zola era fascinado pela composição racial dos italianos, e também pelos escombros materiais indissolúveis espalhados por toda a cidade, jazendo tão pesadamente no chão quanto o mau cheiro da corrupção (moral) impregnava pesadamente o ar. Tal poluição, temia-se, jamais poderia ser vencida. Havia ruínas sobre ruínas, um sistema tão vasto de decadência e decomposição que era impossível escavá-lo completamente, e menos ainda estabelecer uma fronteira entre o passado e o presente ou entre as forças antagônicas que se prestavam à doença e à saúde. Havia aqui uma verdadeira "indigestão de ruínas", como ele anotou em seu caderno de apontamentos.[61] Esta é uma boa metáfora não só para a complexa composição de Roma, mas também para os seus significados sobredeterminados na cultura moderna. Percebia-se algo de profundamente podre no Estado de Roma, e isto tanto podia ser visto na explosão imobiliária que desfigurava com novos edifícios as áreas da cidade, por exemplo em torno da estação ferroviária central, quanto nos registros históricos, em que prevaleciam violência, devassidão e venalidade. Roma não podia ser ignorada, mas sua "doença" tampouco podia ser curada.

---

permanece contente com seu sol radiante, e cujo povo infantil desfruta a sua ignorância e miséria tão indolentemente que não é possível saber se devemos ter pena deles." Depois, Veneza, "que se resignou a permanecer uma maravilha da arte antiga", e Gênova, "absorvida em comércio, continuamente ativa e alvoroçada." O futuro parece estar com as cidades de Turim e Milão, "centros industriais e comerciais tão cheios de vida e tão modernos que os turistas os desdenham por não serem cidades 'italianas', ambas tendo escapado da ruína por terem se associado à evolução ocidental que está preparando o próximo século." Em teoria, elas poderiam servir de guia, iluminando o caminho para uma Itália modernizada, mas fazê-lo também acarretaria, necessariamente, alguma destruição de pressuposições italianas, pelo menos um ataque indiscriminado contra a versão de velho museu empoeirado da Itália, que foi preservada, caindo aos pedaços, "para deleite dos espíritos artísticos." "Aconteça o que acontecer, ou há de haver morte, morte rápida e inevitável, ou então a picareta do demolidor, as paredes instáveis sendo derrubadas ao chão, e cidades de trabalho, ciência e saúde sendo criadas em toda a parte; numa palavra, uma nova Itália a erguer-se das cinzas da velha, e adaptada à nova civilização na qual a humanidade está entrando." Aqui a morte de uma "Itália" é vista como uma precondição necessária para o nascimento de outra. (Zola, 1896, pp. 551-2)

176

O romance de Zola desloca-se das lamentações e abstrações metafísicas grandiosas para a especificidade dos fiascos políticos e econômicos contemporâneos. Assim ele ataca brutalmente os financistas e políticos incompetentes que estavam por trás dos escândalos bancários, e os arquitetos míopes do *boom* da construção civil dos anos 1880, amplamente ressentido como algo prejudicial ao ambiente romano.[62] *Rome* propunha um relato irresistível da repulsiva transformação urbana, em que tantas casas e escritórios foram erguidos com entulhos, transformando-se em nódoas ou ruínas indesejadas antes mesmo de sequer estarem prontos. Uma forma de megalomania teria impelido essa dinâmica:

> "Depois dos Césares e dos papas veio o governo italiano, que tão logo assenhoreou-se da cidade quis reconstruí-la, torná-la mais esplêndida, mais imensa do que jamais havia sido. Era a sugestão fatal do próprio solo — o sangue dos Augustos fluindo para o cérebro desses últimos a chegar e arrebatando-os com o desejo insano de fazer da terceira Roma a rainha da terra."[63]

Rome retrata a velha ordem em seu "último suspiro", e deixa seu herói e seus leitores com pouca confiança quanto à forma do que viria em seguida.[64] Para transmitir a atmosfera de estufa de intrigas e hipocrisia, de frustração política e moral, a escrita torna-se cada vez mais extravagante e enigmática. Detalhando no próprio ritmo das sentenças, em frase após frase de opulentos floreios descritivos, a arrastada e dolorosa preterição do esclarecimento, muitas passagens extraordinárias do romance descrevem como o personagem Pierre passa por uma seqüência sem-fim de conselheiros e lacaios, através de corredores aparentemente intermináveis, em busca da sua esquiva audiência com o papa.[65]

Pierre anseia pela criação de uma fé mais reservada e verdadeira, e por encontrar um pouco de razão em Roma — mas detecta a exigüidade de ambos os projetos. O que predomina é uma espécie de mania religiosa e política.* O fanatismo rivaliza com a ganância. Pierre testemunha com horror o

---

* "Contudo, as massas correndo à gruta [em Lourdes], os doentes morrendo de divino amor diante da estátua da Virgem, as multidões delirantes com o contágio do miraculoso — nada disso dava uma idéia da explosão de loucura que repentinamente inflamava os peregrinos aos pés do papa." (Zola, 1896, p. 217)

entusiasmo cego da massa pelo papa, ao passo que, nos bastidores, o Vaticano revela-se como um vasto escritório de contabilidade, a Sua Santidade trancada, como disse outro dos conhecidos de Pierre, Narcise, "contando e recontando os seus tesouros com zelosa alegria, arranjando os rolos de ouro em boa ordem, dispondo cédulas em envelopes em quantidades iguais, e colocando-os então à parte em esconderijos só por ele conhecidos."[66]

Este trecho pode ser apenas meu exemplo de retórica bombástica, mas Garibaldi teria sem dúvida concordado com grande parte do diagnóstico de Zola sobre a capital italiana e o papado, tivesse ele vivido para lê-lo nos anos 1890. A literatura de Zola nunca teve pejo de cortejar a controvérsia. Seu diagnóstico intransigente da patologia da velha e da nova guardas de Roma repercutiu alta e claramente por sob a extravagância barroca deste último romance. Não é difícil ver como alguém poderia evoluir, tanto da ficção de Garibaldi como da de Zola, para a demanda de destruição e reconstrução radicais, e mesmo para os manifestos iconoclastas dos futuristas, que exigiam escandalosamente a extinção de museus e todos os demais sítios petrificados do passado, com o objetivo de se livrar do peso fenomenal da "Itália", da força esmagadora e embrutecedora de todas aquelas imagens, convenções e pressuposições prevalecentes que se interpunham entre o pensamento e a ação.[*] A tradição era aqui vista como um peso morto, um passado morto que assombrava o presente e o futuro; a história era compreendida não como solo a partir do qual o progresso podia florescer, mas antes como um obstáculo maciço e inerte a bloquear o caminho da necessária mudança.

---

[*] Como disse Susan Sontag (*Colombo and Sontag* [Colombo e Sontag], 1998) num sugestivo ensaio sobre fotografias antigas da Itália: "Toda a Europa pranteia o seu passado. As livrarias estão repletas de álbuns fotográficos que oferecem o passado desaparecido para nosso deleite e nostalgia refletida. Mas o passado tem na Itália raízes mais profundas do que em qualquer outra parte na Europa, o que torna a sua destruição mais decisiva. E a nota elegíaca soou primeiro e mais plangentemente na Itália, como soou a nota do rancor — pensemos nos acessos de fúria futurista contra o passado: os chamados para incendiar museus, aterrar o Grand Canal para fazer uma rodovia etc. A profundidade contida nessas imagens de uma Itália mais velha não é apenas a profundidade do passado. É a profundidade de toda uma cultura, uma cultura de incomparável dignidade, sabor e magnitude (...) que foi desbastada, apagada, confiscada. Para ser substituída por uma cultura em que a noção de profundidade nada significa."

9 Uma contradição inconsciente

"A história da Era Vitoriana jamais será escrita: nós sabemos demasiado sobre ela. Pois a ignorância é o primeiro requisito do historiador — ignorância, que simplifica e depura, que seleciona e omite com uma perfeição plácida, inatingível mesmo pela mais alta arte... Não é pelo método direto de uma narração escrupulosa que o explorador do passado pode esperar descrever essa época singular. Se tiver discernimento, ele adotará uma estratégia mais sutil. Atacará seu tema pelos flancos, ou pela retaguarda; ele projetará um refletor repentino sobre recessos obscuros, até então insuspeitados. Ele remará sobre o vasto oceano de material, e baixará dentro dele, aqui e ali, uma pequena tina, que trará à luz do dia, daquelas distantes profundezas, algum espécime característico para ser examinado com cuidadosa curiosidade."

Lytton Strachey, *Eminent Victorians* [Vitorianos eminentes]

O que realmente impeliu o General Garibaldi a combater tão obstinadamente pela transformação do Tibre, de Roma e do interior? As idéias contemporâneas sobre a transmissão da malária tiveram o seu papel. O desejo de promover o progresso social, econômico e médico foi outro fator significante — Roma tinha de ser resgatada das enchentes e das doenças, da indolência e da corrupção. Garibaldi deixou claro que aspirava colocar Roma no centro da nova nação e do mundo moderno. Compreender seu esforço em prol da regeneração urbana e rural nos anos 1870 exige que percebamos as ansiedades e ambições mais amplas da sua época. Mas em todo o livro figura também a questão da difícil situação pessoal de Garibaldi, seus motivos idiossincráticos e seu comportamento contraditório. Ao buscar transformar o ambiente que atingira pessoal e cruelmente tantos companheiros de arma, e acima de tudo a sua amada esposa Anita, o General fazia fundir-se no seu espírito a sua vida pessoal e seu projeto político.

O objetivo aqui foi avaliar essas pressões públicas e privadas; examinar a narrativa e a história de amor e perda de Garibaldi; mapear a rede de idéias, imagens e mitos em que seus planos e sua consciência de si estavam enredados, e oferecer uma gama de possíveis origens da sua paixão cega por Roma. Refletir sobre esses propósitos subjacentes significa contemplar o próprio problema da biografia histórica e observar os limites e restrições existentes sobre o que pode ser conhecido com certeza. Historiadores podem reconstruir o contexto político e medicinal mais amplo em que ocorreu este curioso caso com Roma, mas não é nada óbvio que possamos descobrir plenamente os seus motivos mais profundos, ou sequer compreender até que ponto ele realmente diferenciava as origens privadas e as motivações públicas das suas ações.

Os admiradores vitorianos do General percebiam a sua vida como uma narrativa formidável de heroísmo, redenção e realizações que alteraram o ambiente político. À medida que sua fama crescia, cada uma das suas ações, ao longo das suas prolongadas lutas políticas e militares, seriam construídas como atos inauditos, repletos de um significado para a "Itália". E assim ele ouvia falar, e mesmo lia, sobre suas aventuras iminentes quando os planos ainda estavam sendo arquitetados. Suas façanhas vindouras seriam antecipadas como o último capítulo de uma vida extraordinária, e ansiosamente aguardadas por um mundo em expectativa. Ele era olhado e estudado como uma estrela teatral cujo drama se desenrolava diante do olhar atento do público. Ele viveu a segunda metade da sua vida adulta em meio ao burburinho de especulações sobre o que faria a seguir. É sabido que ele se mantinha a par dos acontecimentos públicos pelos jornais, e freqüentemente deve ter lido relatos sobre si mesmo conforme era visto à distância.

Garibaldi suscitava manchetes vívidas e coloridas e era freqüentemente assemelhado a uma figura mitológica. Se não era um Adão, Abel ou Moisés, era um Aquiles moderno saindo de sua tenda; Ulisses em busca do seu lar há muito perdido; um Davi moderno em conflito com o Golias estrangeiro; Cristo montado num cavalo; uma Joana d'Arc do sexo masculino; Robin Hood; Martinho Lutero; ou George Washington.[1] Para os observadores enciumados, Garibaldi, em seus freqüentes infortúnios e fiascos, estava mais para um Quixote sonhador que não tinha a menor idéia do que realmente estava fazendo.[2] Ele carregou este fardo de lendas e se tornou de muitas maneiras propriedade pública, o repositório das esperanças e sonhos da sua nação. Ao mesmo tempo, era hostil a epítetos vazios, orgulhando-se acima de tudo de ser ele mesmo, um homem de ação em vez de uma abstração. Poucos podiam duvidar do seu compromisso prático imediato permanente com Roma nos anos 1870, quando ele deixou as armas de lado, estudou plantas para esgotos e promoveu projetos para docas novas e grandiosas em Fiumicino.[3] Ele expressou seu desejo de fazer mais por Roma dizendo que ainda não tinha feito o bastante. Não há dúvida de que o fato de não ter conseguido manter o controle da cidade no passado, ou tomá-la definitivamente para a "Itália" em 1870, fortaleceu a sua determinação de liderar essa nova campanha cívica. Ele parecia acreditar que, se pudesse dominar os elementos, libertar a saúde do povo e fazer subir a sua moral, isto representaria uma compensação importante para as suas derrotas anteriores, e para a marginalização política que sofrera após a unificação nacional.

Refletindo sobre a história de enchentes do Tibre após o desastre de 1870, Garibaldi ficou cada vez mais impressionado com a idéia de que a engenharia e a ciência modernas podiam transfigurar a Cidade Eterna. Ele discutira as exigências de Roma com um sem-número de pessoas, inclusive Paolo Molini, um jornalista toscano com algum conhecimento em matéria de geologia, e Alessandro Castellani, seguidor romano de Garibaldi e estudioso amador de arqueologia. Ambos sugeriram que valia a pena pensar em desviar todo o curso do Tibre da capital. Ao ouvir todos os detalhes, Garibaldi declarou a Castellani que aquele plano podia devolver a Roma o seu devido lugar nos assuntos internacionais e fortalecer a sua associação com a ciência e a engenharia modernas. Uma tal iniciativa, entusiasmou-se ele, também reteria os incontáveis italianos esfaimados em fuga, dando-lhes um incentivo para ficar. "Pensar nas colossais vantagens do nosso projeto", confidenciou ele, é bastante "para enlouquecer alguém."[4] A excitação diante da oportunidade e a frustração com a sua não-realização sem dúvida o possuíram. Garibaldi logo se empenhou em convidar um público mais amplo para compartilhar seu pensamento, e a encorajar outro membro do seu círculo, o coronel Luigi Amadei, a esboçar seus planos num papel. Amadei, de uma nobre família de Roma, era um velho seguidor; estivera com Garibaldi no drama republicano de 1849 e lançou-se de coração aberto na nova campanha, para grande satisfação do seu mentor. A ação de ocupar-se do Tibre, declarou Garibaldi a vários editores de jornal, seria uma prioridade nacional. Ele insistiu em que a aventura não beneficiaria apenas Roma, mas toda a humanidade.[5] A maneira como o General abordava o problema das enchentes era acima de tudo ambiciosa; ela dava a escala espetacular que seus apoiadores tinham passado a esperar daquele que era o mais romântico dos líderes guerreiros românticos. Ele se tornava cada vez mais entusiasmado à medida que se desenrolavam as discussões e se acumulavam os esboços, e imaginava uma Roma digna do seu lugar na Europa moderna, uma cidade adequada para todos os seus exilados repatriados.

Com várias possibilidades de regeneração urbana e rural por meio da percolação aqui e ali, o General decidiu trazer a novidade para Roma e introduzir as leis necessárias para realizar a recuperação extensiva. Mas quando se preparava, no final de 1874, o governo começou a inquietar-se com a escala da sua iniciativa. À medida que porejavam as notícias das suas intenções, o ministro das Obras Públicas, Silvio Spaventa, tornou-se ansioso por saber o que exatamente o General tinha em mente e quanto iria custar.[6]

Uma vez instalado em Roma, Garibaldi falou nobremente da tarefa que tinham diante de si, mas também fez pedidos diretos de fundos e assistência. Ele escreveu aos leitores dos jornais ingleses para expressar suas esperanças de que os simpatizantes da causa no estrangeiro dessem apoio material ao projeto do Tibre — abrindo as suas carteiras.[7] Logo depois da chegada do General à capital, o rei lhe concedeu uma audiência, no Quirinal.* Eles discutiram a respeito do Tibre, bem como trocaram lembranças sobre o passado de glórias. Durante as semanas e meses subseqüentes, Garibaldi foi convidado de honra em vários jantares e eventos públicos de destaque.[8] Fez uma viagem de barco pelo rio, na direção de Fiumicino, a fim de estudar mais de perto os problemas práticos que se apresentariam mais adiante.[9] Choveram conselhos e exemplos da Europa e dos Estados Unidos. Ele examinou mapas e croquis,

---

* Vítor Emanuel tinha superado gradualmente a sua fobia de dormir em Roma, estando então instalado no antigo palácio do papa. Ele ficara impressionado devido a uma previsão de que encontraria a própria morte, nas mãos de Deus, na primeira noite que passasse na cidade conquistada. Em sua primeira visita a Roma após a sua unificação com a Itália, o rei fez questão de não dormir na cidade; em sua segunda visita, ele rejeitou o Quirinal em favor do abrigo e hospitalidade oferecidos por um aristocrata amigo; na terceira vez em que passou pela cidade, ele se mostrou disposto a residir no grande palácio. (D'Ideville, 1878, pp. 25-7)

comparou o Tibre com o Tâmisa, o Sena, o Mississippi e o Nilo. Os detalhes de planos de canais e de projetos de grandes diques tornaram-se o seu pão diário. Alguns empresários mostraram-se desejosos de oferecer seus serviços sem onerações ou com base na esperança de obter futuros financiamentos do Estado. Uma firma inglesa estava pronta a dar assistência e crédito àquela que seria a mais festejada das aventuras, e logo aparelhou uma embarcação para desenvolver pesquisas a bordo. Um engenheiro, certo senhor Wilkinson (da firma Wilkinson & Smith, em Westminster, Londres), ficou feliz de associar o seu nome ao do soldado que tanto havia excitado e deliciado a sociedade vitoriana. Mais tarde, porém, quando o projeto de Garibaldi começou a passar por dificuldades, e os pagamentos deixaram significativamente de materializar-se, a firma ameaçou (em vão) processá-lo, queixando-se dos custos incorridos para cobrir as viagens exploratórias de barco e o trabalho que fora investido no planejamento de canais e de um porto.

O General deu notícia dos seus planos a especialistas e financistas em casa e no estrangeiro; conselheiros da Áustria, da França, da Inglaterra e dos Estados Unidos foram atraídos para consultas, e contatos foram estabelecidos com os Rothschild e os Baring.[10] Enquanto isso, um aristocrata solidário, o príncipe Torlonia, o ajudou a planejar a reconstrução da Campanha Romana e o endireitamento de algumas curvas muito fechadas do Tibre. Eles cogitaram a conversão de reservatórios de águas estagnadas em terras utilizáveis e ponderaram a melhor maneira de criar grandes reservatórios úteis, abundantes em peixes comestíveis.[11] Detalhes de vários sistemas de transporte de água foram especialmente examinados, haja vista a esperança do General de equiparar seus feitos aos dos predecessores, como, em particular, as obras dos engenheiros da Inglaterra vitoriana, que se ocupavam então de seus próprios planos de canalizar água de um lado para outro da Grã-Bretanha. Num determinado projeto, a água de Tivoli seria transportada ao longo de toda a volta do Monte Albano, para irrigar as zonas áridas da Campanha. Garibaldi bebeu em companhia de homens influentes, maquinando e criando redes com quaisquer formadores de opinião com que pudesse encontrar. Não foi por acaso que prometeu comparecer à inauguração, em 4 de fevereiro de 1875, de um templo maçônico em Roma.[12]

No começo da primavera de 1875, Garibaldi parecia estar fazendo progressos. Ele teve um encontro com o primeiro-ministro, Marco Minghetti, e

184

decidiu o local adequado para a instalação do porto — seria próximo de Fiumicino, em detrimento de outras localidades, como Ostia. Ele elaborou planos para a construção de um quebra-mar, para represas e canais, e para a criação de uma nova estrada de ferro, que se estenderia do local do porto até a capital. O jornal *The Times* reportava assiduamente esses passos, para esclarecimento dos leitores ingleses.[13]

Pelo menos três projetos distintos associavam-se a Garibaldi; eles surgiram entre fevereiro de 1875 e o final do ano. O seu projeto global agrupava essas variantes (ou, dizendo-o de maneira menos bondosa, oscilava entre elas). O primeiro foi o projeto em sociedade com o seu velho colega Quirico Filopanti (pseudônimo de Giuseppe Barilli), um professor de engenharia hidráulica da Universidade de Bolonha e também veterano da República Romana de 1849. Filopanti apresentou um projeto baseado na criação de um canal de dezessete quilômetros e de uma vasta represa acima de Roma.[14] Ele propunha que as águas fossem desviadas para o leste da cidade para desembocarem no novo canal. Esta proposta foi colocada em mesa entre fevereiro e março de 1875. A segunda variante era semelhante, fruto da invenção pessoal do coronel Amadei, e neste projeto as águas mais uma vez seriam transpostas, enquanto parte do curso do Tibre através de Roma seria completamente aterrada e novos esgotos seriam construídos. Em vez de um rio ingovernável, Roma veria a criação de uma maravilhosa avenida moderna. A planta baseava-se numa proposta anterior apresentada por um francês, Rullier, em 1872, mas que fora então ampliada por Amadei. Rapidamente, contudo, um terceiro plano apareceu, desta vez associado a um dos próprios conselheiros do governo, Alfredo Baccarini, que havia conquistado a atenção do General. Buscando uma solução "de compromisso" mais pragmática e modesta, Baccarini questionara energicamente a absurda premissa inicial de que o curso do Tibre fosse inteiramente transferido da cidade. Não obstante, durante algum tempo, a perspectiva de eliminar efetivamente o Tibre de Roma atraíra particularmente o General: o plano tinha simplicidade e ousadia, e, esperava ele, colocaria a escala da reconstrução urbana de Roma no mesmo pé que a de Paris.[15] Como anunciar melhor a entrada de Roma na era do nacionalismo e marcar a sua proeminência entre as cidades européias do que substituindo aquele escoamento profundamente sórdido e desagradável por uma nova e grandiosa via pública? Isto realmente colocaria Roma no mapa moderno: afinal, nem mesmo o formidável barão Haussmann, que transformou a aparência da capital francesa no período do Segundo Império, construíra sobre o Sena!* Porém, com a passagem dos meses, todos esses esquemas viraram pó. Seus oponentes ficaram aliviados ao perceber que ele não conseguira subverter o processo de tomada de decisões em Roma com a mesma celeridade com que às vezes se apoderava de territórios; e se sua *idée fixe* fosse revelada pelo que fosse tanto melhor.[16]

Entre todos os assuntos que afligiam Garibaldi naqueles anos, o Tibre figurou sempre como uma preocupação e fonte de aborrecimento constantes. Administradores e políticos logo tentaram refrear os seus planos, flanqueando o seu açodado grupo de patronos e defensores com especialistas mais realistas e suscetíveis à questão dos custos. Um importante político da esquerda, Agostino Depretis, ex-aliado de Garibaldi mas que passara então a ser fonte de uma considerável decepção, tinha sido encarregado de chefiar um comitê especial em 1875, o qual englobava engenheiros que não tinham boa impressão da abordagem de Garibaldi acerca dos aspectos técnicos.[17]

Na correspondência de Garibaldi sobre a questão do Tibre, pode-se detectar a sua preocupação pessoal e mesmo sua amargura com relação ao passo vagaroso das mudanças. Ele sentia que a oposição não ajudava e que o ritmo dos procedimentos era glacialmente lento. Nos documentos que escreveu sobre o Tibre, jazem os traços encobertos de recriminações, intercâmbios meio suprimidos entre as partes em Roma — alguns dos quais eram velhos amigos e companheiros de guerra —, registros de pequenas manobras, o empurra-empurra mesquinho de culpas e responsabilidades de um indivíduo para outro, em meio a um verdadeiro caos de ressentimentos e rivalidades. Mais e mais, a atenção do General era levada a oscilar entre um sem-número de distrações.

---

* Vale a pena recordar uma historieta na qual o utilitarista e paladino da saúde pública inglês Edwin Chadwick, numa visita a Paris em 1864, desafia Napoleão III a resolver o problema dos esgotos e do Sena. A cena se deu durante o período em que Haussmann estava idealizando obras essenciais que transformariam a aparência de Paris. Chadwick observou problemas sérios no sistema de drenagem parisiense e disse abertamente ao imperador: "*Sir*, dizem que Augusto encontrou Roma uma cidade de tijolos e a deixou uma cidade de mármore. Se sua majestade, encontrando Paris fétida, a deixar agradável, estará mais do que rivalizando com o primeiro imperador romano." A reação de Luís Napoleão não é conhecida. (Halliday, 1999, p. 38)

A coreografia oficialmente sancionada de atraso e digressão logo ficou evidente. Com certeza, o General não há de ter ficado verdadeiramente surpreso com algumas daquelas restrições. O governo estava seriamente inquieto com o custo e o alcance prováveis do plano que ele apresentara ao parlamento, e também com todo o teor da visita do General — por que, indagaram-se eles no começo do ano, logo que Garibaldi chegou, estava ele *realmente* lá? Alguns observadores se perguntavam se não haveria mais do que os olhos viam para explicar aquela súbita explosão de atividade em Roma; não seria impossível que ele estivesse organizando tramas secretas, preparando futuras campanhas militares, incitando as multidões. Outros questionavam se seu desgosto doméstico — o problema menos importante do divórcio bloqueado com a condessa Raimondi — também não podia estar interferindo no seu julgamento.

Garibaldi apaixonara-se pela jovem de 17 anos ao ser apresentado a ela, perto de Como, durante um breve intervalo na luta contra os austríacos em 1859. Ele ficou impressionado com a sua bravura, sentindo-se claramente atraído. Eles dormiram juntos antes de se casarem em 1860. O casamento teve vida curta e desastrosa. Garibaldi ouviu comentários de que a condessa não era mais virgem na época em que ele a conheceu; com efeito, ela tivera uma ligação com um dos seguidores dele, e tinha dado à luz um natimorto poucos meses antes de conhecer o General. Aparentemente, ele a chamou de prostituta e rompeu imediatamente todo e qualquer tipo de contato. Nunca mais eles se encontrariam outra vez. Em certa altura, Garibaldi mencionou que o seu casamento com ela não fora consumado em qualquer sentido real da palavra; disse que apenas envolvera "algumas cópulas". A sua longa campanha para anular esse casamento viria a revelar-se profundamente frustrante. Diz-se que o rei, sob a insistência de Garibaldi, murmurou algo no sentido de que, se o divórcio pudesse ser arranjado de maneira apropriada, ele estaria disposto a ajudar pessoalmente, mas que, sem essa condição, infelizmente nada podia ser feito.

Apesar dos apelos a políticos e à corte, passaram-se vinte anos até o infeliz casamento de Garibaldi com a condessa fosse legalmente anulado. No final, contudo, fez-se a coisa. Após várias iniciativas malfadadas, finalmente um pretexto legal foi encontrado para livrar Garibaldi das suas dificuldades e permitir que se casasse com Francesca Armosino em 1880.[18] A condessa Raimondi também se casou novamente, e viveu até 1918.

Ele vinha vivendo com Francesca por toda a década de 1870. Mulher socialmente muito mais humilde, ela viera para trabalhar na casa dele como ama e governanta. Quando finalmente ele se casou com Francesca, a filha do casal, Clelia, já tinha quase 13 anos de idade. Seus casamentos e concubinatos tornaram-se naturalmente objeto de comentários. O jornal *The Times* observou ceticamente, após a morte do General, que "[era] quase doloroso registrar como a sua credulidade franca o prendera numa paródia de casamento com a condessa Raimondi, jovem senhorita da alta sociedade, em Como." Ao que parece, seria igualmente "melancólico mas instrutivo" recordar o espetáculo que ele dera com Francesca e sua filhinha, "resultado da sua familiaridade com a ama."[19]

Esta "familiaridade" dividiria a própria família de Garibaldi. Francesca tinha entrado originalmente na vida do General através da filha dele, Teresita, que se casara com um italiano radical, Stefano Canzio, aos 16 anos de idade, constituindo em seguida uma grande família. Ela empregou Francesca enquanto vivia com seu pai em Caprera, em 1867. Jasper Ridley cita a seguinte história sobre as confusões na casa (é possível que seja apócrifa em seus detalhes, mas captura bastante bem a atmosfera pesada que prevalecia): Aparentemente, Teresita queria contratar uma ama-de-leite para seu bebê. Garibaldi, como muitos outros radicais do século XIX, era contrário à prática, encarando-a como um exemplo de opressão dos pobres pelos ricos. Teresita ficou extremamente angustiada pela oposição de Garibaldi, tornando-se crescentemente fria e difícil. Como resultado, queixou-se de que estava sendo perturbada pelo barulho das quatro galinhas-d'angola de Garibaldi, às quais ele era muito ligado. Sem informar ao pai, ela arranjou para as quatro galinhas serem mortas e servidas ao jantar; Garibaldi, porém, ficou tão perturbado pela morte das aves que nem ele nem ninguém as teria conseguido comer. Finalmente, Garibaldi cedeu na questão da ama-de-leite. Mais tarde, Francesca seria acusada por Teresita de ter roubado coisas da casa em Caprera. Mas o que ela "roubou" na verdade, sugere Ridley, foi Garibaldi.[20]

O General desencorajou-se com os impedimentos para acertar seus assuntos domésticos durante a década de 1870 e também se frustrou com as dificuldades enfrentadas para concretizar seus planos de salvar Roma. Ele se mostrava cada vez mais desalentado com a obstrução do seu projeto do Tibre.

188

Em outubro de 1875, Garibaldi não estava bem e voltou a Caprera por um tempo. Desgastado, ele confessou em cartas aos seus eleitores romanos a escala dos obstáculos administrativos e burocráticos que estava enfrentando. Seus simpatizantes compartilharam o seu desalento e juntaram-se nas recriminações.[21] Eles tinham sido logrados, e seu líder dava sinais de estar lutando por uma causa perdida. Sobre uma variedade de outras questões ao longo dos anos 1860 e 1870, Garibaldi já havia expressado abertamente o seu desânimo com o tratamento desprezível que o governo reservara a ele e aos seus voluntários.[22] Com a multiplicação dos impedimentos e barreiras, ele transmitiu ao seu amigo Jessie White a sua profunda decepção com Roma, sobretudo com a força da oposição aos seus planos para o Tibre: "O que eles querem?", perguntou ele incredulamente, só para concluir: "Enganaramme."[23] Com o estabelecimento de comissões e inquéritos, ele pôde ver que os políticos e administradores iam fazer com que o plano resultasse em nada, ou pelo menos em nada que o General considerasse digno da capital. Ele tentou evocar a sua velha rebeldia, mas com evidente dificuldade. Num eco lastimável do seu grito "Roma ou morte", ele afiançou ao seu velho companheiro militar Amadei: "Aqui nós vamos fazer o canal de desvio ou vamos morrer tentando."[24]

Garibaldi enfureceu-se, escreveu cartas, consultou e reconsultou a sua *entourage*, e revisou o plano o melhor que pôde. Contudo, ele também transmitia uma impressão desgastada de desapontamento e desânimo, como se neste último percalço, ainda uma vez, pudesse ver-se a saga do bom reformista perdido no labirinto irrecorrível da capital. O mal-estar retumbante de Garibaldi ao deslocar-se dentro do sistema político, procurando em vão promover o renascimento da cidade, não passou despercebido. Podia-se vislumbrar ali, a difícil situação do herói sincero, preso pelos políticos, paralisado pelo pântano do Estado. A agonia foi demasiado prolongada. Amadei trabalhava um plano revisado, mas, mais uma vez, ouviram-se rumores, em novembro, de que o governo pretendia acabar com quaisquer esperanças para a iniciativa de Garibaldi. O General lutou decisivamente para aceitar o que estava escrito no estuque da parede — a certa altura dizendo petulantemente ao ministro que fosse adiante com não importa que medida impensada de engenharia de escolha do governo, mas sem contar com ele, doravante fora de quaisquer deliberações adicionais.[25] Era precisamente este, sem dúvida, o objetivo dos seus oponentes.

Uma ilustração que circulou nesta época, de Garibaldi como Gulliver amarrado pelos liliputianos, capturava bem o seu sentimento de encarceramento burocrático. A palavra que o General e seu círculo usavam para referir-se aos adversários no governo era "pigmeus".[26] O caráter do seu ataque pode ser visto numa carta cáustica em que ele disse que o governo não fazia nada porque era incapaz de fazer qualquer coisa além de desperdiçar recursos, fraudar, enganar, enrolar. Há muito ele falava da escala da corrupção política, e a sua desilusão com as autoridades ecoou um ânimo popular de insatisfação muito mais extenso, que logo se expressaria numa revolta dos eleitores contra a direita e levara à queda do governo. O *coup de grâce* no projeto de Garibaldi aconteceu numa reunião no Ministério das Obras Públicas em 27 de novembro de 1875, com a presença do próprio General. Ele foi decisivamente superado, e seu plano foi derrotado em votação. Garantias e louvores anódinos de que ele tinha agido bem ao concentrar a atenção do governo no problema — mesmo que suas propostas particulares tenham sido malfadadas — foram de pouco consolo. Várias cartas, queixando-se destes desdobramentos, foram divulgadas pela imprensa.

Os planos apresentados pelos apadrinhados de Garibaldi, Filopanti e Amadei, foram ambos considerados esbanjadores e cientificamente inadequados por críticos do governo. Como Garibaldi tinha dado uma atenção especial a ambos, os historiadores têm tido dificuldades para estabelecer precisamente qual era o plano "original" de Garibaldi no começo de 1875 e qual era o sucessor. O General procurou dar garantias a ambos os seus conselheiros, causando muita turvação ao mudar de um esboço para o outro. Em certa ocasião, ele referiu-se ao projeto de Filopanti como "sublime", apenas para voltar aos esboços de Amadei quando o primeiro plano foi a pique.[27] Garibaldi rejeitou furiosamente os cálculos financeiros e técnicos dos seus oponentes. Ele tinha certeza de que economias importantes podiam ser feitas em outros setores do governo, liberando fundos que pudessem então ser redirecionados para prover as obras do rio e do porto, a criação de ferrovias, indústrias e um grande número de outros empreendimentos. Amadei continuou a queixar-se a Garibaldi de que os engenheiros do governo tinham depreciado injustamente o seu projeto, e depois minado as suas perspectivas exagerando os custos.* O coronel Amadei fez referências amargas a manobras obscuras do governo, cujo objetivo seria arquitetar a sua derrota pessoal. O tom das suas cartas, algumas das quais foram publicadas nos jornais, tornou-se cada vez mais acerbamente crítico. O conselheiro de Garibaldi tinha obviamente entrado em choque também com um outro engenheiro, o anteriormente mencionado Baccarini, que ocupava uma posição no primeiro escalão do Ministério das Obras Públicas.[28] Amadei buscou defender a sua reputação, insistindo na sua competência técnica.[29] Ele acusou Baccarini de desacreditá-lo e, em cartas a funcionários do governo, queixou-se com irritação dos sacrifícios pessoais que teve de fazer em prol do projeto e das despesas não ressarcidas com que lhe tinham pedido para arcar. Amadei teve de empenhar-se com especial afinco para eximir o próprio General da acusação de hipocrisia; ele atribuiu a relegação do seu plano a maquinações da *entourage* de que sempre o governo se via acompanhado.[30]

Quando a esquerda chegou ao poder em março de 1876, trouxe Depretis para a chefia do governo, o que levou à indicação de um novo ministro das Obras Públicas, Giuseppe Zanardelli. A esperança renasceu brevemente entre os simpatizantes de Garibaldi. As decisões anteriores sobre o Tibre foram sustadas mais uma vez e os planos do General voltaram à mesa. Mas a virada da sorte teve vida curta e as esperanças se revelaram infundadas. Mais uma vez os comitês rejeitaram a sua solução "externa" radical e retrocederam aos projetos originais de construir paredões de contenção no próprio curso do

---

* Garibaldi também sentiu-se vexado com as conclusões de um eminente engenheiro, Giovanni Amenduni, que fora encarregado pelo governo de atribuir preços um pouco mais realistas aos planos em rápida evolução do General. Não é de surpreender, ele os considerou inaceitavelmente altos e não se deixou impressionar pelos protestos do General e de seu grupo, de que os custos propostos estavam errados. Garibaldi não pisava em chão muito firme neste particular, pois sempre deixou claro que o custo era uma consideração secundária e que a contabilidade não devia restringir a ambição. Outros tinham opinião diferente, já que o Estado italiano estava numa posição financeira delicadíssima, tendo começado a vida com imensos custos, dentre os quais os decorrentes das suas campanhas militares e do persistente conflito pós-unificação para administrar o banditismo no sul não eram os menores. Na época, Depretis e outros trabalharam no plano, através de comitês e de relatórios de vários gêneros, e a visão do General foi caracterizada como inadequada e pobremente concebida, as suas plantas acabando em farrapos. E assim o governo descarrilou os planos de Garibaldi, enquanto ao mesmo tempo parecia apoiar os seus objetivos mais amplos, cedendo conselheiros e facilidades, apresentando exercícios orçamentários cuidadosos e provendo pareceres "úteis" de engenharia.

rio em Roma. Dessa vez Garibaldi sentiu-se traído por seus antigos aliados da esquerda. Filopanti previu que mais uma vez ele se retiraria para Caprera, recusando-se a continuar com aquela barganha espúria. Ele desejava que o General não ficasse ressentido em sua tenda como Aquiles.[31] Na verdade, Garibaldi foi submetido a diversas outras rodadas de manobras e humilhações enquanto percorria impotente o círculo sem saída da burocracia. Filopanti o comparou ao fantasma de um gigante.[32]

A nota de amargura do General em relação ao esquema do Tibre estava em sintonia com sua insatisfação mais ampla com respeito a toda a direção dos acontecimentos políticos na Itália pós-unificação. Ele se queixava do estado miserável das finanças nacionais, do legado de servidão, da influência repressora de ministros fracos e incompetentes. A propriedade material e espiritual de longo prazo da nação tinha se rendido, queixou-se ele, ao falso deus do dinheiro. Ele ansiava por reacender o espírito do *Risorgimento*, uma força moral que revitalizaria a energia da nação e assim ressuscitaria a sua saúde e a sua economia. Sacrifício e serviço eram as suas divisas. Garibaldi salientou o quanto a moral pública podia reforçar-se e quanto dinheiro podia ser economizado se a defesa nacional fosse baseada numa força voluntária de cidadãos — uma milícia popular a ser convocada quando necessário —, em vez de um exército permanente de 200 mil soldados, artificialmente segregados do restante da sociedade.

Tendo ficado inicialmente do lado dos que queriam desviar o Tibre para fora de Roma, mais tarde Garibaldi aceitou que o curso d'água devia ser domesticado, e não eliminado da paisagem — tal era a afeição dos cidadãos de Roma por seu rio.* Qualquer que fosse o plano específico, a questão cru-

---

* Mostrava-se, nessa época, um novo ímpeto de interesse cívico pelo Tibre. Por exemplo, formou-se, para um certo gáudio internacional, uma associação para a promoção da exploração dos tesouros de Roma, que acreditava-se estarem enterrados em grande quantidade no leito do rio (*The Times*, 21 de agosto de 1871, p. 6). Conforme entusiasmou-se o correspondente italiano do *The Times* (ao relatar os progressos dessa iniciativa arqueológica): "O Tibre recebeu tudo o que Roma não pôde manter para si, e o que quer que tenha ido ali para dentro, nunca jamais foi perturbado. Os romanos olham o curso do seu rio como se fosse o receptáculo seguro de todas as coisas perdidas. Procurem, dizem eles, e vocês encontrarão. Sondem os pilares da ponte Sublícia, lhes dirão eles, e hão de encontrar os elmos e couraças dos guerreiros etruscos cujos corpos têm ali apodrecido desde que os cidadãos vitoriosos de Horácio Cocles lá os lançaram, há 2.367 anos." (*The Times*, 21 de agosto de 1875, p. 9). Aqui, sob as correntes, "jaz o escoadouro

cial para Garibaldi era manter em mente o quadro geral: a revitalização de Roma e da Campanha Romana, a sua recuperação das forças da morte. Mas nada iria salvar os seus planos para o rio. Eles foram considerados inadequados por engenheiros, contabilistas e por muitos políticos; foram criticados inclusive pelos conservacionistas, por falta de sensibilidade para com a arquitetura e a beleza de Roma.[33] Ele poderia aceitar este ponto, mas o espírito de oposição ao seu grande esforço o deprimiu; o destino infeliz do seu plano pareceu a Garibaldi ser evidência de um mal-estar nacional mais profundo: a "velha" Roma continuava a minar fatalmente a "nova" Roma. Ele suspeitava de que a contínua "infestação de padres" na Cidade Eterna desempenhava certo papel nesta obstrução, bem como em muitas outras. Uma análise demolidora dos rituais católicos covardes fazia-se acompanhar por uma crítica das deficiências administrativas do Estado pós-unificação, que tinha, por assim dizer, herdado e perpetuado adicionalmente a devassidão, o desperdício e a decadência do Vaticano. A Itália, insistia ele, permanecia na espiral de declínio. O General falava como essa deterioração histórica se manifestava nos próprios corpos da população — a bela raça italiana empobrecera-se porque a própria alma de Roma estava maculada.[34] Em vez de testemunhar a realização de grandes projetos para domesticar rios e desenvolver instalações portuárias melhores para Gênova, Nápoles, Palermo, Roma e Veneza, Garibaldi viu a Itália destruída por enormes salários e pensões parasitárias da sua classe política. Assim o antigo marinheiro da Itália confrontou os seus compatriotas.

O plano, em toda aparência, era tecnicamente executável na época, e tinha fundos suficientes à disposição.[35] Não era mais desafiador, em princípio, do que alguns dos demais projetos e construções notáveis que foram realizados no período. Não obstante, considerando o perigoso estado das finanças

---

de Roma, que era o escoadouro do mundo"; "enquanto tudo à volta decaía e perecia, e ia-se o mundo, transformando o sítio de Roma numa lúgubre solidão, o antigo curso restou fluindo, levando os escombros da ruína de Roma, esperando o dia em que fosse chamado a entregar suas memórias." (*ibid.*) Os jovens musculosos de Roma expressaram um tipo diferente de entusiasmo pelo Tibre, tendo participado, em setembro de 1874 pela primeira vez, de uma esplêndida e bem freqüentada regata. Competições de remo foram organizadas na Roma central, em imitação às corridas de barcos inglesas. Competidores intrépidos transpunham o curso "traiçoeiro", com seus rápidos vórtices e correntes fortes (*The Times*, 4 de setembro de 1874, p. 9).

nacionais, não é de surpreender que o governo recuasse diante dos custos e buscasse alternativas mais baratas. O obstrucionismo do serviço público e os receios do governo podem ser explicados da maneira normal, isto é, em termos de restrições financeiras realistas, pareceres técnicos céticos e funcionalismo precavido, e também das costumeiras "barganhas espúrias", politicagens interpessoais, manobras para granjear influência, concessões nos comitês e demais fatores que em geral dominam os assuntos públicos. Entretanto, a natureza do investimento pessoal de Garibaldi merece uma investigação rigorosa. Apesar de não podermos saber se, no íntimo do seu coração, ele realmente esperava realizar os seus planos tão elaborados, o seu empenhado compromisso com a tarefa não pode ser questionado.

É um equívoco conceber a questão simplesmente em termos de quem venceu ou perdeu o debate parlamentar, que legislação foi promulgada e que plano soçobrou. Estilo, desempenho e teatro sempre foram aspectos vitais das abordagens próprias de Garibaldi. Ele se apresentava como exemplo, um princípio vivo, e considerava a tenacidade e o compromisso, mesmo que levassem a derrotas melancólicas, superiores aos acordos sujos. Essa qualidade de tenacidade implacável foi central no caráter lendário por ele próprio forjado. Historiadores e biógrafos haviam há muito percebido, é claro, este aspecto consciente do seu comportamento. Observando as roupas, o cavalo branco e os modos reservados característicos de Garibaldi, um comentarista recente concluiu: "Em tão meticuloso aparato, e abnegação, é impossível não ver — qualquer que seja a justificativa prática — o reflexo de alguma necessidade da sua natureza."[36]

O esforço de interpretação da "natureza" de Garibaldi tem uma história longa. Nenhuma personalidade no período foi mais cuidadosamente dissecada e amplamente analisada. Ele foi descrito como anjo da justiça divina, como criança, como tolo e até como louco.[37] Todas as suas ações ou expressões foram examinadas na busca de sintomas e significados ocultos. Muitas pessoas estiveram interessadas não apenas em como Garibaldi atuava publicamente, como ele "fazia coisas com as palavras"[38] ou comunicava pensamentos através de ações práticas, mas também em tudo que ia na privacidade da sua mente. Eram as suas ações realmente imprevisíveis, ou seguia o General uma lógica que guardava para si mesmo (ou, com efeito, de si mesmo)? Nos anos

1850 e 1860, companheiros seus, assim como estadistas, embaixadores, secretários estrangeiros em toda a Europa, estiveram profundamente absorvidos pelo enigma dos seus planos, conjecturando retrospectivamente as suas propostas subjacentes, diagnosticando a sua personalidade, tentando resolver de uma vez por todas a questão: "O que realmente ele quer?" Ninguém foi mais experimentado neste labirinto do que o conde Cavour ao final da década de 1850, quando se empenhou em controlar com toda atenção as energias deste tumultuoso "herói de dois mundos", tão determinado a unificar a Itália, independentemente das complexidades diplomáticas envolvidas. (Reconhecidamente, captar as intenções mais profundas do conde mostrou-se algumas vezes tão complicado quanto diagnosticar as do General.)

De todos os seus relacionamentos, a interação difícil, antagônica com Cavour às vésperas da unificação nacional foi a mais amplamente explorada. As manobras e percepções (às vezes equivocadas) mútuas dos dois homens no ano singularmente crucial de 1860 foram cuidadosamente analisadas.[39] Às vezes, é difícil desenredar que concepções cada qual realmente possuía; na medida em que contendas, estratagemas e blefes se sucediam num ritmo vertiginoso, cada líder e seu grupo esmiuçavam com desvelo os significados ocultos das declarações e ações do outro. Se Cavour é em regra apresentado como o manipulador consumadamente deliberado, o ardiloso jogador de cartas que nunca revela o que tem na mão, Garibaldi era freqüentemente o ingênuo (ou aquele que se fazia passar por). Para alguns, ele era demasiadamente honesto; a sua única real fraqueza, observou um veemente admirador inglês em 1860, era ser "demasiado sincero para este mundo."[40] O seu "olhar amoroso", falta de afetação e evidente indiferença para com a diplomacia foram afetuosamente assinaladas por numerosos observadores. Seus biógrafos chamaram acertadamente atenção para a extraordinária ingenuidade de Garibaldi com relação ao dinheiro, e os seus ocasionais erros de avaliação sobre a boa-fé de associados, às vezes com desastrosas conseqüências, como no planejamento das várias ofensivas romanas dos anos 1860.[41] A sua reputação apoiava-se nesta qualidade de inocência e numa certa ignorância, quiçá terna, "(ou pelo menos numa cegueira voluntária) das coisas do mundo".

Talvez nem Cavour nem Garibaldi compreendessem plenamente o que cabia a cada um ou a ambos, como se um monitorasse o outro, reciprocamente impelindo a ações ou declarações cuja função nem sempre era clara na ocasião, mesmo que pudessem ser racionalizadas *a posteriori*. Alguns historiadores enfatizaram a perspicácia diplomática de Cavour e a contrastavam com a abordagem abrupta e a modesta inteligência de Garibaldi. Contudo, também foi amplamente observado que quando os rivais e inimigos de Garibaldi o subestimaram, tenderam sempre a lastimar-se por esse erro.[42] Às vezes, ele ostentava a sua simplicidade e falta de malícia para obter vantagens, a fim de mascarar as suas intenções mais profundas. A imagem de Garibaldi era manipulada por outros mas também por ele mesmo — suas memórias, romances e discursos ajudaram a moldar o seu *status* heróico e a sua reputação de humildade. O processo de "monumentalização" continuou após a sua morte — no mais das vezes diretamente corporificado em inumeráveis estátuas, imagens e nomes de lugares (que ainda podem ser vistos em vilarejos e cidades espalhados por toda a península).[43]

Num longo obituário publicado no *The Times*, observou-se que Garibaldi saltava sobre conclusões sem se dar ao trabalho de meditar argumentos. Era visto como alguém que tinha noções cruas sobre democracia, comunismo, cosmopolitismo e positivismo, as quais "se misturavam [todas] em seu cérebro", onde "se acotovelavam numa confusão irremediável, envolvendo-o em contradições inconscientes apesar de todos os seus esforços para preservar um crédito de coerência." A qualidade vivaz de Garibaldi torna difícil encontrar uma régua adequada para avaliar suas ações. O General não era considerado nenhum idiota, mas tampouco exatamente um sábio:

"Em momentos sóbrios, ele parecia reconhecer as suas deficiências intelectuais, a sua educação imperfeita, a facilidade com que permitia que sua própria fantasia ou perigosas recomendações de amigos se impusessem ao seu melhor julgamento; mais recentemente, porém, ele teria deixado toda modéstia de lado [para] fazer discursos bombásticos... presidir reuniões, dirigir-se às multidões, falar com a maior audácia sobre o que menos entendia, e fazer enrubescer seus amigos com o seu tom enfático, cortante e absoluto, com suas teorias imoderadas e afirmações arrebatadoras, como fez em Genebra num dos congressos da Sociedade pela Paz, quando, diante de uma entusiasmada platéia calvinista, ele questionou se São Pedro estivera ou não em Roma afinal — "uma pergunta fútil", comentou ele, "pois posso dizer-lhes que essa pessoa, Pedro, jamais existiu."

* * *

Garibaldi devia ser perdoado por dizer tal coisa, insistia o *The Times*, pois "com um coração como o seu, um homem pode muito bem permitir que seu cérebro devaneie." Qualquer erro de avaliação que eventualmente cometesse não era nada comparado com as suas realizações e a notável magnanimidade do seu caráter. "Mesmo que seu pior inimigo escreva a biografia de Garibaldi, ele sempre aparecerá como o mais sincero e desinteressado, o menos autocentrado de todos os homens." O obituarista salientou que por muitos anos, "com uma coerência inabalável", Garibaldi recusou toda recompensa, evitou a aclamação popular e se revoltou contra o "culto abjeto" das multidões. Ele parecia austero e incorruptível, e, ao mesmo tempo que mulheres, homens e mesmo padres o saudavam na Calábria como "Nosso Messias! Nosso Redentor!", mães da Lombardia estendiam-lhe seus recémnascidos para serem batizados por ele, pois "nenhuma outra mão trazia consigo com tanta certeza a bênção de Deus". Em Londres, em 1864, ele "desvencilhou-se respeitosamente das finas senhoras que se mostraram um tanto incertas sobre como um verdadeiro leão deveria ser reverenciado."[44] Se às vezes o *The Times*, entre outros, considerou os seus arranjos familiares e as suas opiniões políticas bastante contrários à natureza e à razão, esses elementos passaram a ser cada vez mais considerados sinais da sua simplicidade e credulidade, em vez de fatores de ameaça. "Ele era o mais amoroso, o menos rancoroso dos homens." Quaisquer que tenham sido os desatinos ou crimes porventura cometidos em seu nome, "pode-se desafiar o mundo a descobrir um ato de baixeza ou ação cruel, ou sequer uma palavra deliberadamente indelicada, que haja partido do homem ele próprio." "Por mais estouvadamente que ele se tenha metido com o republicanismo, a sua devoção a Vítor Emanuel é prova contra todo menoscabo ou abuso da parte do governo do rei. Quaisquer que fossem os progressos que realizasse na escola moderna dos filósofos, a sua fé em Deus mantinha-se inabalável. Infelizmente, a sua confiança nos homens — e nas mulheres — transcendia todo discernimento."[45]

Na morte, como na vida, Garibaldi deixaria a mais profunda impressão em seus contemporâneos. Circularam copiosas ilustrações sobre ele em cada etapa crucial da sua vida e, finalmente prostrado, em seu leito de morte.

Porém, mesmo quando representado muito vivo, cheio de vigor e energia, acreditava-se que ele fosse dotado de um temperamento silencioso e tranqüilo, e de uma presença muda e serena, "para além das palavras", que fascinava o seu público. Seu silêncio prendia tanto a atenção quanto a sua eloqüência. Alguns comentadores acreditam que esta qualidade irresistível deriva de um vazio peculiar dentro do qual "todos podiam encontrar algo de si mesmos."[46] A paisagem da sua mente e da sua motivação foi amplamente discutida. Contudo, talvez surpreendentemente, ele nunca recebeu no século XX o tratamento psicobiográfico pleno ao qual um sem-número de figuras históricas internacionais, de Lutero a Luís XIV, de Woodrow Wilson a Gandhi, foram submetidas.

Pode-se ir além de um esboço e de uma interpretação dos motivos inconscientes de Garibaldi e chegar ao núcleo oculto da sua paixão romana? Pode-se, por exemplo, ver o que há por trás da vaga noção de "martírio" e considerar o que sacrifício e regeneração significavam para ele, nos limites do que *The Times* chama de "a contradição inconsciente da sua mente?" As suas ambições específicas quanto ao renascimento da Cidade Eterna refletiam o pensamento político contemporâneo, bem como as explicações de enchentes e febres. Este livro buscou refletir sobre as fantasias culturais coletivas que se formavam em torno da figura do General, mas também procurar perguntar-se o que *fez* o próprio General com ou sem intenção, ou o que *representou* pública e privadamente, ao aproveitar oportunidades, lutar contra adversidades e fazer seu caminho através dos debates, do drama e das crises do seu tempo.

O tom dos discursos e cartas de Garibaldi sobre Roma e o Tibre oscilava entre grandiosidade e humildade. Ao irromper na cidade com uma "dramática" solução para os seus males, ele parecia inteiramente convencido do seu argumento. Ao cegar-se temporariamente para as insuficiências práticas e políticas dos seus planos para o Tibre, ele parecia ser impelido por uma obsessão. Não estaria ele buscando "endireitar" magicamente o mundo — ou antes o seu mundo? Ele lamentou não ter conseguido fazer bastante por Roma no passado, mas talvez inconscientemente a cidade também simbolizasse um "lugar" danificado ainda mais profundo, mais pessoal, que ele ansiava reparar. Como herói de guerra, a sua carreira está inextricavelmente associada com violência, sangue e morte idealizados. O período posterior da sua vida foi pontuado por sucessivas tentativas de dar as costas à guerra, de trazer paz e harmonia ao mundo através de congressos internacionais e grandes esquemas de "restauração" cívica e moral. Não obstante, também havia nisto, como observaram alguns contemporâneos, uma qualidade de onipotência. Eles criticaram as suas "ilusões" persistentes e o *pathos* do seu poder diminuído: um homem velho que ainda buscava abalar o mundo. Às vezes, ele parecia convencido por sua própria retórica invencível — como se tudo fosse possível se apenas *ele* insistisse longa e intensamente o bastante. Mas apesar de toda a sua eloqüência e energia, o sonho foi gradualmente subjugado.

Em estado de mania, tendemos a negar toda culpa e responsabilidade, afirmando sem maior cuidado que os danos que causamos a nós mesmos ou a nossos entes queridos podem ser endireitados — conflitos internos e obstáculos externos são exorcizados com confiança e abandono exultantes.[47] Algo disto não estaria evidente no projeto de Garibaldi para Roma? Por um lado, ele prometia ações dramáticas para redimir as falhas e deficiências do passado, desconsiderando toda oposição ou crítica. Por outro, ele parecia esperar e preparar-se intuitivamente para a derrota, para o luto da impossibilidade das soluções todo-poderosas que ele promovia. Garibaldi era animado por um espírito público em sua busca incansável de redimir Roma, mas talvez também tenha procurado resolver "questões inacabadas" de tipo mais pessoal. Havia razões lógicas — e impressionantemente altruísticas — para o seu esforço, mas não teriam agido com a força que agiram sobre ele se não fosse o modo próprio com que reencenavam conflitos e dramas mais profundos.

A informação que temos sugere que, além e acima da importância cultural, social, política ou médica de Roma para Garibaldi e seus associados, como objeto estimado a ser conquistado, redimido e purificado, a sua visão da cidade "moribunda" era tingida por preocupações inconscientes particulares. Ele parecia cada vez mais dominado pela idéia de que devia dedicar tudo ao resgate e restauração daquela cidade tantalizante que freqüentemente ele comparava a uma mulher amada. Seu desejo era reparar o dano, curar a doença e dar nova radiância àquele sítio adorado mas enodoado. Ao que parece, entretanto, ele teria sido impedido de fazê-lo pela intervenção de personalidades hostis e, na sua opinião, arrogantes, determinadas a manter

Roma doente. No nível histórico, podemos apontar para as forças reais que se aplicaram de fato em frustrá-lo e em baldar tudo mais por que ele lutava. Contudo, não terá ele se dirigido também rumo à salvação de figuras malévolas, moribundas ou mortas, enterradas na própria história — ou no pensamento — da Cidade Eterna, as quais pareciam ou estar além de qualquer possibilidade de reparação ou comprometidas na sabotagem da sua própria boa obra? Ele parecia ser interminavelmente afrontado pelo fracasso da busca para salvar e purificar plenamente o objeto do seu desejo. Falava, às vezes, como se uma solução moral (ou medicinal) instantânea, quase mágica, fosse possível. É claro, ele não podia "reparar" as numerosas mortes reais com as quais fora confrontado, mas tampouco, se mostrava capaz de reconhecer completamente sua cumplicidade, ou mesmo sua culpa, na negligência com que foram tratados alguns desses importantes ideais e algumas dessas ambições e muitas dessas pessoas perdidas. Às vezes, ele reivindicava um monopólio de motivos puros e atacava outros personagens por serem vãos e narcisistas, mais preocupados com glória, dinheiro e conforto do que com cuidar da cidade-mãe ou da nutrição da nação recém-nascida que emergira precisamente entre tais dores e lutos históricos.

Sob pressão, Garibaldi de fato fez concessões e adaptou os seus planos para o Tibre, mas também falou como se qualquer concessão significasse a própria morte. Há muita coisa ambígua em seu "fracasso". Terá ele, de maneira um tanto masoquista, trabalhando em favor de outra derrota inevitável? Ou buscava a sua iniciativa na verdade demonstrar que só uma ditadura poderia funcionar? Fracassar numa meta tão nobre como a regeneração de Roma era dramatizar a sua tão longeva queixa sobre a sua própria marginalização política e a impotência moral do novo Estado. Seria esta poderosa narrativa de ambição frustrada que ele buscava legar ao futuro?

Buscassem-no deliberadamente ou não, os nacionalistas da virada do século e, subseqüentemente, os fascistas, inclusive o próprio Mussolini, escolheram claramente essa "lição", ao fazerem referência à história das derrotas de Garibaldi e dos seus projetos políticos e sociais inacabados. O equilíbrio preciso entre as fantasias de Garibaldi e as representações culturais mais amplas que foram projetadas sobre ele constitui um ponto de discussão: suas próprias ações e pensamentos foram inevitavelmente inflectidos pela pressão das expectativas coletivas e pela escala da adoração e do investimento

200

públicos. Nós não podemos afirmar ter compreendido as configurações precisas do desejo e da ansiedade de Garibaldi, contudo seria uma deliberada miopia pretender estudar o passado como se tais figuras históricas não tivessem seu próprio mundo interior.

Pensar a atuação pública de Garibaldi em Roma, durante os anos 1870, como uma performance de fracasso não é abandonar inteiramente a história cultural e seguir na direção das praias mais selvagens da psico-história. Conforme discutimos no Capítulo 8, a história do viajante ingênuo que vem a Roma só para descobrir-se subitamente preso no penoso labirinto do Velho Mundo já era, ela própria, copiosamente registrada culturalmente. Muitos escritores compartilhavam com Garibaldi esse sentimento de Roma como local de desilusão e desespero, a cidade onde o cinismo enfadado excede o forasteiro crédulo. Roma seria apresentada numa grande massa de escritos como sítio de atmosferas místicas e do doloroso conhecimento da incapacidade humana. Ela também era percebida como um antro de fraude e corrupção. É claro que, também na política do século XIX, a necessidade de recuperar e purificar "Roma" continuava a dar forma à a retórica e ocasionalmente aos programas dos políticos reformistas, e mesmo a figurar com destaque nas várias faces da supremacia moral fascista.*

---

* A análise rigorosa da noção de Roma no pensamento político e cultural no século XX está além do alcance da presente investigação. Basta dizer aqui que, nas décadas finais do século XIX, os comentadores tiveram um período de grande oportunidade para ridicularizar as práticas obscuras que ocorreram na nova capital da Itália (Dickie, 1993 e 1999). Como mostrou convincentemente o cientista político italiano Emilio Gentile (1996), o apelo quase místico à "regeneração" coletiva percorre todo o *Risorgimento*, tendo sido deixado como legado ao pensamento posterior. Surgiu uma perspectiva "religiosa secular" curiosamente híbrida. Ela foi passada da época de Mazzini e Garibaldi à arte moderna e aos movimentos políticos. A idéia da Itália moderna como gigantesca traição aos ideais do *Risorgimento*, malogro ignominioso, presidida por incompetentes e cínicos depravados, estava ganhando força na época em que as reformas romanas de Garibaldi foram a pique. O obscuro ideal de "*romanitá*" também foi freqüentemente usado por políticos à procura de uma "visão". A identificação retórica do presente com um passado ilustre serviu para subscrever propostas legislativas particulares ou para associar um ou outro orador individual a posições morais superiores. Dependendo das circunstâncias, a noção de "Roma" pode ser desdobrada para significar corrupção e declínio, mas também poder e ambição históricos grandiosos: assim, o primeiro-ministro Crispi evocou o passado imperial para justificar a guerra italiana contra a Etiópia, como fez Giolitti quando, como chefe do governo, promoveu novas campanhas aventureiras (Bondanella, 1987; cf. Moe 2002).

Talvez Garibaldi ficasse mais à vontade como perdedor do que como vencedor. Apesar de todas as suas realizações, ele parecia ser assombrado por um sentimento próprio de melancolia e traição. Ele considerou que o acordo político que prosperou na nova nação correspondia a uma promessa terrivelmente quebrada. Ele declarou que Roma *era* a verdadeira essência da Itália e que progressos futuros dependiam absolutamente da reparação e integração das partes mutiladas do Estado.[48] Cada vez mais, ele repreendia a degeneração da "Itália", a corrupção fatal dos ideais do *Risorgimento*.

Na década de 1870, as doenças e mortes na família estiveram muito presentes em seu pensamento. Depois da morte da sua jovem filha Rosa, ocorrida enquanto Garibaldi combatia na França, ele escreveu: "parece-me que semelhantes seres sejam plantas exóticas, que deixam voluntariamente este vale de lágrimas, partindo para regiões mais felizes."[49] Não é possível saber até que ponto ele acreditava nisto. E, mesmo que acreditasse, pode-se duvidar do quanto isto podia realmente consolá-lo. No ano seguinte, ele esteve angustiado com a doença de uma outra filha, Clelia, acamada com uma febre por quarenta e quatro dias, até chegar a parecer, nas palavras dele, quase um esqueleto. "Não

---

Durante o período fascista, e mesmo ao longo dos anos 1950, a recuperação moral da Cidade Eterna, da corrupção, seria uma preocupação política central (Agnew, 1995). Em circunstâncias históricas muito diferentes, no final do século XX, "Roma" avultou-se no horizonte da retórica política, notadamente na corrente invectiva que emergiu da Liga do Norte (ver Mazzoni, "Una problema capitale", em Ginsborg 1994, pp. 108-14). A descoberta de um sistema disseminado de subornos políticos, que passou a ser chamado de "*tangentopoli*" (cidade do suborno), escândalo que, é claro, não se originou e absolutamente não se confinou a Roma, desencadeou uma extraordinária fermentação política e institucional. (Este fato e as campanhas judiciais e investigações que foram chamadas de "*mani pulite*", "mãos limpas", encontram-se particularmente bem mapeadas e sagazmente analisadas em Ginsborg, 2001). Quanto ao líder da Liga do Norte, Umberto Bossi, a desordem de Roma foi algumas vezes atribuída à patologia histórica do sul. Na opinião dele, dir-se-ia mesmo que "Garibaldi não devia sequer ter partido para Marsala em 1860." (Ginsborg, 2001, pp. 175-6; cf. Savelli, 1992; Bull e Gilbert, 2001). Subterfúgio político, suborno disseminado e coisas ainda piores certamente não são invenções extravagantes, mas não é preciso dizer, que a palavra "Roma", nesse contexto, funciona meramente como abreviatura de práticas hoje desmascaradas em toda a península e além. Denúncias contra a "ladroagem de Roma" também se destacaram no discurso de Gianfranco Fini, o líder "pós-fascista" do partido de extrema direita que ele rebatizou de Alleanza Nazionale (Francia, 1994). Reconhecimento da realidade da corrupção direta e indireta, conflitos de interesse e obstáculos profundamente enraizados à mudança progressiva abriram freqüentemente caminho a diagnósticos totalizantes, a narrativas e soluções políticas sinistras.

202

é essa nossa vida um vale de lágrimas no qual o Tempo está à espreita, sem respeitar nem o túmulo nem as obras dos homens, nem tampouco as suas relíquias materiais ou mentais?", escreveu ele, numa dorida carta à sua amiga e ex-amante, a baronesa von Schwartz. Ele receava ter de sobreviver a uma filha, pela terceira vez.[50] Para seu grande alívio, Clelia recuperou-se.

Em 1875, mais uma tragédia abateu-se sobre ele, tragédia esta que talvez lhe tenha deixado um sentimento de culpa ou responsabilidade, após a morte da sua profundamente infeliz e assaz negligenciada filha, Ana Maria Emeni, que logo passaria a ser chamada pelo nome da sua primeira esposa desde há muito falecida, Anita.[51] O seu nome e a sua morte repentina devem tê-lo lembrado da dolorosa experiência da doença e perda da sua amada companheira durante a fuga desesperada de Roma em 1849. A sua filha Anita nascera em maio de 1859, fruto indesejado do seu caso com uma jovem e pobre camponesa, Battistina Ravello. Muito embaraço e mistério envolvem suas relações tanto com Battistina quanto com a filha do casal. Um tépido plano de casamento com a amante foi rapidamente abandonado; com certeza, a extensa família de Garibaldi ficou desolada diante da idéia de que ele pudesse comprometer-se com uma mulher tão rude e humilde (embora, é claro, isto não o tenha impedido de casar-se posteriormente "abaixo do seu nível", quando formalizou sua longa relação com Francesca Armosino). O que exa-

---

Como observou recentemente um jornalista inglês, na Itália, as discussões políticas são amiúde conduzidas em termos de conspiração, adulação e manipulação. A revelação de tramas políticas ocultas e de alianças "maçônicas" secretas (cuja existência foi, é claro, demonstrada) converte-se facilmente numa visão mais melodramática e paranóica de poderes impenetráveis, secretos e oniscientes, estendendo-se através de todo o sistema, a partir da sombras da capital. Embora o fenômeno e a percepção de tais forças não sejam exclusivos da Itália, a língua italiana possui um repertório notavelmente rico de palavras para descrever as técnicas de manipulação, desinformação e diversão.

Há algumas palavras italianas freqüentemente empregadas que podem ser úteis aqui: *polverone* (uma grande nuvem de poeira) descreve a confusão gerada entre versões extravagantes e ardentemente contestadas do mesmo incidente ambíguo; *fantapolitica* alude a relatos fantásticos, escandalosos e geralmente paranóicos do que está acontecendo na vida política; *dietrologia* (por-trás-da-cena-logia) é o obsessivo estudo ou invenção de *fantologia*, em particular da maneira como a vida é *pilotata*, secreta e ilegalmente manipulada (por inimigos); *insabbiare* (enterrar algo na areia) descreve o processo mediante o qual uma quantidade esmagadora de pistas falsas (freqüentemente fornecidas por *pentiti* da máfia) e/ou operações-padrão da burocracia podem levar uma investigação criminal a ser *archiviata*, arquivada e esquecida. (Parks, 2001)

tamente o terá aproximado de Battistina e depois afastado dela não está inteiramente claro. Durante um tempo, Battistina e a filha do casal viveram perto de Garibaldi na Sardenha, mas quando ele ouviu dizer que esta mulher, a "sua mulher", envolvera-se intimamente com um jovem local, ele a despachou com Anita embora para Nice.* Talvez a filha também fosse considerada desonrada. Ele prestou alguma assistência financeira ao par infeliz, mas a uma discreta distância. Finalmente, usando de algum tipo de logro, deu um jeito de afastar Anita da mãe, confiando-a aos cuidados da baronesa von Schwartz.

Segundo todos os relatos, a filha Anita já tivera uma infância infeliz por causa da dolorosa separação; é certo que ela viu o pai raramente, e sua reação à visita-surpresa a Caprera, quando Anita tinha 9 anos de idade, pouco fez para melhorar as coisas. O objetivo era afastá-la sumariamente da sua mãe. A própria Battistina parece ter cooperado com o plano, embora um pouco relutantemente. Ao saber do seu destino, a criança caiu aos soluços, dando chutes e gritando, rolando na terra, e a mãe acabou por reconsiderar. Anita foi obrigada a partir com a baronesa, mas, de volta ao continente, golpeou-a com um soco, confirmando a opinião da sua nova guardiã segundo a qual o que era necessário era a disciplina de uma escola rigorosa. A experiência de uma instituição para jovens senhoritas de sociedade na Suíça não fora muito bem-sucedida, e, após dificuldades adicionais e sofrimentos consideráveis, Anita tornou-se, na realidade, uma serviçal não-remunerada na casa da baronesa em Creta, onde parece ter vivido como virtual prisioneira. No começo, Garibaldi tendeu a ficar do lado da guardiã e a encarar as queixas freqüentes de Anita sobre a sua educação e o tratamento geral de que era objeto como produto do seu mau caráter e da sua imprópria afetação.** Fi-

---

* Como vimos, houve pelo menos uma ocasião anterior importante em que o fato de Garibaldi tomar conhecimento de ligações sexuais de uma mulher o fez afastar-se com desgosto e ódio, a saber, aquela do seu casamento com a sua segunda esposa, a condessa Raimondi.

** "Ele voltou-se fortemente contra Anita. Apoiou todas as queixas [da baronesa] sobre a filha, recusou-se a ler as cartas de Anita, e declarou que, com o seu reumatismo, se pudesse usá-la como muleta para andar, ela até poderia ser de alguma utilidade para o mundo. Finalmente, ele concordou com a sugestão de Speranza, de que ela devia levar Anita para a sua casa em Creta; e Anita, tendo sido afastada à força da mãe enquanto esta protestava que assim ela receberia uma boa educação, parece ter acabado como doméstica não-remunerada de Speranza em Creta." (Ridley 1974, p. 598)

204

nalmente, contudo, mesmo ele passou a suspeitar da conduta da baronesa, e após receber um apelo desesperado de Anita, então desde há muito exilada, ele enfim enviou Menotti para trazê-la de volta de Creta.* Ela passou seis semanas com a família, a maior parte do tempo em Caprera, mas, durante o verão de 1875, a tão longamente sofrida filha de 16 anos pegou uma doença séria, talvez um ataque de malária (embora há quem tenha sugerido que fosse envenenamento alimentar ou meningite), que a levou abruptamente à morte.

A ignomínia do tratamento por ela recebido e as ambigüidades da atitude anterior de Garibaldi para com a criança manifestamente indesejada e sua mãe engendraram nele uma clara expressão de culpa. O que parece ainda mais evidente do que um luto prolongado consciente por esta filha em particular é uma exaustão cada vez maior e um pessimismo generalizado, a aceitação da sua própria morte e mesmo um desejo de que acontecesse, fatores que reforçavam uma tendência já há muito manifestada. Garibaldi apresentara-se muito freqüentemente como um homem invencível, mas ele também declarou, algumas vezes, o seu desejo de que sua vida chegasse ao fim. Muitas vezes ele falou publicamente da sua disposição, e mesmo da sua ânsia de morrer por Roma; mais reservadamente, ele confessou a dor insuportável de ter sobrevivido a tantos entes queridos.

---

* Aparentemente, Anita soubera da visita de Garibaldi a Roma através de reportagens da imprensa. Ela conseguiu, secretamente, lançar de uma janela uma carta endereçada ao seu pai, evitando desse modo o olhar vigilante e desconfiado da baronesa. A carta foi recebida por um vizinho, que a encaminhou. Anita foi levada para Frascati, perto de Roma, e foi reunida a Garibaldi e à sua nova família. Descobriu-se que seus cabelos estavam pululantes de piolhos. (Ridley, 1974, p. 628)

10 Morte

"Dir-se-ia que a Via Ápia deveria ser a única entrada para Roma, através de uma avenida de túmulos."

Nathaniel Hawthorne, *Notebooks* [Cadernos de apontamentos]

Em vez de emancipar Roma politicamente ou de drenar os pântanos da Campanha, o próprio Garibaldi quedou inescapavelmente "atolado". O General, que por tanto tempo se colocara acima da política, distante e indiferente à "conversa fiada" parlamentar que tão acrimoniosamente desprezava, veio a Roma só para ver o seu projeto posto de lado e recusado. Muitos, porém, foram estimulados por seu exemplo e seu desejo de levar a cabo a regeneração material da terra, inspirados a alcançar o tipo de resultado que lhe tinha escapado. Nos anos 1870 e depois, o filho mais velho de Garibaldi, Menotti, dedicou uma energia considerável à recuperação de um imenso pedaço de terra na Campanha, em Carano. Ele também foi responsável pela implantação de vários projetos de saúde e educação. Aos 63 anos de idade, ele contraiu a malária, morrendo em Roma em 1903. Num contexto bem mais amplo, Mussolini daria prioridade à recuperação da terra e à "guerra contra a malária", depois de fazer aprovar uma legislação especial sobre a matéria em 1928. Na década de 1930, ele seguiu adiante criando novas cidades em terras antes abandonadas e assoladas pela febre na Campanha. Nesses esforços, Mussolini se referiu diversas vezes, diretamente, à inspiração do General, relacionando-a com a sua própria luta em prol da salvação de Roma e suas regiões circundantes.

Num discurso em Udine em 1922, Mussolini pedira à multidão para pensar em Roma e ajudá-lo a construir lá a "cidade do nosso espírito, uma cidade bem disciplinada, desinfetada de todos os elementos que a corrompem e desfiguram... o coração pulsante, o espírito ágil da Itália imperial com que sonhamos."[1] Outras influências atuavam sobre o seu pensamento político em geral e seus projetos de reforma da saúde e de recuperação da terra em particular, mas chama atenção a maneira como, após a sua notória marcha sobre Roma em 1922, o líder fascista passou a dar tanto valor àqueles mesmos projetos regenerativos para a Cidade Eterna e a Campanha Romana que Garibaldi havia tão seriamente considerado no século XIX. Garibaldi seria festejado como precursor, "escalado num épico dominado pela intuição divina de Mussolini."[2] Como declarou Il Duce: "Se Mazzini, se Garibaldi por três vezes tentaram entrar em Roma, e se Garibaldi pôs diante dos seus Camisas Vermelhas o inexorável dilema 'Roma ou morte', isto significa que, para os melhores homens do *Risorgimento* italiano, Roma cumpria uma fun ção essencial de primeira importância, a ser posta em prática na nova história da Nação Italiana!"[3]

A carreira habilidosamente modelada de Mussolini imitou aspectos da vida de Garibaldi e buscou reverter a trajetória da sua derrota. Num discurso em 1932, Mussolini insistiu na reivindicação especial do fascismo sobre Garibaldi. Os camisas-negras seriam "descendentes legítimos" dos Camisas Vermelhas e de seu grande líder: "Ele nunca desistiu, nunca foi obrigado a renunciar ao seu alto ideal — nem por homens nem por seitas nem por partidos ou ideologias, tampouco pela eloqüência estudada das assembléias parlamentares. Essas assembléias que Garibaldi desprezava, defensor que era de uma ditadura 'ilimitada' em tempos difíceis." Mussolini observou como Garibaldi tinha trabalhado num plano de drenagem dos pântanos. Então, falando sobre a futura transformação moral da capital, o líder fascista refletiu sobre como as políticas em curso teriam agradado ao velho General: "Com que prazer ele teria olhado para a nossa Roma de hoje, luminosa, vasta, não mais dilacerada por facções, esta Roma que tão profundamente ele amou e que, desde a sua mais tenra juventude, ele sempre identificou com a Itália!"[4]

O fascismo procurou ligar-se a Garibaldi — o maior dos heróis do *Risorgimento* — e aos ilustres "voluntários" que o seguiram.[5] Mussolini buscaria conquistar os pântanos e as febres que antes haviam derrotado tantos líderes.[6] Gradualmente, algumas áreas antes inabitáveis foram de fato drenadas e recuperadas como parte da política do Duce de colonização e desenvolvimento interno.[7] Na verdade, contudo, as realizações antimaláricas do fascismo permaneceram limitadas sobretudo aos Pântanos de Pontine, e só foram consumadas à custa de muïtas vidas. No sul e nas ilhas, o flagelo da malária permaneceu intocado até depois de 1945.

O ímpeto por trás dessa nova "guerra contra a malária" não pode ser integralmente atribuído ao fascismo, é claro; e menos ainda poderia a consciência pública do problema na Itália do século XX ser imputada principalmente a Garibaldi. Apesar da implementação de obras e políticas antimaláricas essenciais na virada do século, a taxa de mortalidade por causa da doença na Itália tinha aumentado durante a Primeira Guerra Mundial. Assim, a malária estava quase fadada a ser uma prioridade política e social para qualquer governo pós-guerra, e grandes contingentes de médicos, enfermeiras e cientistas continuaram a dedicar suas vidas à tragédia humanitária causada pelo amaldiçoado mosquito anofelino. Enquanto em 1914 o número de mortos foi registrado em cerca de 2 mil por ano, em 1918 as mortes aumentaram para 11.500. A *influenza* progrediu, matando muitos dos que já estavam enfraquecidos pela picada perniciosa do inseto.[8] A dimensão italiana da malária continuou sob forte escrutínio público, tanto entre os profissionais de saúde italianos quanto no estrangeiro. Um artigo no periódico *The World's Health* [A saúde do mundo], em 1923, chegou ao ponto de afirmar que a "malária é essencialmente um problema italiano."[9] Muitos dos mais conhecidos especialistas na doença eram italianos e a luta contra a febre continuava a envolver um esforço político e científico de grande porte da parte das autoridades nacionais. Examinando as maciças campanhas italianas para erradicar a doença ao longo da década de 1920, o doutor Wickliffe Rose, diretor da Fundação Rockefeller em Nova York, escreveu: "Este é o maior trabalho jamais realizado sobre a malária; é o sonho de Fausto realizado!"[10] Tudo isto dito, porém, a malariologia italiana do período entre-guerras seria concebida, cada vez mais, como um triunfo do fascismo, precisamente.[11] Alguns admiradores e malariologistas ativamente envolvidos comemoraram o fato de que a recuperação de áreas pantanosas sonhada por César, cogitada por Napoleão e exigida em vão por Garibaldi, estaria sendo afinal realizada sob o regime fascista.[12]

A recuperação rural e as campanhas contra a malária tiveram certamente um enorme significado político e medicinal, e, com efeito, benefícios de longo prazo decorreram de tais esforços ao longo e depois da primeira metade do século XX. A meta de produzir terras livres da malária para colonização interna foi ampliada, desdobrando-se em medidas legislativas que já haviam sido aplicadas por volta de 1900. Proliferaram estações de bombeamento e outros empreendimentos de recuperação da terra. As ilhas da Sicília e da Sardenha, Roma e a Campanha Romana, bem como outras manchas negras no continente, foram gradualmente liberadas. Novas áreas residenciais foram abertas onde antes havia desertos pantanosos. Obras prosseguiram a fim de sanear as ruas, melhorar os esgotos, conter e regularizar o fluxo do Tibre, remover lagoas e brejos indesejados.[13] Porém, também de maneira menos concreta, o exemplo de Garibaldi, suas aspirações, realizações e frustrações continuaram a repercutir com as esperanças e reinvenções das gerações posteriores.

Alguns contemporâneos conferiram a Garibaldi o crédito de ter incitado a realização de ações públicas na prolongada enchente de 1870. Ele havia sido uma liderança importante e levantado questões urgentes sobre a regeneração urbana, valorizando o prestígio dos engenheiros da nova Itália. Naqueles anos, foram convocados congressos de especialistas para discutir a recuperação da terra e as obras de defesa do rio. Melhoramentos bem-vindos em saneamento e higiene estavam em curso na Cidade Eterna.[14] Embora o plano do General não tenha sido escolhido e as somas alocadas não fossem suficientes para o empreendimento maior que inicialmente ele havia imaginado, a lei aprovada em 6 de julho de 1875 ordenara, em parte em sua deferência, a realização de estudos adicionais do problema do Tibre, estabelecendo um orçamento próprio para este fim. Assim, ele garantiu que o problema não fosse ignorado.[15] Quatro opções para a defesa do rio foram consideradas ao longo dos anos 1870, e o governo empreendeu, no começo de 1876, as etapas iniciais das obras de restauração do Tibre.[16]

Numa carta enviada em 1878 a Francesco Crispi, outrora seu chefe-de-estado-maior na Sicília e então ministro do Interior, Garibaldi expressou por uma última vez a sua decepção. Depois disso, a sua correspondência sobre o Tibre secou. O General se voltou para outros assuntos. Nos seus últimos anos, ele foi uma figura muito frágil, cada vez mais confinado à sua ilha. Dores físicas o faziam andar com cada vez mais dificuldade, e determinaram, ao final, que ele tivesse de lançar mão de uma cadeira de rodas. Ele ainda fazia aparições públicas ocasionais na Itália continental — comparecendo a eventos em Milão e Palermo, onde eventuais observadores ficavam chocados com a sua decadência física. No começo do verão de 1882, ele estava agonizante em Caprera, assistido por um jovem médico de um navio próximo. Nada havia a fazer. Não obstante, três dias antes de morrer, sua mente ainda estava vigorosa; ele podia ser encontrado ocupando-se com problemas astronômicos e dando continuidade à sua troca de correspondências com o diretor do observatório de Palermo, uma prolongada relação iniciada na sua última e exaustiva visita à Sicília.

Perto do fim, ele expressou angústia a propósito do destino dos seus filhos, vivos e mortos. Ele faleceu em 22 de junho, deixando planos de notável precisão para o seu funeral. A sua terceira esposa, Francesca, foi orientada a providenciar a sua cremação, na própria ilha, usando exatamente os materiais especificados. Ele estipulou vários detalhes, advertindo até mesmo que deveria estar vestido com uma camisa vermelha.[17] "Faça uma fogueira de acácias — elas queimam como óleo — e coloque-me nela com minha camisa vermelha, meu rosto virado para o sol. Quando meu corpo estiver queimado, ponha as cinzas numa urna — qualquer pote serve — e ponha-o num muro atrás dos túmulos de Anita e de Rosa. É assim que quero acabar."[18] Garibaldi também exigiu que o anúncio da sua morte às autoridades fosse adiado, de modo a não haver interferência em seu cerimonial secreto, inspirado provavelmente em parte na bem conhecida história da cremação do poeta Shelley numa fogueira a céu aberto em 1822.[19] Nos seus últimos anos, o General tinha-se tornado partidário da prática — atraído por ela não apenas por causa das suas associações românticas e literárias, mas também, sem dúvida, porque entrava em conflito com as diretrizes da Igreja.* Ele escreveu várias cartas a amigos e conhecidos, expressando seu apoio à cremação e especificando como ele deveria ser cremado e o que deveria acontecer em seguida: uma urna com as suas cinzas deveria ser deixada perto dos restos mortais das suas falecidas filhas. Ele até detalhou a altura da pira exigida e a espécie de madeira a ser empregada.

---

* A política da Igreja Católica de oposição total à cremação foi modificada em 1963. Ainda que o enterro seja preferido, a cremação é hoje considerada aceitável sob certas condições.

210

Nos dias que se seguiram ao seu desaparecimento, muitas lojas nas principais cidades ficaram fechadas; teatros cerraram as portas; estenderam-se bandeiras negras em incontáveis janelas. Choveram condolências. O rei Umberto, um velho admirador, estava entre os primeiros a oferecer suas condolências à família. Nesse ínterim, realizaram-se reuniões sobre o destino que se deveria dar ao corpo. Alguns queriam embalsamá-lo, outros propunham levá-lo para o Gianicolo, ou mesmo para o Panteão, em Roma. Levantaram-se dificuldades práticas, como argumento contrário à cremação; aparentemente, podia levar até 24 horas para incinerar o corpo da maneira que Garibaldi tinha especificado. Salientou-se com discrição que não era possível desejar que os dignitários visitantes ficassem esperando respeitosamente por tanto tempo, em consideração. Por outro lado seria embaraçoso para eles afastarem-se prematuramente.[20] Na verdade, o desejo declarado de cremação de Garibaldi mostrar-se-ia inalcançável. Levantaram-se objeções: vozes influentes insistiram que o evento não podia ser tão drasticamente sonegado à comoção pública; tampouco se poderia destruir o corpo pelo fogo. Em vez disso, Garibaldi deveria ser venerado, colocado, o corpo intacto, num túmulo adequado. Tais opiniões prevaleceram. Previsivelmente, talvez, considerando a sua colossal influência nacional e internacional, a sua "humilde" demanda foi recusada, enquanto chegavam dignitários romanos e outros membros da sua família e *entourage*. Figurões da política, incluindo Crispi, emissários do rei e da família do General conseguiram dissuadir a sua esposa, insistindo que a decência religiosa e os sentimentos de toda a nação exigiam um tipo de arranjo totalmente diferente daquele originalmente concebido. Representantes selecionados dos "milhares" seriam convidados a carregar o caixão em seus ombros e conduzir o General ao longo do caminho cerimonial final, flanqueado de bandeiras. Garibaldi seria enterrado ao lado de outros membros da sua família. No funeral, haveria discursos de Crispi, Zanardelli e outras eminentes figuras políticas.

Alguns participantes e observadores supersticiosos viram a violenta tempestade que desabou no dia seguinte, atrapalhando os planos de retorno dos enlutados, não apenas como um inconveniente, mas também como símbolo, até mesmo um ominoso sinal divino.[21] O local do repouso final de Garibaldi se tornaria um santuário para uns, e para outros uma atração turística casual. Ao passarem férias na Sardenha, milhares de pessoas continuam a fazer uma pausa longe das praias, tomando a trilha para o Museu Garibaldi em Caprera. Seus aposentos, artefatos e túmulo são objetos de visitas guiadas regulares de meia hora. Esse espaço mostrou ser o mais visitado dos pequenos museus da Itália.

Mesmo no fim, com suas instruções bizarras e intimistas à esposa, o General pareceu determinado a dar uma lição concreta com o ultrajante desvio dos seus planos, a violação politicamente motivada das suas intenções particulares. Mas qual era o seu desejo? Naquelas instruções finais irrealizáveis ostensivamente humildes e nós podemos entrever uma tentativa de manter o controle, de permanecer fiel ao estilo reservado e idiossincrático que era a sua marca registrada. Não há aqui, mesmo nisto, uma evidência do seu caráter e da sua vontade paradoxais? Garibaldi fora uma figura que fez exigências muito grandes, mas também representou as virtudes da simplicidade e da humildade extremas. Havia, como sempre, um certo aparato mesmo em sua ponderosa modéstia. Ele insistia no seu direito pessoal de controlar as coisas, inclusive os arranjos cerimoniais de sua própria morte, formulados precisamente como ele gostaria, mesmo que criticasse o narcisismo e a egolatria da gente de espírito menos elevado. Ao perguntar quem deveria ter o direito de conduzir o ritual da sua morte, ele chamou a atenção novamente para a ambígua questão de saber quem retinha as rédeas durante os seus muitos anos de serviço à causa italiana. Poderíamos detectar aqui uma manifestação derradeira, até mesmo a representação inconsciente de um enredo de frustração que tão amiúde já ocorrera, durante a sua juventude, na sua maturidade e na velhice. Com o seu autodepreciativo "pequeno funeral", mas igualmente com suas pesadas exigências de complacência, também não procurava ele, este *"eroe dei due mondi"*, o melhor de ambos os mundos? O que realmente procurava ele evocar em seus antagonistas: obediência submissa ou resistência? Não podemos ter certeza sobre até que ponto ele estava manobrando naquele último manuscrito, e que desejos jazem ali mais profundamente enterrados. Porém, não é de surpreender, o seu funeral foi orquestrado com a necessária pompa e cerimônia da época. Foi dito que o público o exigia. Eu suspeito seriamente de que ele tivesse pelo menos um nível qualquer de consciência acerca da possibilidade de que aquilo fosse acontecer, tornando-se assim o coreógrafo da sua própria frustração póstuma. O velho corpo foi despachado, a alma, liberta, e a nação pôde prantear a partida final de Giuseppe Garibaldi.

Notas

1 Febre romana

1 *Il Secolo*, 26-7 de janeiro de 1875, p. 1.
2 Discurso em Trastevere, 6 de fevereiro de 1875, citado em Sacerdote (1933, p. 935).
3 Nesta época, o próprio Menotti envolveu-se ativamente com um projeto de recuperação da terra na Campanha Romana; ver Capítulo 10.
4 Morolli (1982, p. 99).
5 Para um relato do fechamento da linha na terrível enchente de 1870, ver *L'Unità Cattolica*, 1º de janeiro de 1871, nº 1, p. 3.
6 *The Times*, 9 de fevereiro de 1875, p. 8.
7 Fio-me aqui no relato detalhado em Morolli (1982).
8 *Il Secolo*, 26-7 de janeiro de 1871, p.1. Garibaldi acabara de ser eleito deputado do primeiro e do quinto colégios de Roma para a décima segunda legislatura, de 1875-7.
9 *The Times*, 3 de junho de 1875, p. 5.
10 *The Times*, 9 de fevereiro de 1875, p. 8.
11 Rapisardi (1875).
12 Scirocco (2001, p. 372).
13 A expressão foi usada por George Sand em sua admirável narrativa sobre Garibaldi (1859). Sobre a fama e influência mundiais de Garibaldi na segunda metade do século XIX, ver Anônimo (1982).
14 Outros ambiciosos projetos urbanos também foram deixados de lado ao longo desse período. O político Quintino Sella, por exemplo, apresentou um dramático plano nos anos 1870 para deslocar o centro de Roma para leste, mas o projeto não foi adotado. Apenas em 1883, um ano após a morte de Garibaldi, o primeiro plano regulador importante foi aprova-

214

do pelo governo italiano. Entre outras coisas, ele endossava a construção de bulevares em toda a extensão da cidade. No período entre 1870 e 1914, projetos essenciais de construção tiveram efetivamente lugar; houve demolição de áreas residenciais substanciais para permitir a passagem de vias públicas. A Via Nazionale, situada em um lado da Piazza Venezia, e o Corso Vittorio, do outro, são ambos produtos desse período. Para mais detalhes sobre as tentativas (bem e malsucedidas) de transformar Roma e criar um novo centro "moderno", juntamente com os planos para comemorar a unificação de modo adequadamente colossal, notadamente com a instalação do polêmico monumento de Vittoriano que domina o centro de Roma, ver Agnew (1995) e Brice (1998).

15 Garibaldi (1983, p. 30).

16 Ibid., p. 36.

17 Em Roma, ele viveu pouco tempo no Albergo Costanzi, antes de se transferir para a Villa Severini e, finalmente, para a Villa Casalini; ver Morolli (1982, p. 99).

18 Anônimo (1882, p. 18).

19 Num discurso ao parlamento, Garibaldi salientou que o Tibre era navegável em muitas extensões, mas que, por causa do segmento intransponível em Roma, a utilidade de uma hidrovia de 150 quilômetros ficava enormemente restringida. Desviar o Tibre de Roma visava resolver este problema, entre muitos outros. Ver a propósito o relato da intervenção de Garibaldi no parlamento, registrada nos documentos de Depretis no Archivio di Stato, Rome, fasc. 2, busta 9, serie 1, scatola 9, item 89. Para as opiniões de Garibaldi sobre a poluição do rio, ver Garibaldi (1983, p. 11).

20 Na verdade, avaliações diversas do estado do Tibre e das doenças que poderiam contaminar a quem habitasse nas suas proximidades figuravam, igualmente nos antigos debates romanos; (Sallares 2002, p. 228). Para um relato antigo da importância do Tibre para o comércio e o transporte de bens para Roma, ver Plínio (1991). Plínio também descreve numerosas vilas sobrepujando o Tibre; ele segue o curso do rio até a nascente e observa a freqüência do problema das enchentes.

21 Vescovali, 1873. Para outros escritos sobre as enchentes dos anos 1870, ver Morolli (1982, p. 109).

22 Sobre comentários sugestivos acerca dos motivos pelos quais as teorias miasmáticas da malária podem ter sido tão particularmente persuasivas na Itália, ver Coluzzi e Corbellini (1995); esse autores mostram que o clima temperado e as circunstâncias ecológicas particulares nas quais a malária prosperava na Itália tendiam a confirmar a presunção de que a doença fosse causada pelos vapores perniciosos que emanavam dos brejos cálidos.

2 Construindo o futuro

1 Tomei a expressão emprestada da seguinte narrativa de Henry James sobre o Tâmisa e a Londres oriental: "o rio poluído, as chatas vagarosas, os armazéns amortalhados, as pessoas desgrenhadas, as impurezas atmosféricas tornam-se ricamente sugestivos. Pode parecer absurdo, mas toda esta minuciosa imundice tem o poder de nos lembrar de nada menos que a riqueza e a potência do Império Britânico; de modo que um tipo de magnificência metafísica paira sobre o cenário." (Citado em Wilson 2002, p. 42).

2 Filopanti (1875, p. 4).

3 Carta, 12 de julho de 1849, Garibaldi 1889, vol. 3, p. 115.

4 A população de Roma cresceu de 212 mil em 1871 para 660 mil em 1921; ver Agnew (1995, p. 11).

5 Carta, 29 de abril de 1875, em Filopanti (1875, p. 12).

6 O Instituto do *Risorgimento*, espetacularmente empoleirado no topo do lamentável monumento "bolo de noiva" de Vittoriano na Roma central, a Biblioteca do Parlamento Italiano e os Arquivos Centrais do Estado, no EUR — este polêmico subúrbio de Roma que foi a inspiração arquitetônica do período fascista — produziram a sua cota de livros, panfletos, cartas e relatos relevantes sobre a presente história. A correspondência sobre o Tibre contida nos documentos de Depretis do Archivio di Stato é particularmente esclarecedora. Para detalhes sobre este tema e outra literatura consultada, ver a Bibliografia.

7 Ele só usava "três pequenas peças modestas" no interior do grande palácio (Butler, 1901, p. 78).

8 Scirocco (2001, p. 248).

9 Estes exemplos foram retirados de Hibbert (1987).

216

10 Foram finalmente o arqueólogo Rosa e o engenheiro Narducci que conseguiram realizar uma drenagem melhor da parte baixa da cidade; obras importantes de renovação dos esgotos vinham sendo empreendidas desde 1884 (Celli, 1993, p. 157, 162; cf. Gori, 1870, p. 26).

11 Desenvolvimentos da engenharia no final do século XIX, em particular a espetacular demonstração alpina da capacidade tecnológica de perfurar cadeias montanhosas de rocha sólida, trouxeram à ribalta a possibilidade de estabelecer uma ligação fixa entre a Inglaterra e a França (Travis, 1991; Pick, 1884).

12 Hunt (2004, p. 194). Sobre a realização do engenheiro-chefe do Tâmisa, *Sir* Joseph William Bazalgette (1819-91), ver também Halliday (1999).

13 Novas técnicas de bombeamento permitiram esforços de recuperação cada vez mais ousados. O grande Lago Haarlem, entre Amsterdã e Leiden, foi recuperado em 1852, e nos anos 1860, elaborados planos foram feitos para drenar imensas áreas do Zuyder Zee. Outra possível fonte de inspiração foi o projeto de engenharia que transformou a cidade de Bruxelas. Entre as décadas de 1840 e 1860, o rio Sena tornou-se um esgoto correndo sob os amplos e retos bulevares do centro da cidade.

14 Cosgrove e Petts (1990).

15 Carta, 24 de setembro de 1880, Garibaldi 1932-7, p. 306; cf. Mack Smith (p. 174).

16 Ridley (1974, p. 5, 26).

17 Scirocco (2001, p. 358).

18 Ibid., p. 336.

3 Estagnação e salvação

1 Na prática, diferentes definições da extensão precisa da Campanha foram apresentadas em diferentes épocas; algumas vezes, falou-se num sentido mais restrito (*grosso modo* a área no interior do arco que se estendia até a costa através do Lago de Bracciano, Tivoli, Palestrina e Pomezia); noutros contextos, a noção foi empregada para designar um território maior, que inclui "Marema Laziale" (em torno de Civitavecchia) e a totalidade dos Pântanos de Pontine ao sul do Lácio,

onde as seguintes cidades foram construídas: Latina, Sabaudia, Pontinia, Aprilia e Pomezia.

2 A história da malária na Itália antiga e da mudança das circunstâncias médicas enfrentadas pelo povo de Roma foi abrangente e lucidamente discutida num recente estudo de Sallares (2002). Para relatos interessantes e ricamente ilustrados da imagem cultural inconstante de Roma e da Campanha na era moderna, ver Liversidge e Edwards (1996), especialmente o Capítulo 2.

3 "Roma, devoradora de homens [*Roma vorax hominum*](...) Roma, fecunda em febres [*Roma ferax febrium*]" (citado em Sallares, 2002, p. 231).

4 *Inferno*, canto 17, linhas 85-88.

5 Ver, por exemplo, Celli (1933,p. 132).

6 Montaigne (1929, p. 149).

7 Gibbon (1981, pp. 688-689).

8 Byron, "Childe Harold's Pilgrimage" [Peregrinação de Childe Harold], LXIX e LXXVIII.

9 Nápoles impressionou Taine por ser igualmente ou mais suja e depravada; ele ficou espantado com o primitivismo da sua religião ("catolicismo pagão") e com a realidade sensual que estava por trás de uma fachada de ascetismo (Taine, 1867, p. 27).

10 Ver Liversidge e Edwards (1996).

11 Taine (1867, p. 269).

12 A melancolia era freqüentemente a resposta à visão da cidade e do campo, uma tristeza que por sua vez era vista como pertencente à própria paisagem. Chateaubriand, a quem Napoleão havia nomeado para uma posição na embaixada francesa em Roma no começo do século XIX, referiu-se ao silêncio e melancolia daquele território acometido pela febre, um espaço desprovido de árvores e de pássaros, onde o viajante encontrava ruínas sugestivas, apontando vividamente o passado, mas também certo sentimento esmagador de esterilidade e abandono (Carta a M. de Fontanes, 1804, em Chateaubriand, 1844, p. 363). Em sua narrativa de 1807, *Corinne*, a celebrada intelectual e romancista Madame de Staël chamou a atenção para o impacto pernicioso dessa terra; nem a primeira nem a última a destacar a condição

curiosamente doentia daquele solo e de seu povo. Aqui a Campanha é vista tanto cheia de vida como repleta de morte. Roma era uma cidade enganosa, onde que o próprio ar ameaçava o visitante: "A malária é o flagelo de Roma"; "respira-se um ar que parece puro"; na verdade, muito pelo contrário (de Staël, [1807] 1883, pp. 85, 83). Stendhal também faz observações sobre os perigos da cidade e da Campanha em seu *Promenades* (1829); ver, por exemplo, p. 46. Para a própria história ambiental, ver Sallares (2002), e para algumas breves observações esclarecedoras sobre a Campanha Romana, ver também Braudel (1947, vol. 1. pp. 81-82).

13 Sallares (2002, p. 233).

14 Publicada pela primeira vez numa revista em 1881, ela foi republicada em *Novelle rusticane* [Novela rusticana], de Verga, em 1883.

15 Roma não era vista como uma cidade uniformemente perigosa, e a malária tinha claramente mais possibilidades de apareceu em partes determinadas da cidade. O *Handbook for Travellers* [Manual para viajantes] de Baedeker, reeditado muitas vezes no final do século XIX, dava conselhos detalhados sobre esse assunto aos turistas. Ele observava que certos distritos eram praticamente imunes: a Via del Babuino, a Via Sistina, a Via del Quirinale, estendendo-se ao sul até S. Pietro in Vicoli; o Capitol, a vizinhança da Piazza S. Pietro e o quarteirão entre a Ponte Sisto e a Ponte Rotto eram quase isentos. As ruas do Viminal e a área de Pincio também eram consideradas relativamente seguras. Por outro lado, as colinas Esquiline, Palatino e Célio não eram recomendadas; as áreas em torno do Coliseu e do Monte Testaccio eram assinaladas como locais particularmente perigosos. (Baedeker 1886, p. xxvi).

16 Hare (1913, p. 9).

17 Sallares (2002, p. 22).

18 Ibid., p. 93. Um recente artigo de Snowden (2202) sugere que, assim fez aumentar o desflorestamento da Itália central, a construção da estrada de ferro Roma-Nápoles exacerbou a malária.

19 Sallares (2002, p. 215).

20 Hearder (1983).

21 Celli (1933, p. 163).

22 Sallares (2002, p. 4). Para descrições da topografia, do clima e dos problemas hidrológicos dos Pântanos de Pontine, ver Snowden (2002, p. 120).

23 Sallares (2002, p. 190).

24 Celli (1933).

25 Citado em ibid., p. 164.

26 Ibid., p. 164.

27 Citado em ibid., p. 165.

28 Grassi (1900).

29 Fantini (1996, p. 14).

30 Anônimo (1984, p. 16).

31 Garibaldi 1873, p. 39; cf. pp. 122 e 142. A Itália, escreveu ele, deve ser libertada do domínio sacerdotal malévolo, tirada do controle de "eunucos"; ela precisa de ação mais robusta, e de menos arte, memória e verborragia.

32 Filopanti (1875, p. 5). As opiniões de Filopanti são endossadas por Garibaldi no começo e no fim do livro.

33 Dobson (1997, p. 15).

34 Riley (1987, p. 33), em quem eu mais confio nessa seção.

35 Citado em ibid., p. 92. Outras figuras de liderança nessa nova medicina ambientalista foram Hoffmann, na Alemanha, e Sauvages, na França. Baumes, médico de Montpellier, insistiu, poucos anos depois, que "o poder que miasmas pantanosos têm de propagar febres intermitentes e renitentes está hoje incontestavelmente fora de dúvida."

36 No século XIII, Florença já possuía uma série de regulamentos sobre a limpeza de ruas; e, a partir do século XV, o debate sobre sistemas de esgoto e de remoção de refugos urbanos tornou-se parte dos esforços para levar a cabo planos de saúde pública em várias partes da Itália setentrional e central (Baldwin, 1999, p. 6). Políticas de drenagem, pavimentação de ruas, renovação de esgotos e outras medidas similares foram extensivamente desenvolvidas nos séculos XVII e XVIII (Riley, 1987).

37 Riley (1987).

38 Sobre usos do termo "malária" na Itália ao longo dos séculos anteriores, ver Sallares (2002, p. 7).

39 Selmi (1870, p. 9).

40 Corti (1984).

41 Os contextos sociais e culturais da teoria miasmática foram considerados numa extensiva literatura secundária: ver, por exemplo: Parker (1983), Corbin (1986), Gurber (1986), Purseglove (1989), Miller (1989), Giblett (1996).

42 Watson (1921, p. 5). A descoberta do parasita da malária (1880) não extinguiu imediatamente as teorias mais antigas que atribuíam aos miasmas a causa da doença. Ao contrário, o parasita tornou-se a "personificação" do próprio miasma (Alleori, 1967, p. 4). A convicção de que a doença pudesse ser transmitida pelo ar perdurou até o começo da década de 1890.

43 *The Times*, 22 de março de 1875, p. 9.

44 Ver, por exemplo, Vescovali (1874). Na verdade, foram as idéias de Vescovali, combinadas com as de outro especialista, Canevari, que formaram a base do plano finalmente aplicado.

45 Dobson (1997).

46 Carlyle (1849, pp. 674-675).

47 Para uma discussão sobre condições sociais, imagens alusivas a pântanos e metáforas de corrupção na cultura vitoriana, ver "*Cesspool City: London* [Cidade fossa: Londres]", em Wilson (1991, Capítulo 3).

48 Citado em Eyler (1979, p. 99).

49 Ibid., p. 156.

50 Anderson (1927, p. 20).

51 Ibid., p. 15.

52 Miller (1989); Purseglove (1989).

53 Miller (1989, p. 9).

54 Giblett (1996).

55 Celli (1910, pp. 64-5).

56 Celli (1910, pp. 15-16).

57 Clark (1996, p 162).

58 Celli (1910); Clark (1996, p. 21).

59 Fio-me aqui em Snowden (2002).

60 O DDT foi usado comercialmente pela primeira vez em 1940, e em escala maciça três anos mais tarde. Em 1949, o Paris Green substituiu o DDT; ver Snowden (2002).

61 Sallares (2002, pp. 4, 112). Sobre a sabotagem nazista, ver Snowden (2002). Ambas as fontes também são bastante esclarecedoras quanto às iniciativas do pós-guerra de saúde pública, empreendidas principalmente pela Fundação Rockfeller e a OMS. Para a história do trabalho da Fundação Rockfeller na Itália ao longo das décadas de 1920, 30 e 40, ver Stapleton (2000).

62 *The Times*, 22 de março de 1875, p. 9.

63 Malissard (2002, p. 271).

64 Ibid., p. 23.

65 Plínio (1991, p. 355).

66 Schama (1995, p. 286).

67 Para detalhes da construção do aqueduto, e do importante papel desempenhado por Frontino na regularização dos sistemas de água de Roma perto do final do primeiro século d.C., ver Blackman e Hodge (2001).

68 "Juntavam-se então todos os elementos de uma nova hidráulica sagrada." (Schama, 1995, p. 288).

69 Morolli (1982, p. 94).

70 Schama (1995, p. 286).

71 Russo (1979).

72 Celli (1933, p. 104); Morolli (1982, pp. 94ss).

73 Russo (1979, p. 577).

74 Celli-Fraentzel (1934, p. 27).

75 A colaboração entre Leonardo da Vinci e Nicolau Maquiavel com o objetivo de realizar a transposição do Arno a fim de torná-lo navegável durou de 1503 a 1506. Filippo Brunelleschi tinha um plano diferente: inundar a cidade de Lucca. Vários planos que circulavam na época propunham privar Pisa de água e criar uma via navegável de Florença até o mar; ver Masters (1998).

76 Garibaldi (1983, p. 17).

4 Enchentes

1 Anônimo (1826, p. 172).

2 Davies (1873, p. 3).

3 *The Times*, 3 de janeiro de 1870, p. 9.

4 Sobre a história das enchentes e da febre na Roma antiga, ver Sallares (2002).

5 Cohn (1975, p. 14).

6 Carcani (1875, p. 59).

7 Para uma discussão de amplo alcance das enchentes e da malária em toda a área das planícies mediterrâneas, e dos vários planos de drenagem propostos para combater as enchentes na Europa do final do período medieval e começo do período moderno, ver Braudel ([1949] 1972, vol. 1, p. 67).

8 Luís Napoleão mantivera uma guarnição de cinco mil soldados em Roma após 1849; os austríacos tinham um número ligeiramente superior no lado adriático dos Estados papais, mas os retiraram em junho de 1859 sem alertar o papa; para detalhes, ver MacIntire (1983).

9 Carducci (1911), introdução editorial.

10 Dickie, Foot e Snowden (2002, p. 2002).

11 *La Civiltà Cattolica*, 1871, vol. 1, p. 367.

12 Garibaldi (1983, p. 5).

13 Ver, por exemplo, *L'Unità Cattolica*, 3 de dezembro de 1870, nº 301, p. 1216, que fala de um grande castigo a abater-se sobre a pobre cidade de Roma; cf. *La Civiltà Cattolica*, 1871, vol. 1, p. 368.

14 Cavour desafiara vigorosamente o poder da Igreja, primeiramente no Piemonte e depois mais amplamente em toda a Península. Ele dissolveu monastérios, aboliu vários privilégios clericais e advertiu a Igreja sobre os riscos políticos de um conflito civil caso houvesse intervenção nos seus planos. Ele reafirmou amiúde o domínio leigo sobre a Itália clerical. Ver Mack Smith (1959, p. 89).

15 Sobre as enchentes do Pó e muitas outras calamidades naturais e as respostas culturais na Itália pós-unificação, ver Dickie, Foot e Snowden (2002). Obras importantes para regularizar o Pó ocorreram durante o período fascista. O Arno, cujas águas atormentaram Florença ao longo dos séculos (1547, 1740 e 1844, por exemplo, foram anos notáveis de desastre), continuava a ameaçar a cidade nos tempos modernos, como a devastadora enchente de 1966 deixou manifestamente claro; ver Batini (1967).

16 Fincardi (1995).

17 Stendhal ([1829] 1980, vol. 1, p. 48). Ele também descreveu como a enchente e a febre eram vistas como um castigo em razão de transgressões perpetradas.

18 De Cesare (1909, p. 98).

19 Cremonese (1924, p. 8).

20 A história das atitudes do Vaticano em relação à reforma liberal no século XIX é complexa; contudo, esta dimensão é desservida por descrições afinal obscurecedoras do seu incessante obscurantismo. Houve alguns sinais de diálogo e de reforma mesmo antes da ocupação francesa sob Napoleão. Mas o final das Guerras Napoleônicas prenunciou uma dura reação. Os que buscavam disseminar novas idéias científicas encontrariam consideráveis reservas e muitos obstáculos, ainda que não necessariamente intransponíveis. A educação científica era cuidadosamente monitorada nos Estados papais, mas houve algumas tentativas de disseminar idéias científicas recentes, evidentes em jornais e livros publicados em Roma nos anos 1820 e 1830. Em 1833, o importante estudo de Agostino Capello sobre a cólera, *Storia medica di colera* [História médica da cólera] foi publicado e subsidiado pelo governo pontifical (Redondi, 1980, p. 789). Contudo, qualquer que seja a história precisa das políticas do Vaticano, a imagem da Igreja como eterno bastião da mais pura reação foi culturalmente disseminada. A Igreja não achava que combatesse a ciência *per se*, não mais do que alguns segmentos do pensamento racionalista e positivista. Já o materialismo mecanicista e o darwinismo foram firme e consistentemente combatidos.

21 O fenômeno de "Lourdes" desdobrou-se após as visões amplamente divulgadas de uma pastora, Bernadette Soubirous, em 1858. Nos anos que se seguiram, milhares de pessoas tomariam o caminho desse novo lugar santo. No fenômeno da peregrinação jaz "o engodo do miraculoso e do encontro individual com o sobrenatural, uma visão de comunidade e de individualidade inteiramente em desacordo com os credos seculares." (Harris, 1999, p. 11) Sobre fenômenos sociais relacionados em Marpingen, ver Blackbourn (1993).

22 Jefferies ([1885] 1939, p. 33).

23 "Vós, ou vossos companheiros, alemães e franceses, ocupai-vos no presente de viciar [o ar] em todas as direções tanto quanto vos permi-

tam vossas forças; especialmente neste momento, com corpos, e a ruína vegetal e animal da guerra: convertendo homens, cavalos e hortaliças em gás pernicioso. Em toda parte, porém, e durante o dia inteiro, vós o estais viciando com exalações químicas conspurcadas; e os terríveis covis, que vós chamais de cidades, são pouco mais do que laboratórios para a destilação no céu de fumaças e cheiros venenosos, e miasmas infecciosos de purulentas de doenças." (Ruskin, 1871-84, p. 91). Cf. "Storm Cloud of the Nineteenth Century", em Ruskin 1884, em que o autor, em seu estilo pesado, tonitruante e de descrições meteorológicas, apresentou a obscuridade sorumbática e agourenta que constituía o conteúdo inexorável da sua mensagem social.

24 Burkhardt ([1860] 1990, p. 93). Nesta passagem, Burkhardt estava descrevendo a vida no século XVI em Roma sob o papa Clemente VII.

25 O Vaticano tinha sido atingido de maneira semelhante em 1846; Smith 1877, p. 81.

26 Ibid.

27 Carcani (1875, p. 60).

28 Ver relato retrospectivo em *L'Unità Cattolica*, 4 de janeiro de 1871, nº 3, p. 11.

29 Carcani (1875, p. 61). O seu nível na verdade foi 2,34 metros inferior àquele alcançado pela terrível enchente de 1598. Marcos de pedra ("*lapide*"), que ainda podem ser vistos em Roma, indicam a altura alcançada pelas águas em várias partes da cidade.

30 Smith (1877, p. 82). O presente cômputo inspira-se numa pletora de relatos publicados na última semana de 1870 e na primeira de 1871 em jornais como *La Capitale, Il Secolo, Gazzetta di Roma, Gazzetta Piemontese, L'Unità Cattolica* e *La Civiltà Cattolica*.

31 Smith (1877, p. 121).

32 Carcani (1875, p. 61).

33 *L'Unità Cattolica*, 4 de janeiro de 1871, nº 3, p. 11.

34 Celli (1933, p. 120).

35 Garibaldi estava convencido de que os *latifundia* tinham se formado por intenção maligna deliberada dos papas e dos príncipes contra o povo. (Celli, 1933, p. 8).

36 Garibaldi (1879, vol. 1, p. 122).

37 Morolli (1982, p. 94).

38 Dieu (1870, p. 1).

39 Pode-se ter um vislumbre do valor da lira na época no guia de Roma de Baedeker, publicado em 1875, que estimava o custo de um jantar num restaurante popular entre uma e meia e três liras; a *pensão completa* num bom hotel podia custar entre oito e quinze liras; a postagem de uma carta para a Grã-Bretanha custava dezesseis centavos.

40 Dieu (1870).

41 Segundo um relato, a coleta pública (incluindo uma doação do rei de 200 mil liras) recolheu um total de 858.640 liras. Alguns viram esses gestos de solidariedade como um proveitoso estímulo à reconciliação nacional: diante desse apoio solidário, a população de Roma podia agora se ver como aliada mais próxima das suas cidades e províncias "irmãs", parte verdadeira da "família nacional" à qual tardiamente havia se juntado; ver, por exemplo, Carcani (1875, p. 62).

42 Carcani (1875, p. 62).

43 *Il Secolo*, 5 de janeiro de 1871, p. 1.

44 Smith (1877, p. 81).

45 Bartoccini *et al.* (1980, pp. 23-4).

46 Carcani (1875, p. 62). Sobre o entusiasmo popular com a visita do rei, ver Brice (1998, p. 56).

47 *"Le roi était entré dans Rome, mais n'y avait pas dormi!"* (D'Ideville, 1878, p. 27).

48 Ibid., p. 25.

49 Garibaldi evocou diretamente a enchente de 1870 durante a sua campanha pelo Tibre em 1875; ver, por exemplo, Garibaldi (1932-7, vol. 6, p. 165).

50 Brice (1998).

51 Morolli (1982, p. 96).

52 Ibid., p. 97. Para detalhes da canalização artificial do rio dentro do perímetro da cidade após 1880, ver a descrição em Baedecker (1930, p. 10).

53 Carta, 4 de dezembro de 1875, em Garibaldi (1983, p. 30).

5 Esperanças da Itália

1   *The Times*, 5 de junho de 1882, p. 5-6, republicado em Mack Smith (1969, pp. 149-152).

2   Scirocco (2001, p. 89).

3   Dumas (1860, p. 89).

4   Gioberti (1844, vol. 1, p. 95). Considerando a noção de Itália de Maquiavel, contudo, Gioberti era mais crítico; ele condenava o autor de *O príncipe* por seus ataques desdenhosos e intemperados contra a Igreja.

5   Para resenhas gerais do pensamento do *Risorgimento* e suas origens, ver, por exemplo: Hearder (1983), Clark (1998), Banti (2000).

6   Citado em Mitchell (1980, p. 220).

7   Lammenais, por educação um sacerdote bretão, já era influente na década de 1820. Ele se tornou um eloqüente paladino da reforma institucional da Igreja, e suas opiniões entraram decididamente em choque com as dos intérpretes mais conservadores do catolicismo no começo do século XIX, como Joseph De Maistre, que adotava uma linha mais intransigente sobre a supremacia papal e muitas outras questões. Ver Hales (1954, pp. 44-45).

8   Balbo (1844, p. 202).

9   Gioberti (1844, vol. 1, pp. 85, 95).

10 O emissário papal lhe disse: *"S.S. ringrazia ma non è il caso di profittare dell'offerta"* (citado em Arpino, 1982, p. 28). Sobre as circunstâncias diplomáticas e militares envolvendo a fissura crescente entre Pio IX e Metternich, ver Hearder (1983, p. 112).

11 Mack Smith (1993, p. 38).

12 Valerio (2001, p. 100).

13 Heardder (1983, p. 116).

14 Garibaldi (1889, vol. 1, p. 2).

15 Garibaldi (1870, vol. 1, p. 29).

16 Citado em Hibbert (1987, p. 254). Sobre o convite de Mazzini a seus seguidores do movimento Jovem Itália para excursionar na Campanha Romana e sentir a melancolia da sua paisagem morta, ver Springer (1987, p. 156).

17 Calabrò (1911, p. 66).
18 Ibid.
19 Mazzini (1849, p. 15).
20 Mazzini (1872).
21 Mazzini (1850b, p. 18).
22 Apesar de toda a reverência por Garibaldi como pessoa, seu livro não foi bem aceito. Uma resenha que não era atípica chamou a aventura de "quase mais lamentável do que absurda"; pois o fato de Garibaldi conceber que todos que discordassem dele fossem "traidores depravados" impressionou a *Saturday Review* como um comportamento de ingenuidade extrema (citado em Melena, 1887, p. 336; cf. Hibbert, 1987, p. 357). Garibaldi era um intrépido. O romance se fez seguir por mais dois outros, *Cantoni il volutario* [Cantoni, o voluntário] e *I Mille* [Os mil], nenhum dos quais traduzidos e ambos pesadamente autobiográficos. A vilania da Igreja e a natureza indolente e corrupta dos governantes da Itália avultar-se-iam em todas essas histórias.
23 Hibbert (1987, p. 364).
24 As denúncias de Garibaldi contra o Vaticano afinavam-se com o estado de ânimo mais amplo desencadeado por acontecimentos contemporâneos escandalosos, como a separação forçada pelas autoridades da Igreja de um menino judeu dos seus pais perturbados em Bolonha em 1858, depois de a família ter secretamente organizado o seu batismo. Garibaldi fez referência direta à afronta ao menino Edgardo Mortara, "seqüestrado" na sua ficção. Para um bom relato deste e outros acontecimentos semelhantes, juntamente com uma análise do impacto cultural resultante e do furor político internacional, ver Kertzer (1997).
25 Garibaldi (1889, vol. 1, p. 16).
26 Mazzini (1849, p. 5). O prefácio, escrito sob os auspícios do Italian Refugee Fund Comittee [Comitê de Fundos para os Refugiados Italianos], incluía em sua lista de simpatizantes os nomes de Dickens, Thackeray e Cobden.
27 Ibid.
28 Tanner (1992).
29 Outras áreas gravemente afligidas incluíam os vales do Pó e do Adige, o baixo Vêneto, a Maremma e extensas parcelas da Sardenha e da Sicília; Cosmacini (1987, p. 14).

30 Sobre cólera, morte e desejo na representação literária de Veneza, ver Tanner (1992); para a história social e médica da cólera em Nápoles e mais amplamente na Itália, ver Snowden (1995).

31 Jones (1909); Celli (1933). Celli foi uma figura notável dentro da escola dos pesquisadores originários de Roma que trabalhavam na questão de transmissão biológica e no tratamento médico da malária. Ele deu uma contribuição substancial à explicação e ao tratamento das febres, mas também ligou o seu trabalho empírico aos clamores por reformas sociais radicais e análises históricas mais precisas da incúria social e agrícola da Itália rural. Ele escreveu extensamente sobre os problemas passados e presentes da Campanha. Para um relato da malária e "ascensão e queda" no mundo antigo, ver Celli (1933). Para um exame histórico mais amplo da febre e da malariologia em todo o globo, ver Bruce-Chwatt e de Zulueta (1980).

32 Para uma célebre opinião do começo do século XIX sobre o declínio histórico do "caráter" italiano (o italiano moderno como uma pálida sombra dos antigos), ver Sismondi (1832). Nele, o declínio moral era principalmente explicado como produto da degradação e da dissolução da idéia e da experiência italianas da liberdade política.

33 Celli (1933, p. 11).

34 Ibid.

35 Garibaldi (1889, vol. 1, p. 5); cf. Carta, 4 de março de 1875, Garibaldi (1885, p. 99).

36 Em 8 de setembro de 1847, ele escreveu a Pio, implorando-lhe que unisse a Itália sob comando papal; Mack Smith (1994, p. 51-52).

37 Este projeto foi organizado por Pietro Sterbini, ministro das Obras Públicas, e financiado por um fundo previamente disponível no Vaticano para manutenção de obras de arte. O dinheiro foi usado, entre outras coisas, na contratação de desempregados para a construção de estradas ao longo do rio; ver Hearder (1983, p. 117).

38 Na Páscoa, Mazzini juntou-se a diplomatas estrangeiros para assistir à missa em São Pedro. Alguns cleros locais chegaram a aderir à revolução. Ao mesmo tempo, a Inquisição foi abolida e algumas das suas propriedades foram usadas para alojar os pobres; o monopólio da Igreja na educação universitária foi revogado e a educação popular

fomentada. Jornais proliferaram, a pena de morte foi extinta e várias tarifas e direitos de proteção foram suprimidos, ao passo que novos impostos destinados a ajudar os pobres foram introduzidos.

39 Hibbert (1985, p. 256).

40 De Cesare (1909, p. 22).

41 Hibbert (1987, p. 308).

42 Já nos meados da sua carreira, a vida de Garibaldi estava sendo escrita por seguidores e jornalistas solidários. Uma biografia em 1850, de Giovanni Battista Cuneo, deu uma primeira indicação do gênero, uma vigorosa celebração das virtudes especiais do General.

43 Sand (1859); Dumas (1860); D'Annunzio (1901); Carducci (1911).

44 Hibbert (1987, p. 314).

45 Venturi (1973, p. 33).

46 Ibid.

47 Garibaldi (1889, vol. 3, p. 354).

48 Monsagrati (1999, p. 325).

49 Venturi (1973, p. 128).

50 Hibbert (1987, p. 337).

51 *The Times*, 23 de setembro de 1867, p. 6.

52 Scirocco (2001, p. 348).

53 Citado em ibid., p. 349.

54 *The Times*, 28 de outubro de 1867, p. 6.

55 Trevelyan (1911, p. 51). Sobre as percepções oscilantes de Trevelyan acerca de Garibaldi e do *Risorgimento*, ver Cannadine (1902, pp 68, 69, 82-3).

56 Citado em Arpino (1982, p. 81).

57 Venturi (1973).

58 Historiadores têm debatido até onde esta imobilidade recente do sistema parlamentar italiano é devida à influência da inércia da constituição piemontesa, elaborada anteriormente, sob Carlos Alberto, com a intenção de excluir as massas e manter o poder estritamente nas mãos do monarca e seus conselheiros imediatos, ao mesmo tempo que legitimava ostensivamente essa estrutura de autoridade; ver Venturi (1973).

59 Garibaldi (1889. vol. 1, p. 3).

60 Mack Smith (1959, p. 89).

61 Forbes (1861, p. 334); cf. Hibbert (1987, p. 215).

6 Vida e época

1 Morolli (1982, p. 98). Pode-se ter uma idéia da medida da sua preocupação pelo fato de que quase cem páginas do volume final das suas obras completas são dedicadas ao projeto do Tibre; ver Garibaldi (1932, vol. 6, pp. 126-221).

2 Guerzoni (1882, vol. 1, p. 22); Garibaldi (1888, p. 10); Sacerdote (1933, pp. 66-7).

3 Citado em Hibbert (1987, p. 45).

4 Colet (1864, vol. 3, p. 13); cf. Hibbert (1987, p. 298).

5 Harriet Meuricoffre, carta de agosto de 1860, em Buttler (1901, p. 42).

6 Ibid., pp. 50-1; cf. Hibbert (1987, pp. 291-2).

7 *The Times*, 15 de setembro de 1860, p. 11.

8 Forbes (1861, p. 3).

9 Visconti Venosta (1906, p. 544); cf. Hibbert (1987, p. 159).

10 Morolli (1982, p. 103).

11 Para este e outros exemplos, ver Hibbert (1987).

12 Venturi (1973, p. 1).

13 Um biógrafo registra, por exemplo, que, em seu primeiro encontro com sua futura noiva Anita, Garibaldi estava usando poncho cinza, calças azuis, boina preta e um cachecol de seda negra. Uma cinta ornamental portava o seu telescópio, a sua pistola e uma faca. Ver Valerio (2001, p. 21).

14 Venturi (1973, p. 23).

15 Ver Mack Smith (1993, p. 225).

16 Ibid., p. 230. Mesmo alguns simpatizantes referiam-se à falta de um curso coerente e a uma impressão de confusão política comparáveis somente ao "não menos perplexo mas ultramístico Mazzini." (Anônimo 1882, p. 20) Não há indícios de que Garibaldi tenha estudado detalhes das economias socialistas ou teoria política. Para Garibaldi, socialismo significava aceitar a urgência da "questão social" em qualquer arranjo político futuro (Scirocco, 2001, p. 370).

17 *The Times*, 9 de fevereiro de 1875, p. 8. Nomes personalizados de canais também poderão ser vistos posteriormente, quando a grande vala de drenagem que descarregava as águas dos Montes Lepini no mar foi chamada, por exemplo, de "Canal Mussolini". A campanha antimalária lançada em 1928 ficou conhecida como a "Lei Mussolini". Ver Snowden (2002, p. 115).

18 Para uma reavaliação recente das fraquezas dos Estados italianos préunificação, ver Clark (1998).

19 A opinião inglesa era freqüentemente hostil aos Estados do *ancien régime* e, particularmente, ao papado; a própria idéia de um Estado subserviente ao catolicismo era vista com profundo desagrado. Entre 1858 e 1861, nem o governo tóri nem o liberal foi solidário com a posição política do papa; o governo liberal de lorde Palmerston (com lorde John Russell como secretário das Relações Exteriores) foi o mais vigorosamente avesso à idéia (Mcline, 1983). Para um exemplo de contra-ataque indignado contra Gladstone e acusações de ingenuidade em suas viagens a Nápoles, ver Balleydier (1851). Para um estudo mais amplo das atitudes inglesas nesses anos, ver McIntire (1983).

20 Seton-Watson (1984).

21 Citado em Beales (1991, p. 188).

22 Sacerdote (1983, p. 26). O radical alemão Karl Blind, por exemplo, havia indicado que a família de Garibaldi podia ter descendido dos duques da Bavária. Um dos secretários e biógrafos de Garibaldi, Guerzoni, cuja narrativa de dois volumes foi publicada em 1882, o negou, sugerindo que o General fosse na verdade descendente de um "Garibaldo", duque de Turim no século XVII (Ridley, 1974, p. 2). Ridley salienta que ambas as histórias forçam nos seus argumentos.

23 Spadoloni (1982, p. 47).

24 Para estudos proveitosos da estética fascista, e das idéias de "regeneração" física e moral, ver Affron e Antliff (1997).

25 Garibaldi (1889, vol. 3, p. 375).

26 Médico e jornalista meridional, que também era amigo de Mazzini, Ferdinando Petruccelli della Gattina passara um tempo exilado em Londres e em Paris. Tornou-se membro do parlamento em 1861. Ver Venturi (1973, pp. 72-3).

27 Drake (1980).

28 Freud (1900, vol. 5, p. 429).

29 *The Times*, 5 de junho de 1882, pp. 5-6, republicado em Mark Smith (1969, pp. 149-152).

30 Hibbert (1987, p. 333); Grévy (2001, pp. 202-19).

31 Ver as dissertações e discursos de Corradini, dedicados a Mussolini (Corradini, 1923). Esse influente nacionalista atacava o materialismo e o socialismo, lamentando o "torpor" e a "humilhação" da Itália. Num contexto de regeneração nacional, ele falava dos problemas de "constrangimento", "apatia", "doença", "corrupção", "pacifismo", "egoísmo".

32 Ridley (1974, p. xi).

33 Ela foi devolvida ao reino da Sabóia quando Garibaldi tinha 8 anos de idade.

34 Garibaldi (1889, vol. 1, p. 8).

35 Ibid., p. 9.

36 Bakunin (1871) apontava o erro fundamental de idealismo de Mazzini, erro este, argumentava ele, que teria levado os italianos de volta aos braços da Igreja que ele atacava.

37 Mack Smith (1994, p. 86). Mazzini rejeitava o socialismo e o comunismo como sistemas excessivamente preocupados com a transformação material. Ele apoiava o livre-comércio, mas em outros respeitos rejeitava o liberalismo.

38 Hearder (1983, p. 186).

39 Moscheles (1899, pp. 249-50).

40 Citado em Hibbert (1987, p. 254).

41 Mazzini (1845, p. 6).

42 Mazzini ([1860] 1862, p. ix).

43 Ibid., p. 27; cf. "Aquele que pode negar a Deus tanto em face de uma noite estrelada, quando ao lado do túmulo dos seus entes mais queridos, como na presença do martírio, ou é grandemente infeliz ou grandemente culpado", p. 31.

44 Valerio (2001).

45 Scirocco, (2001, p. 22).

46 Ibid., p 24.

47 Para os anos latino-americanos de Garibaldi, ver Ridley (1974); Scirocco (2001).

48 Garibaldi lutou pela República do Rio Grande do Sul. Em 1842, tornou-se oficial da Marinha uruguaia; ver Valerio (2001).

49 Seus filhos Menotti, Ricciotti, Rosita (que morreu criança em 1845) e Teresita, viveram anos com a avó em Nice durante o período do segundo exílio de Garibaldi. Eles finalmente se reuniram a ele em seu retorno a Caprera durante a década de 1850. Ver Valerio (2001).

50 Dumas (1860, p. 96).

51 Valerio (2001).

52 Suplemento da *Autobiografia* de Garibaldi (1889, vol. 3, p. 93).

53 Esses traços são capturados com beleza por Gabriel García Márquez em *O general em seu labirinto* (1989), um romance que segue o rasto sinuoso de Bolívar através da história e do mito latino-americanos. Tanto o título como a história têm ressonâncias sobre a presente discussão.

54 Garibaldi foi um grande admirador de Bolívar; ver Mack Smith (1993, p. 228).

55 Mack Smith (1969, p. 160).

56 Mack Smith (1993, p. 60, 64).

57 Venturi (1973, p. 24).

58 Em 1871, o Vaticano instou os fiéis a não participar nas eleições italianas.

59 Grew (1986).

7 Via-crúcis

1 Knox (1982, pp. 14-15); Valerio (2001). Na autobiografia de Garibaldi, o número dado é de quatro ou cinco mil homens; Dumas (1860).

2 Vecchi (1856, vol. 2, p. 296); cf. Hibbert (1987, p. 94).

3 Scirocco (2001, p. 186).

4 Knox (1982).

5 Citado em Hibbert (1987, pp. 100, 102).

6 Garibaldi (1889, vol. 2, p. 22).

7 Ridley (1974, p. 326).

8 Citado em Knox (1982, p. 41).

9 Scirocco (2001, p. 173).

10 Hibbert (1987, p. 110); Valerio (2001, p. 154).

11 Hibbert (1987, p. 104); Ridley (1974, p. 311).

12 A lembrança e a mitificação aumentaram e diminuíram ao longo do século seguinte. Um alvoroço notável de eventos comemorativos e solenidades ocorreu na seqüência da morte de Garibaldi, e mais uma vez no qüinquagésimo aniversário do seu falecimento. Certas imagens das vitórias e reveses desesperados do General, como os quadros de Gerolano Induno e Pietro Bouvier, tornaram-se irônicas. Várias versões cinematográficas dos acontecimentos dramáticos de 1849 também surgiriam a seguir. Ver *Garibaldi, Arte e Storia* [Garibaldi, arte e história], vol. 2, p. 141; Grévy (2001); cf. o sugestivo ensaio de Forgacs em Ascoli e von Henneberg (2001).

13 Hibbert (1987, p. 108).

14 Ximenes (1907, p. 34).

15 Hibbert (1987, p. 114).

16 Dumas (1860, p. 86).

17 Vecchi (1856, vol. 2, p. 326).

18 Sacerdote (1933, p. 498); Scirocco (2001, p. 186). As origens raciais de Anita atraíram considerável interesse e foram freqüentemente destacadas na hagiografia contemporânea, como por exemplo no título de um livro de *lady* Constance Leveson, *The Bride of Garibaldi; or the Creole Beauty of Brazil* [A noiva de Garibaldi; ou a beleza crioula do Brasil] (1865).

19 Valerio (2001, p. 156).

20 Scirocco (2001, p. 176).

21 Ximenes (1907, p. 45). Sobre as suspeitas contemporâneas de que Garibaldi tivesse matado sua esposa, ver Sacerdote (1933, p. 498). Houve especulações de que os amigos de Garibaldi pudessem ter apressadamente enterrado uma mulher moribunda em vez de morta, pois temiam a chegada iminente dos austríacos que os perseguiam; ver Scirocco (2001, p. 176).

22 Hibbert (1987, p. 108); Scirocco (2001, p. 172).

23 *The Times*, 19 de fevereiro de 1875, p. 5, e 20 de fevereiro de 1875, p. 9.

24 Monsagrati (1999, p. 325); ver também a discussão no Capítulo 8, deste livro.

25 Refiro-me aqui à distinção central formulada em "Luto e melancolia" de Freud, texto que continua a ser o ponto de partida para a explicação psicanalítica da depressão. Confrontados com a morte de um ente querido, escreve Freud, "nós percebemos que a inibição e a perda de interesse [pela vida] explicam-se plenamente pelo trabalho de luto em que o ego está absorvido... a inibição do melancólico nos parece desconcertante porque não podemos ver o que o está absorvendo tão inteiramente. O melancólico exibe algo mais que está ausente no luto — uma extraordinária diminuição do amor-próprio, um empobrecimento em grande escala do ego. No luto, é o mundo que se torna pobre e vazio; na melancolia, é o próprio ego." (Freud, 1917, pp. 245-6). As auto-recriminações do melancólico "são recriminações contra um objeto amado, que dele são deslocadas sobre o próprio ego do paciente... Suas queixas são na verdade 'queixumes' no velho sentido da palavra... as reações do seu comportamento procedem ainda da constelação anímica da revolta, as quais posteriormente, mediante certos processos, são transportadas para o estado opressivo da melancolia." (Freud 1917, p. 248).

26 Guerzoni (1882, vol. 2, pp. 585, 589).

27 Mack Smith (1993, p. 100).

28 Melena (1887, p. 315).

29 A psicanálise, observou Freud sabiamente certa vez, numa fascinante tentativa de estabelecer uma fronteira entre a "análise selvagem" e a verdadeira, "exige em absoluto um período bastante longo de contato com o paciente." (Freud, 1910, p. 226)

8 Roma desejada

1 Garibaldi (1870, vol. 1, p. 27).

2 Garibaldi (1889, vol. 1, p. 1).

3 Para uma análise detalhada dessa "comunidade imaginada" e suas associações discursivas com a profanação e o corpo da mulher violada, ver Banti (2000).

4 Serao (1902, p. 8).

5   Ibid.
6   Ibid., p. 12.
7   Ibid., p. 10.
8   Ibid., p. 15.
9   Ibid., p. 29.
10 Carta de 22 de dezembro de 1818, em Shelley (1905, p. 17).
11 Ibid., p. 72.
12 Ibid., p. 70.
13 Carta de 23 de março de 1819, ibid., p. 94.
14 Citado em (Hibbert 1985, p. 219).
15 Carta de 1º de novembro de 1786, em Goethe (1849, p. 350).
16 Ibid., p. 349.
17 O problema com toda e qualquer abordagem utilitária, queixava-se Mazzini, é que "as almas não entram nos cálculos." (Mazzini, 1845, p. 6 e *passim*).
18 Cavour preocupava-se com os custos das administrações estatais apartadas da velha Itália, com a necessidade de um mercado interno maior, com a ineficiência das barreiras alfandegárias, a obstrução do comércio por causa das diferentes medidas e cunhagens monetárias (o *ducato* em Nápoles, a *oncia* na Sicília, o *scudo* nos Estados papais, a *lira* no Piemonte). Essa atenção aos embaraços financeiros teria 'enorme influência e significado no governo pós-unificação, contudo, ao mesmo tempo, os abusos percebidos de semelhantes considerações "contábeis" (na e além da política do próprio Cavour) desanimaram não apenas Mazzini mas também Garibaldi, como na ocasião em que tentou implementar seu projeto do Tibre, em 1875, para logo descobrir que o governo estava extremamente preocupado com custos. Por trás da intensa exasperação de Garibaldi com os contadores do governo da direita, detectamos a sombra de uma batalha filosófica de muito mais longa duração, acerca da linguagem moral apropriada da política e da economia; nessa luta, Cavour e Mazzini representavam abordagens agudamente contrastantes. A utilidade sempre foi uma consideração importante para o estadista piemontês: o filósofo favorito de Cavour, pelo menos na sua juventude, era Bentham; ver Mack Smith (1959, p. 21).
19 Wolffe (1989).

20 Moore (1988, p. 222).

21 Por outro lado, algumas organizações protestantes queixavam-se acerbamente da sua falta de religiosidade; ver Hibbert (1997, p. 348). Sobre antipapismo, ver McIntire (1983); Wolffe (1989). Para detalhes da visita de Garibaldi e das reações populares por ela incitadas, ver Beales (1991).

22 Citado em Hilton (1985, p. 58). O Dr. George Croly era pastor e crítico, simpático à abordagem de Ruskin acerca da arte. Ele foi um crítico literário prolífero, tendo contribuído com vários artigos para periódicos como *Blackwood's*.

23 Carta de 31 de dezembro de 1840, em Ruskin (1903, vol. 1, p. 380); cf. "nada é melhor do que o *far niente* de Roma."

24 Ibid., pp. 381-2.

25 Hilton (1985, pp. 54-8).

26 Ibid., p. 58.

27 Citado em Barzini (1968, p. 56).

28 Ibid., p. 73.

29 Ibid., p. 58.

30 Herzen ([1847] 1995, pp. 81-2).

31 Ibid., p. 73.

32 Citado em Barzini (1968, pp. 57-8).

33 Citado em Springer (1987, p. 1).

34 Stendhal ([1929] 1980, vol 1. p. 53).

35 James (1909 ["Roman Rides" (Passeios romanos)], 1588); cf. "As velhas e austeras defesas de Roma formam o muro exterior da vila (Ludovosi), e, além, uma série de 'efeitos cênicos impressionantes' que seria uma inescrupulosa bajulação dizer que é possível imaginar. O terreno é arranjado à maneira formal do século passado; mas em parte alguma os ciprestes negros conduzem o olhar para uma melancolia mais carregada de associações — poéticas, românticas, históricas; em parte alguma há paredes mais suaves e formidáveis de loureiros e murtas" (p. 194); Ou novamente: "Um passeio outro dia com amigos à Villa Madama, nas fraldas do Monte Mario; o lugar é como uma página das mais ricas evocações de Browning deste clima e desta civilização. Admirável na melancolia que lhe assombra, pode ter inspirado, num só golpe, 'The Ring and the Book' [O anel e o livro]" (p. 207).

36 Zola (1896, p. 257).

37 Hawthorne (1860, p. 631).

38 Ibid., pp. 826-7.

39 Ibid., p. 827.

40 Num ótimo ensaio sobre a ansiedade evocada por Roma, na coleção *Roman Presences* [Presenças romanas] (Edwards, 1999), John Lyon mostra como Henry James abandonou toda tentativa de competir com os guias ou as crônicas históricas, e como a cidade se tornou um pano de fundo cada vez mais fugidio e complicado para a ficção.

41 Carta de 5 de dezembro de 1897, Freud (1985, p. 332).

42 Freud (1900, vol. 4, pp. 193ss). Ele antecipou que por um longo tempo ainda só seria capaz de visitar Roma em seus sonhos, pois a estação do ano em que era então possível viajar para lá era a estação em que "a residência em Roma deve ser evitada por razões de saúde". Freud (1900, vol. 4, p. 194).

43 Ibid., p. 194.

44 Isto também é mencionado em *A interpretação dos sonhos*; ver ibid., p. 195.

45 Carta de 5 de dezembro de 1897, em Freud (1985, p. 285).

46 Hawthorne (1860, p. 826).

47 Ver, em Dowling (1985), a proveitosa discussão sobre a transformação dos estudos romanos operada por Gibbon, Niebuhr, Winckelmann e outros.

48 Uma extensa literatura francesa sobre o futuro de Roma e do catolicismo romano foi produzida nos anos 1860, enquanto Luís Napoleão continuava a defender o papado contra as incursões do nacionalismo italiano. Os comentadores franceses propuseram uma polêmica radicalmente divergente sobre as perspectivas futuras da Igreja. *Le Parfum de Rome* [O perfume de Roma], de Veuillot, e vários outros trabalhos do começo da década de 1860, alguns criticando severamente as posições pró-papado de Veuillot, foram publicados. *Le Parfum de Rome et M. Veuillot* [O perfume de Roma e o Sr. Veuillot], de Pellerin (Paris, 1862), foi um exemplo típico. *Rome et les concessions* [Roma e as concessões], de Louis François Sosthènes de La Rochefoucauld (Paris, 1862), explorava as concessões exigidas da Igreja, deplorava o ataque

contra a fé e lamentava como um papa reformista havia sido rechaçado pela anarquia e pelas forças do racionalismo. *L'abandon de Rome* [O abandono de Roma], do Sr. Visconde de la Guéronnière (Paris, 1862), advertia contra os clamores do irredentismo, que iriam levar a Itália cada vez mais longe rumo ao caos; cf. de Feuillide, *La Papauté selon l'histoire* [O papado segundo a história] (Paris, 1862).

49 Renan ([1859] 1951, p. 181).

50 Renan, citado em Ternois (1961, p. 70). Renan esperava um cisma entre as alas italianas e não italianas da Igreja, no que dizia respeito à maneira pela qual o papado deveria relacionar-se com o reino italiano. Ele imaginava uma decomposição final da Igreja, com um papa e um antipapa.

51 Taine (1867, p. 66).

52 Hawthorne (1860, pp. 631-2).

53 Ibid., p. 631.

54 Citado em McIntire (1983, p. 1).

55 D'Annunzio (1901); cf. Celli-Fraentzel (1931, p. 28).

56 James (1909, p. 173).

57 Ibid., p. 192.

58 Ibid., ["Roman Rides" 1873], p. 156.

59 Ternois (1961, p. 43n).

60 Hemmings (1953, p. 262).

61 2 de novembro de 1894, Zola (1958, p. 15).

62 Sobre escândalos bancários e corrupção política na Itália durante o final dos anos 1880 e o começo dos anos 1890, ver Mack Smith (1959), Capítulo 22.

63 Zola (1896, p. 257).

64 Ibid., p. 78.

65 Ibid., p. 77.

66 Ibid., p. 221.

9 Uma contradição inconsciente

1 Grévy (2001, p. 55).

2 Mack Smith (1969, p. 175).

3 Garibaldi (1983, pp. 18, 20).

4 *"Infine ci è da impazzire pensando ai colossali vantaggi dell'opera vostra."* Carta de 12 de novembro de 1872, citada em Morolli (1982, p. 98).

5 Os comentários de Garibaldi foram feitos em jornal florentino *L'Opinione*, edição de novembro de 1872; citado em Morolli (1982, p. 97).

6 Morolli (1982, p. 98).

7 Carta de 6 de fevereiro de 1875, em Garibaldi (1885, p. 97).

8 Morolli (1982); Garibaldi (1983, introdução).

9 Um par de anos depois, um turista, William Davies, descrevia o vapor semanal que ia de Roma até a costa, comandado por um inglês, certo Sr. Welby; Davies (1873, p. 3).

10 Quinterio (1982, p. 111).

11 *The Times*, 22 de março de 1875, p. 9.

12 Garibaldi (1983, p. 7). Garibaldi teve ligações duradouras com a franco-maçonaria.

13 Ver, por exemplo. *The Times*, 3 de março de 1875, p. 12; 4 de março de 1875, p. 5; 22 de março de 1875, p. 9.

14 O canal teria sessenta metros de largura.

15 Entre os projetos em competição havia um, imaginado pelo engenheiro Rullier, de Marselha, que o esquematizara em 1872, envolvendo a transposição do Tibre para o outro lado de Prati Castello e através do Vale dell'Inferno, ao longo do Gianicolo até Porta Portese. Este plano envolvia a construção de um bulevar de cerca de sete quilômetros, que seria margeado por edifícios novos.

16 Agostino Grattarola, em Garibaldi (1983, p. 5).

17 Ver a correspondência nos documentos de Depretis no Archivio di Stato, Rome, fasc., 2, busta 9, serie 1, scatola 9, item 89.

18 Detalhes podem ser encontrados em várias biografias do General; ver especialmente Ridley (1974).

19 *The Times*, 5 de junho de 1882, pp. 5-6, em Mack Smith (1969, pp. 149-52). O ano prosposto aqui, 1874, seria na verdade 1875.

20 Ridley (1974, p. 596).

21 Tendo proposto inicialmente a transposição total do Tibre, Amadei, questionado por outros especialistas, hesitou e mudou o curso. Ele

desenvolveu um novo esquema que envolveria um "desvio" do canal, assim mantendo um Tibre devidamente pacificado em Roma. A nova versão também dava mais atenção aos problemas de orçamento. Ver a carta de Amadei de 30 de abril de 1875 nos documentos de Depretis, (fasc. 2, busta 9, serie 1, scatola 9, item 76). Quando suas propostas finalmente foram rejeitadas, a amargura de Amadei veio à tona. Ele escreveu a jornais, como o *Monitore di Bologna*, para falar em público das suas mágoas.

22 Hibbert (1987, p. 332).

23 Morolli (1982, p. 103).

24 Citado em ibid., p. 104.

25 Ibid., p. 105.

26 Ibid., p. 103. Para detalhes legislativos, ver pp. 1104-5.

27 Ibid., p. 100.

28 Uma carta em que Amadei critica Baccarini pode ser consultada nos documentos de Depretis (fasc. 2, busta 9, serie 1, scatola 9, item 40 — carta de 28 de maio de 1875).

29 Os defensores de Garibaldi logo estariam brigando sobre quem tinha o projeto mais profissional e convincente. O professor Filopanti questionou clamorosamente os planos de Amadei, bem como a sua versão dos acontecimentos políticos em torno das deliberações sobre o Tibre; ver a carta de Filopanti ao *Monitore di Bologna* (1º de junho de 1875), contida nos documentos de Depretis (fasc. 2, busta 9, serie 1, scatola 9, item 60). Para a resposta de Baccarini às críticas sofridas, ver *Monitore* (carta de 7-8 de junho de 1875), documentos de Depretis (fasc. 2, busta 9, serie 1, scatola 9, item 69).

30 *"L'illustre Garibaldi non ha mai* disapprovato *il mio progetto, non ha mai* veduto *uma linea di quella del ccommendatore Baccarini, non gli ha mai dato alcuna* incombenza. *Questo e quanto so dal Generale. Come avvene dunque l'evoluzione a danno mio?"* Amadei, carta ao editor do *Monitore di Bologna*, 28 de junho de 1875; documentos de Depretis (fasc. 2, busta 9, serie 1, scatola 9, item 70).

31 Morolli (1982, p. 106).

32 Ibid.

33 Colonna (1925, p. 159). Quanto ao debate sobre as vantagens e desvantagens dos projetos baseados no reforço dos paredões do Tibre, ver Pecori (1931, p. 618). O autor acreditava que, embora os paredões pudessem ter destruído belas vilas históricas e cenários artísticos, este teria sido um pequeno preço a pagar pelas melhorias da saúde pública. Compare com a lamentação de Augustus Hare, para quem cinqüenta anos de Itália unificada tinham destruído grande parte do charme de Roma, e "[o] próprio Tibre foi colocado numa camisa-de-força ao longo de todo o seu pitoresco curso." (Hare, 1913, p. 11).

34 Para uma expressão de pesar sobre a deterioração da bela "raça" italiana, ver, por exemplo, Garibaldi (1983, p. 45).

35 Confio aqui no parecer do professor Marchis, da Universidade de Turim, especialista em história da engenharia, sobre o potencial de exeqüibilidade do projeto.

36 Knox (1982, p. 86).

37 Cesare Cantù, *Della independenza italiana*, Turim, 1878, vol. 3, pt 2, pp. 580-3; extrato em Mack Smith (1969, p. 153).

38 Tomo a expressão emprestada do título de um fecundo livro sobre a teoria dos atos de discurso (*How to Do Things With Words*), do filósofo de Oxford J. L. Austin.

39 Ver o importante estudo das complexas ações e percepções recíprocas de Cavour e de Garibaldi em 1860 em Mack Smith (1993).

40 Herriet Meuricoffre, em Butler (1901, p. 83).

41 Bent (1881). Muitos membros da elite política italiana pensavam que Garibaldi tinha um grande coração e um cérebro pequeno; Grévy (2001, p. 43).

42 Mack Smith (1993), por exemplo, salienta a rigidez e a limitação de Garibaldi, ao mesmo tempo que aponta a freqüência com que ele superou rivais que tinham subestimado suas habilidades políticas e militares. O relato de Mack Smith capta com destreza a mistura de atitudes imprevistas e calculadas, de deliberação e surpresa, que formava tanto o comportamento de Cavour como o de Garibaldi na época em que surgiu a oportunidade da unificação; cada homem então procurou realizar sua visão política pessoal.

43 Venturi (1973), p. 1; Massobrio (1982).

44 *The Times*, 5 de junho de 1882, pp. 5-6, reproduzido em Mack Smith (1969, pp. 1149-52).
45 Ibid.
46 Virgilio Titone, de *Quaderni reazionari*, n° 2, Palermo, fevereiro de 1963, pp. 52-6, 62-5, citado em Mack Smith (1969, p. 170).
47 Segal (1981).
48 Velerio (2001, p. 100).
49 Melena (1887, p. 302).
50 Ibid., p. 308.
51 Scirocco (2001, p. 227).

10 Morte

1 Discurso de 20 de setembro de 1922; Pini (1939, p. 114).
2 Gentile (1996, p. 115).
3 Discurso de 20 de setembro de 1922; Pini (1939, p. 114). Cf. Bondanella (1987, Capítulo 7).
4 Mack Smith (1969, pp. 166-7).
5 Sobre a relação entre os legados de Garibaldi e Mussolini, e as tentativas subseqüentes de Il Duce de se vincular à margem do General, ver Passerini (1991, pp. 94, 193). Mussolini também seguiu Garibaldi no campo da ficção. A sua própria narrativa lasciva e anticlerical inspirava-se em parte, evidentemente, nas aventuras com que Garibaldi compusera anteriormente romances desse gênero. Uma história de Mussolini, *A amante do cardeal*, tratava do caso de amor infeliz entre um cardeal e uma cortesã de Trento, Claudia Particella. A história é passada nos anos 1650. Cheia de floreios, a narrativa avança rumo às mortes dos protagonistas. Originalmente lançada em série num suplemento de *Il Popolo* em 1909, a exagerada história expõe a Igreja como símbolo de corrupção e parasitismo. A rejeição por Claudia dos avanços sexuais dos sacerdotes libidinosos desperta a sua violenta ira. Os padres são retratados como obcecados pela mulher inalcançável, corroídos por sua própria paixão. Tirando lições da sua história, Mussolini escreveu sobre a necessidade de reconhecer o "impulso degenerativo do catolicismo", juntamente com as suas realizações morais. Os clérigos e o objeto da sua perseguição, a mulher desejável, são se-

guidos pelo narrador, à medida que decaem, passando por vários ciclos de tormento e excitação: Claudia, a mulher, oferecendo carícias inimagináveis, volúpias inefáveis, um êxtase ao ponto de delirar, de exasperar". (Mussolini, 1929a, p. 40). O papado, queixava-se Mussolini, tinha-se tornado um escoadouro pútrido de vícios. Sobre a relação existente entre *A amante do cardeal* e o romance "igualmente insípido" de Garibaldi, *Clelia*, ver Mack Smith (1981, p. 16).

6 Sallares (2002, p. 4).

7 Baravelli (1935); Longobardi (1936); Turnor (1938). A legislação nos anos 1880 pavimentou o caminho para a realização de projetos fundamentais de drenagem da terra.

8 Castiglioni (1927, p. 278).

9 Anônimo (1923).

10 Ibid.

11 Sugeriu-se recentemente que em muitos aspectos o fascismo teria prejudicado a causa da malariologia: para argumentos mais detalhados, ver Snowden 2002.

12 Celli-Fraentzel (1931, p. 33).

13 Regis (1889). Incentivos financeiros provocaram novos deslocamentos populacionais para a Campanha durante os anos entre-guerras, quando mais de 20 mil pessoas mudaram-se da área de Pádua. As terras recuperadas começaram a ganhar valor, sobretudo em benefício dos *latifondisti*; Anônimo (1984, p. 18).

14 O *Handbook for Travellers* [Manual para viajantes] de Baedeker mapeou os progressos alcançados. Em 1909, por exemplo, deu o devido reconhecimento aos passos dados pelas autoridades na promoção do saneamento de Roma, e ao trabalho humanitário vital desenvolvido pela Cruz Vermelha Italiana, que passara então a ajudar os camponeses pobres e aflitos da Campanha. Para informações sobre o alcance das iniciativas educacionais e de saúde na Campanha Romana após 1910, ver Snowden (2002).

15 Para dúzias de manuscritos sobre o projeto do Tibre redigidos em vários órgãos, ver documentos de Depretis (fasc. 50 e 51). Há ali um copioso número de documentos produzidos pela Municipalidade em resposta a sindicâncias e decisões do governo; há também vários rela-

tórios do Ufficio Tecnico Comunale ao prefeito de Roma sobre as alturas precisas e outros aspectos técnicos dos propostos paredões do Tibre. Além disso, há pesquisas do departamento técnico do ministério das Obras Públicas bem como das autoridades locais em Roma, da administração provincial, do gabinete do prefeito, do ministério do Interior e de outros órgãos.

16 *Relazione della comissione dei lavori sulle propose di atttuazione di alcune lavori di sistematizione del Tevere* [panfleto], Roma 1976; no Archivio Centrale dello Stato; ver Ministero dei Lavori Pubblici, opere governative ed edilizie per Roma (fasc. 50, busta 30). Para um útil resumo das obras de engenharia, inclusive o plano de engenheiro Raffaele Canevari, que foi adotado com modificações em novembro de 1875, ver o seguinte sítio na Internet: http://www.isolatiberina.it. Este sítio apresenta mapas e fotografias interessantes, centrando a sua atenção principalmente nas propostas para a renovação da Ilha Tiberina. Os planos concebidos durante a década de 1870 (finalmente abortados) imaginaram a destruição da ilha no Tibre, a fim de reduzir o risco de enchentes.

17 Garibaldi também dera instrução a seu médico sobre o assunto, já em 1877; Scirocco (2001, p. 391).

18 Citado em Hibbert (1987, p. 368). Nesta passagem, eu confio firmemente na parte conclusiva da biografia de Hibbert.

19 Sacerdote (1933, pp. 943-4). O autor sugere que Garibaldi teria sabido dos detalhes da morte de Shelley através de seu amigo White Mario; Ridley (1974, p. 633).

20 Sacerdote (1933, p. 944).

21 Sacerdote (1933, p. 946).

Agradecimentos

Este projeto teria sido muito mais imperfeito, não fosse pela contribuição de um sem-número de colegas e amigos na Inglaterra e na Itália. Devo eximi-los todos — como é costume — da responsabilidade pelos erros e limitações remanescentes, mas tenho consciência de que o livro que acabou vindo à tona foi, em muitos aspectos, um empreendimento coletivo. As notas indicam o quanto do que consta aqui extraí da literatura existente sobre Garibaldi, Roma, as políticas nacionalistas e a história da malária, mas há outras dívidas explícitas a declarar, não demarcadas naquelas referências. Ganhei, ao longo dos anos, um precioso auxílio com os conselhos de uma dúzia ou mais de bibliotecários e arquivistas, lotados, *inter alia*, nos museus do *Risorgimento* de Bolonha e de Roma, em bibliotecas universitárias em Londres, Cambridge e Bolonha, no Museu de História e Ciência em Florença, na biblioteca do parlamento italiano, na Biblioteca Casanatense, em Roma, na Biblioteca Nacional (Biblioteca Nazionale) de Florença e de Roma, na Biblioteca Nazionale Braidense em Milão, na biblioteca da École de Médicine, em Paris, nos arquivos centrais (Archivio Centrale dello Stato) em Roma, na Biblioteca Wellcome para a História da Medicina, na Escola de Londres de Higiene e Medicina Tropical, e na Biblioteca Britânica.

Tenho uma grande dívida pessoal de gratidão com Michael Feldman por sua ajuda e discernimento, antes e durante os anos que levei para escrever este livro. Tanto Tony Tanner como Roy Porter, ambos já falecidos, foram os primeiros a estimular-me a iniciar esta pesquisa particular e a oferecer-me, através da sua obra escrita e conversação inimitáveis, uma inspiração. Gareth Stedman Jones foi mais uma vez excepcionalmente generoso em seu apoio, oferecendo astutos comentários históricos e editoriais sobre rascunhos anteriores.

248

Richard Bourke, Gilberto Corbellini, John Dickie, Felix Driver, Catharine Edwards, Tristan Hunt, Lucy Riall, Lyndal Roper e Jacqueline Rose também comentaram perspicaz e pacientemente o manuscrito, obrigando-me a pensar mais profundamente — e às vezes de modo inteiramente novo — sobre vários feixes desta história. *Roma ou morte* teria sido consideravelmente menos palatável sem as oportunas intervenções de Maggie Hanbury, o excelente conselho editorial de Will Sulkin e o grande volume de problemas assumidos por seus colegas da Random House, especialmente Rosalind Porter, Lily Richards, Michael Salu e Alison Worthington, responsáveis pela produção de um índice claro e apropriado.

Mirtide Gaveli, Leonardo Musci e Armanda Russel foram incansavelmente úteis na localização de ilustrações. Pela assistência que me ofereceram durante o tempo em que percorri arquivos obscuros, levantando fontes e imagens ou esclarecendo detalhes biográficos pormenorizados, também estou muito grato a Valeria Babini, Chiara Beccalossi, Gianni Carta, Annita Garibaldi Jallet, Maria Flora Giubilei, Ombretta Ingrasci, Elena Lamberti, Pietro Lanzara, Antonelo LaVergata, Bruno Leoni, Tracey Loughman e Folco Pasquinelli. Por sua orientação sobre pontos da história cultural, médica e política, meus agradecimentos a Sally Alexander, Bill Bynum, Laura Cameron, Bernardino Fantini, Stephen Gundle, Vittorio Marchis, Melissa Parker e Miri Rubin.

Recebi assistência de várias organizações. A Queen Mary, University of London, propiciou um ambiente inusualmente estimulante e facilitador para pesquisa e magistério. Meus agradecimentos a Royal Society pela útil doação que fizeram para as minhas pesquisas italianas preliminares. A gama de documentos produzidos nos anos recentes por colegas da British Psichoanalytical Society me ajudou a repensar a controvertida questão da "psicobiografia". Tenho sorte de ter tido a chance de apresentar "trabalhos em andamento" em seminários de pesquisa em várias universidades; a versão final do livro foi significativamente modelada pelas discussões decorrentes. Sou especialmente grato aos fundos Leverhulme e Wellcome pela concessão de subvenções substanciais e, a este último, por uma bolsa que me permitiu dedicar o tempo necessário à escritura deste livro.

Por último, mas em primeiro lugar, meus agradecimentos à minha família. Irma Brenman Pick leu o material atentamente e, junto com Eric Brenman, ajudou-me substancialmente a aprofundar o argumento. Minhas filhas Anna e Tasha me acompanharam a Roma e outras cidades italianas. Por seu humor, paciência e curiosidade, e pelos freqüentes adiamentos do trabalho que sua presença necessariamente implicava, sinto-me igualmente grato. Devo muito a Isobel Pick. Ela foi, o tempo todo, uma leitora atenta — e uma parceira generosa desta estendida saga romana, e a ela dedico este livro com amor.

Daniel Pick
Novembro de 2004

Bibliografia

Affron, Matthew, e Antliff, Mark (orgs) (1997), *Fascist Visions: Art and Ideology in France and Italy*, Princeton.

Agnew, John (1995), *Rome*, Chichester.

Alleori, Sergio (1967), *Lo stato delle conoscenze sulla malaria nel 1831*, Roma.

Anderson, Perry (2002), "Land Without Prejudice", in *London Review of Books* (21 de março), vol. 24, nº. 6.

Anderson, William K. (1927), *Malarial Psychoses and Neuroses with Chapters on History, Race-Degeneration, Alcohol, and Surgery in Relation to Malaria*, Londres.

Anônimo ["A. Person of Quality, a native of France"] (1706), in *A Comparison between Old Rome in its Glory and London as it is at Present*, Londres.

Anônimo (1793), *Discorso sopra la mal'aria, e le malattie che cagiona principalmente in varie spiagge d'Italia e in tempo di estate*, Roma.

Anônimo (s.d.), *Gladstone, Ireland, Rome: or the Pro-Rom ish Acts of Mr Gladstone. A Page from Modern History: Being a Clue to Gladstone's Irish Home Rule Bill*, Londres.

Anônimo [Anna Jameson] (1826), *Diary of an Ennuyee*, Londres.

Anônimo (1882), *Memoir of Giuseppe Garibaldi* [reeditado a partir de *The Times*], Londres.

Anônimo (1923), "Fighting Malaria", in *The World's Health*, 4, nº. 12, pp. 7-10.

Anônimo (1982), *Garibaldi in Parlamento*, 2 vols., Roma.

Anônimo (1982), *Giuseppe Garibaldi e il suo mito*, Gênova.

Anônimo [Cooperativa Pagliaccetto] (org.) (1984), *Migrazione e lavoro: storia visiva della campagna romana*, Milão.

Arpino, Alberto Maria (1982), "La Storia", in *Garibaldi: arte e storia* [catálogo de exposição, Roma, Museo del Palazzo di Venezia e Museo Centrale del Risorgimento, junho-dezembro de 1982], Florença, pp. 17-91.

Ascoli, Albert Russell, e von Henneberg, Krystyna (orgs.) (2001), *Making and Remaking Italy: The Cultivation of National Identity around the Risorgimento*, Londres.

Ashton, Rosemary (2001), *Thomas and Jane Carlyle: Portrait if a Marriage*, Londres.

Baedeker, Carl (1869), *Italy: Handbook for Travellers*, parte 2, *Central Italy and Rome*, Leipzig.

Baedeker, Carl (1886), *Italy: Handbook for Travellers*, parte 2, *Central Italy and Rome*, 9ª ed., Leipzig.

Baedeker, Carl (1909), *Central Italy and Rome: Handbook for Travellers*, 15ª ed., Leipzig.

Baedeker, Carl (1930), *Central Italy and Rome: Handbook for Travellers*, 16ª ed., Leipzig.

Bakunin, Mikhail (1871), *La Théologie politique de Mazzini et l'Internationale*, Neuchâtel.

Balbo, Cesare (1844), *Delle speranze d'Italia*, Capolago.

Baldwin, Peter (1999), *Contagion and the State in Europe, 1830-1930*, Cambridge.

Balleydier, Alphonse (1851), *La Vérité sur les affaires de Naples: Réfutation des lettres de M. Gladstone*, Paris.

Banti, Alberto Mario (2000), *La nazione del Risorgimento: parentela, santita e onore alle origini dell'Italia unita*, Turim.

Baravelli, GC. (1935), *Integral Land-Reclamation in Italy*, Roma.

Bartoccini, Fiorella, et al. (1980), *II decadentismo e Roma*, Roma.

Bartoccini, Fiorella (1988), *Roma nell'Ottocento*, 2 vols., Bolonha.

Barzini, Luigi (1968), *The Italians*, Harmondsworth.

Batini, Giorgio (1967), *L'Arno in museo: gallerie, monumenti, chiese, biblioteche, archivi e capolavori danneggiati dall'alluvione*, Florença.

Beales, Derek (1991), "Garibaldi in England: the politics of Italian enthusiasm", in *Society and Politics in the Age of the Risorgimento: Essays in Honour of Denis Mack Smith*, Cambridge, cap. 8, pp. 184-216.

Bent, James Theodore (1881), *The Life of Giuseppe Garibaldi*, Londres.

Blackman, Deane R., e Hodge, Trevor A. (2001), *Frontinus' Legacy: Essay on Frontinus' de Acquis Urbis Romae*, Ann Arbor.

Blackbourn, David (1993), *The Marpingen Visions: Rationalism, Religion and the Rise of Modern Germany*, Oxford.

Bondanella, Peter (1987), *The Eternal City: Roman Images in the Modern World*, Chapel Hill.

Bone, Florence (1914), *The Man in the Red Shirt: The Story of Garibaldi Told for Boys and Girls*, Londres.

Borsa, Giorgio, e Beonio Brocchieri, Paolo (1984), *Garibaldi, Mazzini e il Risorgimento nel risveglio dell'Asia e dell'Africa*, Milão.

Bowersock, G.M. (org.) (1977), *Edward Gibbon and the Decline of the Roman Empire*, Cambridge, Massachusetts.

Braudel, Fernand [1949], (1972), *The Mediterranean and the Mediterranean World in the Age if Philip II* [1949], tradução de S. Reynolds, Londres.

Brice, Catherine (1998), *Le Vittoriano: Monumentalité publique et politique à Rome*, Roma.

Bruce-Chwatt, Leonard Jan, e Zulueta, Julian de (1980), *The Rise and Fall of Malaria in Europe: A Historico-Epidemiological Study*, Oxford.

Bull, Anna Cento, e Gilbert, Mark (2001), *The Lega Nord and the Northern Question*, Londres.

Burckhardt, Jacob (1990), *The Civilization of the Renaissance in Italy* [1860], Harmondsworth.

Burdel, Edouard (1875), *De la degenerescence palustre*, Paris.

Butler, Josephine (1901), *In Memoriam, Harriet Meuricoffre*, Londres.

Byrne, Donn (1988), *Garibaldi: The Man and the Myth* [n.p.]

Cacace, Ernesto (1915), *Per la diffusione dell'insegnamento antimalarico e della profilassi antimalarica scolastica nei paesi malaria*, Roma.

Calabro, Giuseppe Maria (1911), *La dottrina religioso-sodale nelle opere di Giuseppe Mazzini*, Palermo.

Camaiani, Pier Giorgio (1972), "Il diavolo, Roma e la rivoluzione", in *Rivista di storia e letteratura religiosa*, 8: 485-516.

Cannadine, David (1992), *G.M. Trevelyan: A Life in History*, Londres.

Carcani, Michele (1875), *II Tevere e Ie sue inondazioni dall'origine di Roma fino ai giorni nostri*, Roma.

Carducci, Giosue (1911), *Discorso per la morte di Giuseppe Garibaldi*, Viterbo.

Carlyle, Thomas (1849), "Occasional Discourse on the Nigger Question", in *Fraser's Magazine*, 40: 670-9.

Carlyle, Thomas (1850). *Latter-Day Pamphlets*, Londres.

Castiglioni, Arturo (1927), "Italy's campaign against malaria", in *British Medical Journal*, 13 de agosto de 1927, p. 278.

Celli, Angelo (1900), *La malaria secondo le nuove ricerche*, 2ª ed., Roma.

Celli, Angelo (1900), *Malaria: According to the New Researches*, tradução de John Joseph Eyre, Londres.

Celli, Angelo (1910), *La malaria secondo Ie nuove ricerche*, 4ª ed., Roma.

Celli, Angelo (1933), *The History of Malaria in the Roman Campagna from Ancient Times*, editado e ampliado por Anna Celli-Fraentzel, Londres.

Celli-Fraentzel, Anna (1931), *La febbre palustre nella poesia (da Virgilio a D'Annunzio)*, Roma.

Celli-Fraentzel, Anna, (1932), "The medieval Roman climate", in *Speculum: A Journal of Medieval Studies*, 7: 96-106.

Celli-Fraentzel, Anna (1934), *I riferimenti alia febbre palustre nella poesia*, Roma.

Chabod, Federico (1951), "L'idea di Roma", in *Storia della politica estera italiana dal* 1870 al 1896, Bari.

Chabod, Federico (1961), *L'idea di nazione*, editado por Armando Saitta e Ernesto Sestan, Bari.

Chateaubriand, François-René (1844), *Itineraire de Paris à Jérusalem et de Jérusalem à Paris, suivi des voyages en Italie et en France*, Paris.

Clark, Martin (1996), *Modern Italy, 1871-1995*, Londres.

Clark, Martin (1998), *The Italian Risorgimento*, Londres.

Cohn, Norman (1975), *Europe's Inner Demons*, Londres.

Colet, Louise (1864), *L'Italie des italiens*, 3 vols., Paris.

Colombo, Cesare, e Sontag, Susan (1988), *Italy: One Hundred Years of Photography*, Florença.

Colonna, Gustavo Brigante (1925), *Roma papale: storie e leggende*, Florença

Coluzzi, Mario, e Corbellini, Gilberto (1995), "I luoghi della malaria e le cause della malaria", in *Medidna nei Secoli*, 7: 575-98.

Corbin, Alain (1986), *The Foul and the Fragrant: Odor and the French Social Imagination*, Cambridge, Massachusetts.

Corradini, Enrico (1923), *Discorsi politici, 1902-1923*, Florence Corti, Paola (1984), "Malaria e società contadina nel Mezzogiorno", in *Storia d'Italia:*

annali, malattia e medicina, vol. 7, editado por Franco Della Peruta, Turim.

Cosgrove, Denis, e Petts, Geoff (orgs.) (1990), *Water, Engineering and Landscape: Water Control and Landscape Transformation in the Modern Period*, Londres e Nova York.

Cosmacini, Giorgio (1987), "Campagne e 'mal'aria' in Italia tra Cinquecento e Seicento", in *Aspetti storici e sociali delle infezioni malariche in Sicilia e in Italia*, Palermo.

Cremonese, Guido (1921), *La malaria Fiumicino e il Prof. Grassi*, Roma.

Cremonese, Guido (1924), *Malaria: New Views on Doctrine and Therapeutics*, Roma.

D'Annunzio, Gabriele (1901), *La canzone di Garibaldi*, Milão.

Davies, William (1873), *The Pilgrimage of the Tiber, from its Mouth to its Source*, Londres.

De Cesare, R. (1907), *Roma e lo Stato del Papa dal ritorno di Pio IX al XX settembre*, 2 vols., Roma.

De Cesare, R. (1909), *The Last Days of Papal Rome, 1850-1870*, tradução de Helen Zimmern, Londres.

De Staël, Anne-Louise-Germaine Necker (1883), *Corinne; or Italy* [1807], tradução de E. Baldwin e P. Driver, Londres.

Depretis, Agostino (s.d.), arquivo Depretis, Serie I, b. 9, fasc. 27: "Legge relativa ai lavori di sistemazione del Tevere", Archivio Centrale dello Stato, Roma.

Dickie, John (1993), "Representations of the Mezzogiorno in post-unification Italy (1860-1900)", Ph.D., Universidade de Sussex.

Dickie, John (1994), "La Macchina da scrivere: the Victor Emmanuel monument in Rome and Italian nationalism", in *The Italianist*, 14: 260-85.

Dickie, John (1999), *Darkest Italy: The Nation and Stereotypes of the Mezzogiorno, 1860-1900*, Londres.

Dickie, John, Foot, John, e Snowden, Frank M. (2002), *Disastro! Disasters in Italy since 1860: Culture, Politics, Society*, Nova Iorque.

D'Ideville, Conde H. (1878), *Victor Emmanuel II: Sa vie, sa mort: souvenirs personnels*, Paris.

Dieu, Hippolyte (1870), *Memoire sur la demande en concession, faite par MM. le comte Raphaël Ginnasi et consorts d'un canal maritime de la Méditerranée à Rome par la vallée du Tibre, avec un port franc à Rome*, Paris.

Dobson, Mary (1997), *Contours of Death and Disease in Early Modern England*, Cambridge.

D'Onofrio, Cesare (1980), *Il Tevere: L'Isola Tiberina, le inondazioni, i porti, le rive, i muraglioni, i ponti di Roma*, Roma.

Dowling, Linda (1985), "Roman decadence e Victorian historiography", in *Victorian Studies*, 28: 579-607.

Drake, Richard (1980), *Byzantium for Rome: The Politics of Nostalgia in Umbertian Italy, 1878-1900*, Chapel Hill.

Dumas, Alexandre (org.) (1860), *Garibaldi: An Autobiography*, Londres.

Eaton, Charlotte A. (1852), *Rome in the Nineteenth Century* [1820], 5ª ed., 2 vols., Londres.

Edwards, Catharine (ed.) (1999), *Roman Presences: Receptions of Rome in European Culture, 1789-1945*, Cambridge.

Eyler, John M. (1979), *Victorian Social Medicine: The Ideas of William Farr*, Baltimore e Londres.

Falleroni, Domenico (1921), *La malaria di Trinitapoli (Foggia)*, Roma.

Fantini, Bernardino, e Smargiasse, Antonio (1987), "Le radici scientifiche e sociali della scuola romana di malariologia", in *Aspetti storici e sociali delle infezioni malariche in Sicilia e in Italia*, editado por Calogero Valenti, Palermo.

Fantini, Bernardino (1996), documento não-publicado de pesquisa sobre a malariologia romana.

Filopanti, Quirico [i.e. Giuseppe Barilli] (1875), *Sulle bonifiche romane proposte dal Generale Giuseppe Garibaldi*, Roma.

Fincardi, Marco (1995), "'Ici pas de Madonne': inondations et apparitions mariales dans les campagnes de la vallée du Pâ", in *Annales*, 50: 829-54.

Fleres, Ugo (1910), *La campagna romana*, Bergamo.

Forbes, Charles Stewart (1861), *The Campaign of Garibaldi in the Two Sicilies: A Personal Narrative*, Londres.

Franchetti, Leopoldo, e Sonnino, Sidney (1925), *La Sicilia nel 1876: condizioni politiche e amministrative*, 2ª ed., Florença.

Francia, Paolo (1994), *Fini: La mia destra*, Roma.

Freud, Sigmund (1900), *The Interpretation of Dreams*, The Standard Edition of the Complete Psychological Works of Sigmund Freud [SE], vols. 4 e 5.

Freud, Sigmund (1910), "'Wild' Psycho-Analysis", SE, vol. 11 Freud (1917), "Mourning and Melancholia", SE, vol. 14..

Freud, Sigmund (1985), *The Complete Letters of Sigmund Freud to Wilhelm Fliess*, editado por Moussaieff Masson, Cambridge, Massachusetts.

Garibaldi, Giuseppe (1870), *Cantoni il volontario*, Milão.

Garibaldi, Giuseppe (1870a), *The Rule of the Monk; or Rome in the Nineteenth Century*, Londres.

Garibaldi, Giuseppe (1870b), *Clelia. il governo del monaco. Roma nel secolo XIX. Romanzo storico politico*, Milão.

Garibaldi, Giuseppe (1873), *Cantoni il volontario. Romanzo storico*, Milão.

Garibaldi, Giuseppe (1874), *I Mille*, Bolonha.

Garibaldi, Giuseppe (1885), *Garibaldi epistolario: con documenti e lettere inedite* (1836-1882), editado Enrico Emilio Ximenes, Milão.

Garibaldi, Giuseppe (1888), *Memorie autobiografiche*, 4º ed., Florença.

Garibaldi, Giuseppe (1889), *Autobiography*, Tradução autorizada de Werner, com um suplemento de Jessie White Mario, 3 vols., Londres.

Garibaldi, Giuseppe (1932-7), *Edizione nazionale degli seritti di Giuseppe Garibaldi*, 6 vols., Bolonha.

Garibaldi, Giuseppe (1983), *Il Progetto di deviazione del Tevere e di bonificazione dell'Agro Romano: Seritti e discorsi del 1875-1876*, introdução e edição de Agostino Grattarola, Roma.

Gentile, Emilio (1996), *The Sacralisation of Politics in Fascist Italy*, tradução de Keith Botsford, Cambridge, Massachusetts.

Gibbon, Edward (1981), *The Decline and Fall of the Roman Empire*, Harmondsworth.

Giblett, Rodney James (1996), *Post-Modern Wetlands: Culture, History, Ecology*, Edinburgh.

Gibson, Edmund (1848), *A Preservative against Popery*, de eminentes clérigos da Igreja da Inglaterra, coletados pelo reverendo Edmund Gibson, lorde bispo de Lincoln e de Londres, revisado e editado para a British Society for Promoting the Religious Principles of the Reformation pelo reverendo John Cumming, Londres.

Ginsborg, Paul (org.) (1994), *Stato dell'Italia*, Milão.

Ginsborg, Paul (2001), *Italy and its Discontents, 1980-2001*, Londres.

Gioberti, Vincenzo (1844), *Del primato morale e civile degli Italiani*, 2 vols., Capolago.

Gladstone, William (1851), *A Letter to the Earl of Aberdeen on the State Prosecutions of the Neapolitan Government*, Londres.

Gladstone, William (1875), *Rome. Three Tracts. The Uztican Decrees — Uzticanism — Speeches of the Pope*, Londres.

Goethe, Johann Wolfgang von (1849), *Autobiography*, tradução de A. J. W Morrison, 2 vols., Londres.

Gori, Fabio (1870), *Sullo splendido avvenire di Roma capitale d'Italia e del mondo cattolico e sul modo di migliorare l'interno della città e l'aria delle campagne*, Roma.

Goubert, Jean-Pierre (1986), *The Conquest of Water: The Advent of Health in the Industrial Revolution*, tradução de Andrew Wilson, introdução de Emmanuel Le Roy Ladurie, Cambridge.

Gowers, Emily (1995), "The Anatomy of Rome from Capitol to Cloaca", in *Journal of Roman Studies*, 85: 23-32.

Grassi, Battista (1900), *La malaria: propagata esclusivamente da peculiari zanzare*, Milão.

Grassi, Battista (1921), *La malaria Fiumidno*, Roma.

Grévy, Jerome (2001), *Garibaldi*, Paris.

Grew, Raymond (1986), "Catholicism and the *Risorgimento*", in Frank J. Coppa (org.), *Studies in Modern Italian History: From the Risorgimento to the Republic*, Nova York, pp. 39-55.

Guerzoni, Giuseppe (1882), *Garibaldi*, 2 vols., Florença.

Hales, E. E. Y. (1954), *Pio Nono: A Study in European Politics and Religion*, Londres.

Halliday, Stephen (1999), *The Great Stink of London: Sir Joseph Bazalgette and the Cleansing of the Victorian Metropolis*, Londres.

Hare, Augustus (1913), *Walks in Rome* [1871], 20ª ed., Londres.

Harris, Ruth (1999), *Lourdes: Body and Spirit in the Secular Age*, Londres.

Hawthorne, Nathaniel (1860), *The Marble Faun, or The Romance of Monte Beni* in *The Complete Novels and Selected Tales of Nathaniel Hawthorne* (1937), Nova York.

Hawthorne, Nathaniel (1871), *Passages from the French and Italian Notebooks of Nathaniel Hawthorne*, Londres.

Hearder, Harry (1983), *Italy in the Age of the Risorgimento 1790-1870*, Londres.

Hemmings, E. W. J. (1953), *Emile Zola*, Oxford.

Hemmings, E. W. J. (1977), *The Life and Times of Emile Zola*, Londres.

Herzen, Alexander (1995), *Letters from France and Italy, 1847-1851*, edição e tradução de Judith E. Zimmerman, Pittsburgh e Londres.

Hibbert, Christopher (1985), *Rome: The Biography of a City*, Londres.

Hibbert, Christopher (1987), *Garibaldi and his Enemies [1965]*, Harmondsworth.

Hilton, Tim (1985), *John Ruskin: The Early Years*, 1819-1859, New Haven e Londres.

Hults, Barbara, *et al.* (1989), *Northern Italy and Rome*, Nova York.

Hunt, Tristram (2004), *Building Jerusalem: The Rise and Fall of the Victorian City*, Londres.

James, Henry (1909), *Italian Hours*, Nova York.

Jefferies, Richard (1939), *After London and Amaryllis at the Fair* [1885], Londres.

Jolivard, Léon (1862), *Victor-Emmanuel et Garibaldi*, Paris.

Jones, Tobias (2002), "Just Because You're Paranoid..." [crítica a *And Then You Die*, de Michael Dibdin], *Guardian*, 12 de Janeiro de 2002, caderno de crítica literária, p. 8.

Jones, W. H. S. (1907), *Malaria: A Neglected Factor in the History of Greece and Rome*, Cambridge.

Jones, W. H. S. (1909), *Malaria and Greek History*, Manchester.

Kertzer, David (1997), *The Kidnapping of Edgardo Mortara*, Nova York.

Kesterson, David B. (ed.) (1971), *Studies in the Marble Faun*, Columbus.

Knox, Oliver (1982), *From Rome to San Marino: A Walk in the Footsteps of Garibaldi*, Londres.

Laveran, Alphonse (1891), *Du Paludisme*, Paris.

Leti, Giuseppe (1909), *Roma e lo Stato Pontifico dal 1849 al 1870*, 2 vols., Roma.

Leveson, *Lady* Constance (1865), *The Bride of Garibaldi; or The Creole Beauty of Brazil*, Londres.

Leynadier, Camille (1860), *Memoires authentiques sur Garibaldi*, Paris.

Liversidge, Michael, e Edwards, Catharine (orgs.) (1996), *Imagining Rome: British Artists and Rome in the Nineteenth Century*, Londres.

Longobardi, Cesare (1936), *Land-Reclamation in Italy*, tradução de Olivia Rossetti Agresti, Londres.

McIntire, C. T. (1983), *England Against the Papacy 1858-1861:Tories, Liberals and the Overthrow of Papa Temporal Power During the Italian Risorgimento*, Cambridge.

Mack Smith, Denis (1993), *Cavour and Garibaldi 1860: A Study in Political Conflict* [1954], Cambridge.

Mack Smith, Denis (1959), *Italy: A Modern History*, Michigan.

Mack Smith, Denis (org.) (1969), *Garibaldi*, Englewood Cliffi.

Mack Smith, Denis (1981), *Mussolini*, Londres.

Mack Smith, Denis [1958], (1993), *Garibaldi*, Roma.

Mack Smith, Denis (1994), *Mazzini*, Londres e New Haven.

Magherini-Graziani, Giovanni (1896), *Aneddoti e memorie sui passaggio di Giuseppe Garibaldi per l'alta valle del Tevere nel luglio 1849*, Città di Castello.

Malissard, Alain (2002), *Les Romans et l'eau: fontaines, salles de bains, thermes, égouts, aqueducs*, Paris.

Mariani,Valerio (1994), *La Campagna nei pittori dell'Ottocento*, Roma.

Marx, Karl, e Engels, Friedrich (2002), *The Communist Manifesto* [1848]; reeditado com introdução e notas de Gareth Stedman Jones, Londres.

Mascanzoni, Irma (1959), *In memoria di Anita Garibaldi nel centenario della traslazione della salma da Mandriole di Ravenna a Nizza, 1859-1959*, Milão.

Massobrio, Giovanna (1982), *L'Italia per Garibaldi*, Milão.

Masters, Roger (1998), *Fortune is a River: Leonardo da Vinci and Niccolo Machiavelli's Dream to Change the Course of Florentine History*, Nova York.

Mazzini, Giuseppe (1845), *Italy, Austria and the Pope: A Letter to Sir James Graham Bart*, Londres.

Mazzini, Giuseppe (1849), *A Letter to Messrs. De Tocqueville and De Falloux, Ministers of France* (Para o Italian Refugee Fund Committee), Londres.

Mazzini, Giuseppe (1850a), *Le Pape au dix-neuvieme siecle*, Paris.

Mazzini, Giuseppe (1850b), *La santa alleanza dei popoli*, Gênova.

Mazzini, Giuseppe (1862), *The Duties of Man*, Londres.

Mazzini, Giuseppe (1872), *The Italian School of Republicanism*, Londres.

Mazzini, Giuseppe (1845), *Italy, Austria and the Pope*, Londres.

Mazzoni, Filippo (1994), "Una problema capitale", in Paul Ginsborg (org., *Stato dell'Italia*, Milão, pp. 108-14).

Melena, Elpis (Baronesa von Schwartz) (1887), *Garibaldi: Recollections of his Public and Private Life*, Londres.

Merello, Faustino (1945), *Mazzini. Il pensiero religioso*, Genebra.

Miller, David, C. (1989), *Dark Eden: The Swamp in Nineteenth — Century American Culture*, Cambridge.

Missiroli, Alberto (1934), *Lezione sulla epidemiologia e profilassi della malaria*, Roma.

Mitchell, David (1980), *The Jesuits: A History*, Londres.

Moe, Nelson (2002), *The View from Vesuvius: Italian Culture and the Southern Question*, Berkeley e Londres.

Monestès, J. L. (1896), *La Vraie Rome, réplique à M. Zola*, Paris.

Monsagrati, Giuseppe (1999), "Giuseppe Garibaldi", in *Dizionario biografico degli Italiani*, Catanzaro, pp. 315-31.

Montaigne, Michel Eyquem de (1929), *The Diary of Montaigne's Journey to Italy in 1580 and 1581*, editado por E. J. Trechmann, Londres.

Moore, James (org.) (1988), *Religion in Victorian Britain*, vol. 3, *Sources*, Manchester.

Morolli, Gabriele (1982), "Garibaldi e l'ultima 'difesa' di Roma: quattro progetti per il Tevere", in *Garibaldi: arte e storia* [catálogo de exposição, Roma, Museo del Palazzo di Venezia e Museo Centrale del Risorgimento, junho-dezembro de 1982], Florença, pp. 95-112.

Moscheles, Felix (1899), *Fragments of an Autobiography*, Londres.

Mussolini, Benito (1929a), *The Cardinal's Mistress*, tradução de H. Motherwell, Londres [originalmente em fascículos sob o título *Claudia Particella, l'amante del Cardinale: grande romanzo dei tempi del Cardinale Emmanuel Madruzzo*, in *La vita trentina*, suplemento de *Il Popolo*, 1909].

Mussolini, Benito (1929b), *La dottrina del fascismo*, editado por A. Mrpicati, M. Gallian e Z. Contu, Milão.

Nielsen, Fredrik (1906), *History of the Papacy in the Nineteenth Century*, Londres.

North,William (1896), *Roman Fever: The Results of an Inquiry during three years' Residence on the Spot into the Origin, History, Distribution and Nature of the Malarial Fevers of the Roman Campagna, with especial reference to their supposed connection with Pathogenic Organisms,* Londres.

Parker, Robert (1983), *Miasma: Pollution and Purification in Early Greek Religion,* Oxford.

Parks, Tim (2001), "Berlusconi's Way", in *New York Review of Books,* 18 de outubro de 2001, pp. 63-7.

Passerini, Luisa (1991), *Mussolini immaginario,* Bari.

Pecori, Giuseppe (1931), "Come Roma città fu liberata dalla malaria poco dopo la sua annessione al Regno d'Italia", in *Atti del Iº Congresso Nazionale di Studi Romani,* Roma, pp. 612-21.

Peschi, Ugo (1907), *I primi anni di Roma capitale (1870-1878),* Florença.

Petty, William (1867), *Observations upon the Cities of London and Rome,* Londres.

Pick, Daniel (1994), "Pro Patria: Blocking the Tunnel", *Ecumene: A Geographical Journal of Environment, Culture and Meaning,* vol. I, pp.77-93.

Pini, Giorgio (1939), *The Official Life of Benito Mussolini,* tradução de Luigi Villari, Londres.

Plínio o Velho (1991), *Natural History: A Selection,* Londres.

Purseglove, Jeremy (1989), '*Taming the Flood: A History and Natural History of Rivers and Wetlands,* Oxford.

Quinterio, Franceso (1982), "La sistemazione del Tevere e dell'Agro Romano nel carteggio di Garibaldi", in *Garibaldi: arte e storia* [catálogo de exposição, Roma, Museo del Palazzo di Venezia e Museo Centrale del Risorgimento, junho-dezembro de 1982], Florença, pp. 110-12.

Rapisardi, Giovanni (1875), *Garibaldi al Tevere: poemetto lirico,* Roma.

Redondi, Pietro (1980), "Aspetti della cultura scientifica negli stati pontifici", in "Cultura e scienza dall'illuminismo al positivismo", seção III, *Storia d'Italia: annali 3, scienza e tecnica,* editado por Gianni Micheli, Turim, pp. 782-811.

Reed, T J. (1984), *Goethe,* Oxford.

Regis, Angelo (1889), *Gli argini del Tevere e la loro influenza sulle acque sotterranee di Roma,* Roma.

Renan, Ernest (1951), "Essai de morale et de critique" [1859], in *Oeuvres completes*, vol. 2, Paris.

Riall, Lucy (1994), *The Italian Risorgimento: State, Society and National Unification*, Londres.

Ridley, Jasper (1974), *Garibaldi*, Londres.

Riley, James (1987), *The Eighteenth-Century Campaign to avoid Disease*, Basingstoke.

Rocco, Fiammetta (2003), *The Miraculous Fever-Tree: Malaria, Medicine and the Cure that Changed the World*, Londres.

Romano, Pietro (1943), *Ottocento romano*, Roma.

Ross, Ronald (1924), "Private note" (3 páginas datilografadas, datado de 10 de março de 1924), [Ross Papers, 65/051, pp. 1-2, London School of Hygiene and Tropical Medicine].

Ross, Ronald (1925), "The Mosquito Theory of Malaria and the Late Prof. G.B. Grassi" (panfleto), extraído de *Science Progress*, 78: 311-20, [Ross Papers, 65/167, p. 319, London School of Hygiene and Tropical Medicine].

Ruskin, John (1871-84), "*Fors Clavigera: Letters to the Workmen and Labourers of Great Britain*" in *The Works of John Ruskin*, editado por E. T. Cook e Alexander Wedderburn, 1903-12, Londres, vol. 27.

Ruskin, John (1884), *The Storm Cloud of the Nineteenth Century: Two Lectures Delivered at the London Institution*, Orpington.

Russo, Maria-Teresa Bonadonna (1979), "Appunti sulle bonifiche pontine", in *Rinascimento nel Lazio*, editado por Renato Lefevre, Roma, pp. 575-97.

Sacerdote, Gustavo (1933), *La Vita di Giuseppe Garibaldi*, Milão.

Saint-Cyr, Charles de (1939), *Garibaldi contre Mussolini*, Paris.

Saint-Simon, Henri de (1975), *Selected Writings on Science, Industry and Social Organisation*, tradução e edição de Keith Taylor, Londres.

Saint-Simon, Henri de (1969), *Le Nouveau Christianisme* [1825], *et les ecrits sur la religion*, editado por Henri Desroche, Paris.

Sallares, Robert-(2002), *Malaria and Rome: A History of Malaria in Ancient Rome*, Oxford.

Sand, George (1859), *Garibaldi*, Paris.

Savelli, Giulio (1992), *Che cosa vuole la Lega*, prefácio de Umberto Bossi, Milão.

Scardozzi, Mirella (1976), "La bonifica dell'Agro Romano nei dibattiti e nelle leggi dell'ultimo trentennio dell'Ottocento', in *Rassegna storica del Risorgimento*, 63: 181-208.

Schama, Simon (1995), *Landscape and Memory*, Londres.

Schneidel, Walter (2003), "Germs for Rome", in C. Edwards e G. Woolf, *Rome the Cosmopolis*, Cambridge, cap. 8, pp. 158-76.

Scirocco, Alfonso (2001), *Garibaldi: battaglie, amori, ideali di um cittadino del mondo*, Rome e Bari.

Segal, Hanna (1981), *The Work of Hanna Segal: A Kleinian Approach to Clinical Practice*, Nova York.

Selmi, Antonio (1870), *Il miasma palustre: lezioni di chimica igienica*, Pádua.

Serao, Matilde (1902), *The Conquest of Rome*, Londres.

Seton-Watson, Christopher (1984), "Garibaldi's British image", in *Giuseppe Garibaldi e il suo mito*, Roma, pp. 247-58.

Shelley, Percy Bysshe (1905), *With Shelley in Italy: Being a Selection of the Poems and Letters*, editado por Anna Benneson McMahan, Chicago.

Sismondi, J. C. L. (1832), *A History of the Italian Republics, being a View of the Origin, Progress and Fall of Italian Freedom*, Londres.

Smith, S. A. (1877), *The Tiber and its Tributaries*, Londres.

Snowden, Frank (1995), *Naples in the Time of Cholera, 1884-1911*, Cambridge.

Snowden, Frank M. (2002), "From Triumph to Disaster: Fascism and Malaria in the Pontine Marshes, 1928-1946", in John Dickie, John Foot e Frank M. Snowden, *Disastro! Disasters in Italy since 1860: Culture, Politics, Society*, Nova York, cap. 4.

Spadolini, Giovanni (org.) (1982), *Il mito di Garibaldi nella Nuova Antologia: 1882-1982*, Florença.

Springer, Caroline (1987), *The Marble Wilderness: Ruins and Representation in Italian Romanticism*, Cambridge.

Stapleton, D. H. (2000), "Internationalism and Nationalism: The Rockefeller Foundation, Public Health, and Malaria in Italy, 1922-1951", in *Parassitologia*, vol. 42, pp. 127-34.

Stendhal (1980), *Promenades dans Rome* [1829], 2 vols., Paris.

Sternberg, George M. (1884), *Malaria and Malarial Diseases*, Nova York.

Strachey, Lytton (1948), *Eminent Victorians* [1918], Harmondsworth.

Taine, Hippolyte (1867), *Italy: Naples and Rome*, tradução de John Durand, Londres.

Taine, Hippolyte (1869), *Italy: Florence and Venice*, tradução de John Durand, Nova York.

Tanner, Tony (1992), *Venice Desired*, Oxford.

Ternois, René (1961), *Zola et son temps: Lourdes-Rome-Paris*, Paris.

Ternois, René (1967), *Zola et ses amis italiens*, Paris.

Toscanelli, Nello (1927), *La malaria nell'antichita e la fine degli Etruschi*, Milão.

Trambusti, Arnaldo (1910), *La lotta contro la malaria in Sicilia nel 1910*, Palermo.

Travis, Anthony (1991), "Engineering and Politics: The Channel Tunnel in the 1880s", in *Technology and Culture*, 32: 461-97.

Trevelyan, George Macaulay (1907), *Garibaldi's Defence of the Roman Republic*, Londres.

Trevelyan, George Macaulay (1909), *Garibaldi and the Thousand, May 1860*, Londres.

Trevelyan, George Macaulay (1911), *Garibaldi and the Making of Italy, June-November 1860*, Londres.

Turnor, Christopher (1938), *Land-Reclamation and Drainage in Italy*, Londres.

Valerio, Anthony (2001), *Anita Garibaldi: A Biography*, Westport.

Vecchi, C. Augusto (1856), *La Italia: storia di due anni, 1848-1849*, vols, Turim.

Venturi, Alfredo (1973), *Garibaldi in Parlamento*, Milão.

Verga, Giovanni (1979), "Malaria" [1881], in *Tutte le novelle*, editado por Carla Riccardi, Milão, pp. 262-70.

Verga, Giovanni (1883). *Novelle rusticane*, Turim.

Vescovali, Angelo (1874), *Esecuzione pei lavori di sistemazione del tronco urbano del Tevere. Relazione spiegativa*, Roma.

Vidotto, Vittorio (org.) (2002), *Roma capitale*, Roma.

Visconti Venosta, Giovanni (1906), *Ricordi di gioventù: cose vedute o sapute, 1847-1860*, Milão.

Vitelleschi, Francesco (1877), *Atti Parlamentari: sessione del 1876-7, documenti, progetti di legge e relazioni*, Roma.

Watson, Malcolm, *et al.*, (1921), *The Prevention of Malaria in the Federated Malay States: A Record of Twenty rears' Progress,* 2ª ed. revisada, prefácio de *Sir* Ronald Ross, Londres.

Wilson, A. N. (2002), *The Victorians,* Londres.

Wilson, Elizabeth (1991), *The Sphinx in the City: Urban Life, the Control of Disorder, and Women,* Berkeley.

Wolffe, John (1989), "Evangelicalism in mid-Nineteenth-Century England", in Raphael Samuel (org.), *Patriotism: The Making and Unmaking of English National Identity,* Londres, 3 vols., vol. 1, pp. 188-202.

Ximenes, Enrico Emilio (1907), *Anita Garibaldi,* Bolonha.

Zola, Emile (1894), *Lourdes,* tradução de E. A. Vizetelly, Londres.

Zola, Emile (1896), *Rome,* tradução de E. A. Vizetelly, Londres.

Zola, Emile (1958), *Mes voyages: journaux inedits,* edição e introdução de René Ternois, Paris.

Zuccagni-Orlandini, Attilio (1870), *Roma e l'Agro Romano,* Florença.

Índice remissivo

Os números de página em itálico referem-se às ilustrações

Adams, Henry 157
agricultura 49, 51, 52
Agro Romano *ver* Campanha (Romana)
Alpinos, túneis 37
Amadei, Coronel Luigi 181, 184, 188, 190, 241
Amenduui, Giovanni 191
Andersen, Hans Christian 51
Anderson, William K. 59
Ânglia Oriental, paludes da 59
Aníbal 165
antropologia criminal 76
Armellini, Carlo 96
Armosino, Francesca *ver* Garibaldi, Francesca
Arno 67, 74
Áustria, e assuntos italianos 18, 94, 95, 96, 138, 141-142

Baccarini, Alfredo 184, 190
bacteriologia 56
Bakunin, Mikhail 127
Balbo, Cesare 92
Barilli, Giuseppe *ver* Filopanti, Quirico
Barzini, Luigi 123
Bassi, Ugo 140
Bastianelli, Giuseppe 63
Bazalgette, Joseph 37
Belli, Giuseppe Gioacchino 44
Bent, J. T. 110

Bernadette, St. 223
Bernhardt, Sarah 153
Berti, Tito 51
Bignami, Amico 63
Blind, Karl 231
Bolivar, General Simon 133
Bossi, Umberto 201
Boswell, James 155-156
Bouvier, Pietro 234
Boyle, Robert 55
brejos: simbolismo 58-60
Brunei, Isambard Kingdom 37
Brunelleschi, Filippo 221
Bruno, Giordano 76
Bulwer Lytton, Edward 161
Buonarotti, Filippo 91
Burckhardt, Jacob 77
Byron, George Gordon, Lorde 44

Cabarrús, Francisco de 68
Camisas Vermelhas, base dos 94
Campanha (Romana)
  antigos planos romanos de drenagem para a 55, 66
  crenças religiosas dos camponeses da 75
  Hawthorne sobre a 169
  malária na 45, 47-49, 53, 62-63, 168-170
  negligência da parte da Igreja em relação à 80-81

panorama, economia e atmosfera da 45-47, 49-53
planos de Garibaldi para a 183-184
projeto de recuperação de Menotti para a 19, 205
projetos de recuperação de Mussolini para a 20, 205-206
Shelley sobre a 155
situação e extensão da 44
canais, progressos no século XIX 38-39
Canevari, Raffaele 245
Canzio, Stefano 187
Capello, Agostino 223
Carbonari 127
Carducci, Giosue 106
Carlos Alberto, soberano do Piemonte-Sardenha 15, 94-95, 229
Carlyle, Jane 128
Carlyle, Thomas 58, 128
Carniglia, Luigi 89
Castellani, Alessandro 181
Cavour, Camillo Benso, Conde de
carreira 16
e a religião 111, 222
e Garibaldi 16, 107, 144, 152, 194-195
e Nice 125
e o *Risorgimento* 106
legado 119
morte 19, 119
opiniões políticas 159
Celli, Angelo 53, 61, 80, 102-103
Chadwick, Edwin 185
Chateaubriand, François-René 217
Chevalier, Michel 68
Chigi, Cardinal 52
ciência materialista 76
Cobden, Richard 227
cólera 62-63, 73, 102, 223
Colet, Louise 114
Colômbia 133
Coltelletti, Luigi 132

concreto, reforçado 37
Corinto, Canal de 38
Corradini, Enrico 124
Cremonese, Guido 75
Crispi, Francesco 111, 119, 200, 208, 210
Croly, Dr. George 159
Cumming, reverendo John 159
Cuneo, Giovanni Battista 16, 229

D'Annunzio, Gabriele 106, 170
Damião, São Pedro 43
Dante Alighieri 44, 89, 90
Darwin, Charles 76
Davies, William 240
DDT 64
De Maistre, Joseph 226
De Staël, Mme 218
Depretis, Agostino 110, 185, 190
Dickens, Charles 77, 157, 227
Dieu, Hippolyte 81-82
dinamite 37
Disraeli, Benjamin 118
Dodwell, Edward 95
Duarte, Manuel 132
Dumas, Alexandre 17, 35, 106, 142

e Vítor Emanuel II 83-84
Eaton, Charlotte 50
Eliot, George 159, 166
enchentes 71-76, 72, 78-86
    exploração pela Igreja 73-76
Enfantin, Barthélemy-Prosper 68
Engels, Friedrich 39
engenharia civil
    dos antigos romanos 66-67
    progressos no século XIX 36-37
    projeto de recuperação de Menotti 19, 205
    projetos de Mussolini 20, 205
    Renascimento 67
    ver também Tibre

Erie, Canal 38
esgotos, século XIX
progressos 37
Espanha: intervenções na Itália 138
estradas, progressos no século XIX 37
explosivos 37

Farr, William 59
Fascismo 124, 200, 201, 205-209
ver também Mussolini, Benito
Ferdinando II, soberano da Itália
meridional 96
ferrovia
e a malária 49
introdução na Itália 22-23
Filopanti, Quirico (pseudônimo de
Giuseppe Barilli) 184, 189, 191, 241
Fini, Gianfranco 201
Fliess, Wilhelm 165
Florença 74, 174, 219
Forbes, Coronel 140
fornecimento de água, progressos no
século XIX 37-38
Fracastoro, Girolamo 54
França
e o papado 168-169
Garibaldi e sua luta contra os alemães
na 18, 109
intervenções na Itália 96-97, 137, 139
transformações de Haussmann para
Paris 185
Frascati 44
Freud, Sigmund 121, 151, 165-166, 235
Frontino, Sexto Júlio 66
Fundação Rockefeller 221

Garibaldi, Angelo (irmão de GG) 16, 126
Garibaldi, Anita (filha de GG) 17, 19, 126,
202
Garibaldi, Anita (primeira esposa de GG)
132

caráter 139-140
conhece e se casa com Garibaldi 14,
132
efeito da morte sobre Garibaldi 89,
144-146
fuga de Roma (1849) 137-138, 139-141
morte 136, 141-144, 141, 142-143
muda-se para a Itália (1848) 89
origens raciais 143
Garibaldi, Clelia (filha de GG) 18, 126,
187, 202
Garibaldi, Domenico Antonio (pai de
GG) 14, 113, 125
Garibaldi, Felice (irmão de GG) 16, 125
Garibaldi, Francesca (terceira esposa de
GG) 18, 19, 126, 187, 209
Garibaldi, Giuseppe
balanço do papel do Risorgimento 110
caráter
amor pela Itália 151-153, 167
contradições do caráter 40, 211
coragem 126
desempenho 30-31, 34-35, 115-116,
193-194
e capacidade de perdoar 87-88
e pompa e luxo 23, 30, 34, 106-107
magnetismo 114-116
obsessivo 146-149
perdedor ou vencedor? 202
resumo do caráter 193, 200
casamentos 132, 185-187
casos 41, 126, 130, 202
coleção de livros 130
discurso de 1862 87
e a religião 111, 196
e Cavour 16, 144, 152, 194
e Igreja católica 23, 32, 39, 54, 76, 80,
94, 97, 99-100, 103-104, 111, 152
e Mazzini 126-127, 129, 130
e morte 88-89, 125-126
e nostalgia 146-8

270

e o Tibre
ambições e planos para 21, 26-27, 86,
181, 183, 187-194, 197
nomes sugeridos para o canal 116
primeira viagem no (1825) 113
razões para o seu interesse pelo 29-41,
82, 110-111, 179, 197-200
seu entusiasmo 65-66, 68-69, 146-149
e roupas 116
e Verdi 96
fama e simbolismo 24-25, 35-36,
40-41, 106, 114-116, 116-120, 121-
122, 123-124, 133-134, 180
filhos 88, 126, 202-203, 233
inclinações políticas 116-117
morte de Anita 136, 141-146
obras
Autobiografia 87, 88-89, 97, 151-152
Cantoni il valontario [Cantoni, o
voluntário] 54, 152, 227
Clelia (The Rule of the Monk [A regra
do monge]) 80-81, 99
I Mille [Os mil] 227
ocupações 131
pseudônimos 88, 131
retratos de *ver abaixo*
saúde 134
sobre a Inglaterra 159
sobre a malária 55-56
sobre corrupção e doença 53-54, 57-58
sobre os novos governos da Itália 30-
31, 33, 39-40, 106-107, 110-111,
118-119, 120, 146-147, 188-189,
191-193
sobre Roma 29-30, 31-32, 100-102,
103-104, 123-124, 136, 151-153,
154-155, 172-173
Garibaldi, Giuseppe:
ACONTECIMENTOS
atividades no movimento Jovem Itália
13, 130-131

carreira inicial como marinheiro 13,
126, 129-130
como governante de Nápoles (a partir
de 1860) 34, 114-115
como membro do parlamento (1860s)
115-116
defende a República Romana (1849)
15, 99, 104-105, 137
e revolta na Ligúria (1834) 94
efeito da morte de Anita sobre 144-146
exílio (1849-53) 15, 1431-144
ferido à bala (1862) 17, 107-109
foge de Roma (1849) 15, 135-144
julgado pelo novo Estado (1862) 17, 108
Lobby em prol dos planos para o Tibre
19, 23-27, 182-186, 197-202
luta na França (1871) 18, 109
marcha através da Itália (1860) 17,
105-106, 133, 135
morre Anita 15, 141-144
morte e sepultamento 209-211
nascimento e experiência familiar 13,
124-126
náufrago (1839) 88-89
oferta do comando da União na
Guerra Civil dos Estados Unidos
(1861) 17, 109
primeiro exílio na América Latina e
alhures (1834-47) 14-15, 32, 94,
131-133
resumo biográfico 13-19, 124-134
retorna à Itália (1848) 15, 89, 93-95,
97, 132-133
retorna à Itália (1854) 16, 144
tentativas de tomar Roma (1860s) 17,
107, 108-109
velhice 145-7, 208-209
viagem para Roma (1875) 21-24
vida após a "libertação" nacional 29-30
visita a Londres (1864) 37-38, 118-119,
196

Garibaldi, Michele (irmão de GG) 18, 126
Garibaldi, Ricciotti (filho de GG) 15, 20, 88 132, 233
Garibaldi, Rosa (filha de GG com Anita) 14, 126, 233
Garibaldi, Rosa (filha de GG com Francesca) 18, 126, 202
Garibaldi, Rosa (mãe de GG) 16, ‑25, 144
Garibaldi, Teresa (irmã de GG) 125-126
Garibaldi, Teresita (filha de GG) 15, 88, 126, 144, 187, 233
Gattina, Ferdinando Petruccelli della 120
Gênova 175
Gentile, Emilio 200
Gibbon, Edward 44, 167
Gioberti, Vincenzo 92
Giolitti, Giovanni 111, 200
Giraud, Conde Giovanni 95
Giusti, Dr. 53
Gladstone, William 117, 118, 231
Goethe, Johann Wolfgang von 149, 156
Grassi, Battista 53, 63, 65
Great Eastern (navio) 37
Gregório XIII, papa 67
Gregório XVI, papa 22
Guéronnière, Sr. Visconde de la 239
Guerra Franco-Prussiana 18, 77, 109
Guerzoni, Giuseppe 19, 146, 231
Gulliver, Garibaldi como 189

Hare, Augustus 48, 242
Haussmann, Georges Eugene, Barão de 185
Hawthorne, Nathaniel
  Notebooks [Cadernos de apontamentos] 205
  The Marble Faun [O fauno de mármore] 43, 137, 162, 164, 169, 172
Hebert, Ernest: pinturas
Herzen, Alexander 162

Hibbert, Christopher 99, 108
Hilton, Tim 161
Hipócrates 54
Holanda: projetos de drenagem 38
Hugo, Victor 17, 106
Huxley, Thomas 76

Ibsen, Henrik 157
Ignacy, Jozef 109
Igreja católica
  após o *Risorgimento* 170
  atitude da França em relação ao papado 168-169
  atitude da Inglaterra em relação ao papado 159-160, 229
  e a ciência materialista 77
  e as enchentes romanas 73-76, 79-80, 83
  e Garibaldi 23, 32, 39-40, 54, 75-76, 80, 93-94, 97, 99, 103-104, 111, 152
  e o governo italiano 51-52
  e o *Risorgimento* 72-73, 73-75, 91-94, 96-99, 100, 103-104, 135-136, 137
  e Vítor Emanuel II 83-84
  Herzen sobre a 162
  negligência em relação à Campanha 80-81
  projetos de construção para Roma 67, 81-82
  sobre cremação 209
  tentativas de reforma 91-94
  ver também Pio IX, papa
  Zola sobre a 35, 173-174, 177
Induno, Gerolamo 234
influenza 207
Inglaterra
  apoio ao projeto do Tibre 183-184
  e o papado 159-160
  literatura
    imaginário inglês com relação à meteorologia 77

imaginário inglês com relação aos
pântanos 57, 58
surtos e tratamento da malária na 55,
59, 63
ver também Londres
visita de Garibaldi da (1864) 118-119,
196
Instituto do *Risorgimento* 215
Itália
antes e depois da unificação *9, 10*
difusão do telégrafo 39
e nostalgia 123
emigração 53
escândalos bancários e financeiros 176
fascismo 124, 200, 201, 205-208
governo após a unificação 39-40,
110-111, 118-122, 146-147, 176,
188-193, 200
incorporação de Roma à 31-32, 110,
135-136
introdução de ferrovias 22-23
números da mortalidade ligada à
malária 61-64, 207-208
política moderna 201-202
proclamação do Reino da (1861) 17
ver também as cidades pelos seus
respectivos nomes; *Risorgimento*

Jaguyar, Andrea 137
James, Henry 149, 163, 164, 170, 171, 215
Jameson, Anna 71
Jefferies, Richard 77
Jenner, Edward 65
jesuítas, e quinino 52
Jesus Cristo, e Garibaldi 40
Jovem Itália, movimento 13, 127, 129
Júlio César 51, 65

Keats, John 160
Koch, Robert 56

La Battaglia di Legnano (ópera de Verdi)
96

La Rochefoucauld, Louis François
Sosthenes de 238
Lácio, região 18, 49, 51, 57
Lago Maggiore 95
Lamennais, Hugués Felicité Robert de 92
Lancisi, Giovanni Maria 55
Laveran, Charles-Louis-Alphonse 56
Leão X, papa 67
Leonardo da Vinci 67
Lesseps, Ferdinand de 68
Liga do Norte 201
Lincoln, Abraham 17, 109
Lombardia 94
Lombroso, Cesare 76
Londres
esgotos 37-38
Garibaldi sobre 76-77
imigrantes do século XIX 58
Tâmisa 37, 38, 215
visita de Garibaldi (1864) 18, 117-118,
196
Lourdes 77, 223
Luini (escultor) 145
Luís Napoleão (Napoleão III), imperador
francês 31, 96, 107, 185, 222
Lyon, John 238

Macaulay, Thomas Babington 157
Mack Smith, Denis 111, 232
malária
atitudes em relação à, no século XIX
46-48
causa identificada 63
como metáfora de corrupção 57, 59,
62, 64-65
e Anita 140
e Mussolini 205, 206-207
e o campesinato 48
e Roma 102, 167-169
efeitos das enchentes sobre a 72-73
erradicação 64, 207-208

estudos médicos e tratamento 45, 52-53,
  53-57, 60-61, 62-64, 167-168, 215
Hawthorne sobre a 169-170
na Campanha Romana 43-45, 47-49,
  53, 62-63, 168, 170
números da mortalidade italiana 61-62,
  62-63, 207-208
variedades de 63
"Malária" (quadro de Hebert)
Manin, Daniel 139
Maquiavel, Niccolo 67, 90, 221
Mario, Jessie White 19, 20, 133, 138, 245
Márquez, Gabriel García 233
Marx, Karl 39, 127
Mazzini, Giuseppe
  balanço do papel do Risorgimento 110
  e a Inglaterra 159
  e Garibaldi 108-109, 126, 129, 130
  e religião 96-98, 104, 111
  e teatro 34
  e Verdi 96
  fuga de Roma (1849) 137
  morte 19
  plano revolucionário de 1834 130
  resumo da carreira 126-130
  sobre Roma 101, 105-107, 158-159
medicina
  bacteriologia 56
  estudos e tratamento maláricos 45, 52,
    53-57, 60-61, 62-63, 63-65, 168, 215
McAdam, J. L. 37
Mentana, Batalha de (1867) 109
Mestres Perfeitos e Sublimes 91
Meuricoffre, Harriet 114
Milão 15, 16, 94, 174-175
Millán, Leonardo 14, 87, 134
Minghetti, Marco 183
Moleschott, Jacob 76
Molini, Paolo 181
Montaigne, Michel Eyquem de 44
Monte Cenis, túnel sob o 37

Monumento Vittoriano 85
Morel, B. A. 59
Mortara, Edgardo 227
Moscheles, Felix 128
mosquitos 55, 63
movimento maçônico 201
Museu Garibaldi 211
Musset, Alfred de 157
Mussolini, Benito 20, 110, 144, 199,
  205-208
Mutru, Edoardo 89

na obra de Zola 173-174
Napoleão Bonaparte 81, 90, 125
Napoleão III ver Luís Napoleão
Nápoles
  cólera 73, 102
  e o Risorgimento 138, 139
  Garibaldi como governante de 34, 115
  regime antes de Garibaldi 116-118
  Taine sobre 217
  Zola sobre 174
navios, progressos no século XIX 37
Nero, imperador 51
Nice 17, 107, 125
Nicolau II, Papa 43
Nightingale, Florence 118
Nobel, Alfred 37
North, William 21

Ostia 50-51

Países Baixos: sistemas de drenagem 38
Palmerston, lady 108
Palmerston, lorde 231
Panamá, Canal do 68
Pântanos de Pontine 20, 50, 51, 52, 64,
  67, 207
pântanos ver brejos
papado ver Igreja católica; Pio IX
Paris: transformações de Haussmann 185

Pasteur, Louis 56
Paulo IV, papa 67
Paulo V, papa 67
Peru 133, 134
Petrarca, Francesco 44
Piemonte 94, 105, 229
Pio IX, papa
ajuda contra a enchente 83
disputas com a Áustria 93-94
e a ciência materialista 76
e a ferrovia 22
e a visita de Garibaldi a Roma (1875) 23
e o *Risorgimento* 16, 73, 93, 96-97, 100, 137
e obras cívicas em Roma 82
eleição 15, 72
Piranesi, Giambattista 167
Pisa 74, 232
Plínio o Velho 66, 214
Pó 74, 79
pontes, progressos no século XIX 37
projetos de engenharia fluvial
século XIX 38
ver também Tibre
psicanálise
e ligação com lugares 166
ver também Freud, Sigmund
Puccerini, Pietro 52
Puccini, Giacomo 152

quinino 52

Raimondi, Condessa Giuseppina 17, 19, 147, 186-187, 203
Ramazzini, Bernardino 55
Ravello, Battistina 17, 19, 202-203
Renan, Ernest 168
Ridley, Jasper 124, 187
Risorgimento
balanço do papel das figuras principais 110
como batalha de imagens 34-35

contexto 90-98
definição 32-33
e a Igreja católica 73, 75, 96-99, 100, 104, 135, 137
Garibaldi marcha através da Itália (1860) 17, 104-106, 133, 135
Garibaldi retorna à Itália (1848) 15, 89, 93, 95, 97, 133
Garibaldi tenta tomar Roma (1860) 17, 18, 107-108, 108
incorporação de Roma à Itália 31-32, 109, 135, 136
movimento Jovem Itália 13, 127, 129-131
República Romana (1848-49) 15, 95-96, 99, 137-144
resumo das atividades de Garibaldi 13-14, 15-18
Roberts, Emma 132
Roma
ações de cultivo em 49-50, 51-52
enchentes 71-76, 77-86
tentativas de Garibaldi de tomar 107-109
crescimento após o *Risorgimento* 50
e a malária 60-62, 102-103, 167-170
Mazzini em 98
nacionalismo em 90-91
população de 215
República Romana (1848-49) 15, 94-96, 99, 104-105, 137-144
simbolismo 29-31, 45-47, 100-104, 149, 151-177, 200
ver também Campanha (Romana)
incorporação à Itália 31-32, 110, 135-136
corrupção na 57, 62
obras cívicas
engenharia romana antiga 51, 65-67
planos da Igreja de 67
primeira visita de Vítor Emanuel II a (1870) 83-85

Garibaldi sobre 29-30, 31-32, 100-102,
103-104, 135-136, 151-153, 155
172
Rose, dr Wickliffe 207
Roselli, gen. Pietro 105
Ross, Ronald 60, 65
Rossi, Conde Pellegrino 15, 95
Rousseau, Jean-Jacques 156
Rullier (engenheiro) 184, 240
Ruskin, John 77, 159-161
Ruskin, John James 159
Russell, lorde John 231

Saffi, Aurelio 96
Saint-Simon, Henri de 67-68, 129-130
Sand, George 17, 106, 213
Sardou, Victorien 153
saúde pública *ver* cólera; malária; Tibre
Schwartz, Marie-Espérance, Baronesa de
17, 202, 203
Sella, Quintino 213
Serao, Matilde 153
Shakespeare, William 44, 71
Shelley, Percy Bysshe 155, 209
Sicília 47, 61, 73, 91, 105, 135
Smith, Dr. Thomas Southwood 59
sobre o Tibre 46-47
Sontag, Susan 177
Spaur, conde e condessa 95
Spaventa, Silvio 182
Stendhal 75, 161, 163, 218
Sterbini, Pietro 226
Strachey, Lytton 179
Suez, Canal de 68
Sydenham, Thomas 55
Syllabus dos erros (Pio IX) 76

Taine, Hippolyte 45, 169
Tâmisa 37, 215
tecnologia, progressos no século XIX 37-39
telégrafo, difusão do 37

Telford, Thomas 37
Thackeray, William Makepeace 227
Tibre
condição 57
consertos eventuais 208
e Garibaldi
ambições e planos para o 21, 25-27,
86, 181-186, 187-194, 197-198
nomes sugeridos para o canal 116
planos de paredões elevados 86
planos de Pio IX para o 81
planos do Renascimento para o 67
primeira viagem no (1825) 113
seu entusiasmo 65-66, 68-69, 147-149
enchentes 71-76, 77-86
razões do interesse por 29-41, 82,
110-111, 179-180, 197-200
regatas no 192
supostos tesouros romanos
mergulhados no 191-192
Taine e Zola sobre o 46
Tivoli 44-45, 183
Torlonia, Prince 183
Tosca (ópera de Puccini) 152
trasformismo 110
Trevelyan, G. M. 110, 113
tuberculose 62
túnel do Canal, planos para o, 36-37
Turim 174-175

Umberto I, rei da Itália 19, 210
Uruguai 14, 15, 94

Vaticano *ver* Igreja católica; Pio IX
Veneza 101, 102, 135, 139, 175
Verdi, Giuseppe 96
Verga, Giovanni 47
Vescovali, Angelo 57, 86
Vico, Giambattista 90
Vítor Emanuel II, rei da Itália 105, 106
morte 19

e a tentativa de Garibaldi de tomar Roma 18

devoção de Garibaldi a 196

e o divórcio de Garibaldi 186

e o projeto do Tibre de Garibaldi 182-183

oferece anistia a Garibaldi (1862) 17, 108

primeira visita a Roma (1870) 83-86

Garibaldi entrega conquistas a (1860) 17, 105

e *Risorgimento* 17, 106-107, 108

Vitória, rainha da Inglaterra 118

Wilkinson, Sr. (engenheiro) 183

Ximenes, Enrico Emilio 140

Zanardelli, Giuseppe 190, 210

Zola, Émile
  e a Igreja católica 35, 173-175, 176
  e Garibaldi 173
  influências sobre 168
  sobre Roma e a Campanha 29, 101, 163, 173-177

Este livro foi composto na tipologia Minion-Regular,
em corpo 11/15, impresso em papel off-set 75g/m²
no Sistema Cameron da Divisão Gráfica
da Distribuidora Record.

Seja um Leitor Preferencial Record
e receba informações sobre nossos lançamentos
Escreva para
RP Record
Caixa Postal 23.052
Rio de Janeiro, RJ – CEP 20922-970
dando seu nome e endereço
e tenha acesso a nossas ofertas especiais.

Válido somente no Brasil.

Ou visite a nossa *home page*:
http://www.record.com.br